Sommaire

Cet ouvrage est destiné aux professeurs qui utilisent la méthode *ÉCHO*.
Il comporte une introduction présentant les différents éléments de la méthode, son orientation méthodologique et son mode d'emploi.
Ensuite, pour chaque unité d'enseignement (en général une double page), il propose :
– un tableau détaillé des objectifs ;
– une ou plusieurs démarches pédagogiques pour traiter les documents et animer la classe ;
– les corrigés des exercices ;
– des encadrés d'informations didactiques ;
– des encadrés d'informations culturelles.

N.B. – Dans ce livre du professeur, les activités d'écoute sont signalées avec le numéro de la piste de l'enregistrement.
Exemple : 🕐 3-12 signifie que l'enregistrement se situe sur la piste 12 du CD 3.

Le livre de l'élève

4 unités de 4 leçons

Chaque unité correspond de 30 à 40 heures d'apprentissage. Elle vise à adapter l'étudiant à un contexte situationnel global. Par exemple, l'unité 1 le prépare à entretenir des relations orales ou écrites, familières ou professionnelles avec des francophones. L'unité 2 le prépare à se débrouiller dans la situation pratique d'une installation dans un pays francophone.

Chaque unité comporte 4 leçons de 8 pages.

Elle se termine par :

– une auto-évaluation de 4 pages ;

– 3 pages « Évasion » dans lesquelles on propose à l'étudiant un projet créatif à partir de réalités francophones diverses (publicités, romans, cinéma, etc.).

Une leçon de 4 doubles pages

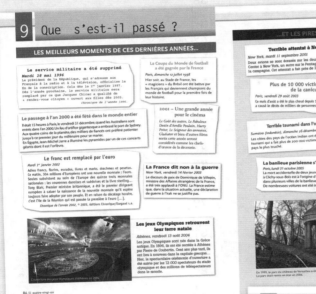

Deux pages « Interactions »

Un ou plusieurs documents permettent aux étudiants d'échanger des informations et des opinions ou de s'exprimer dans le cadre d'une réalisation commune (projet).

Les documents et les prises de parole permettent d'introduire des éléments lexicaux et grammaticaux.

Deux pages « Ressources »

Les principaux points de langue de la leçon, essentiellement des points de grammaire au niveau 2, sont développés selon un parcours qui va de l'observation à la systématisation. Les automatismes et certaines particularités orales de la grammaire sont travaillés dans la rubrique « La grammaire sans réfléchir ».

Ces exercices oraux figurent sur le CD collectif et sont retranscrits dans le livre du professeur.

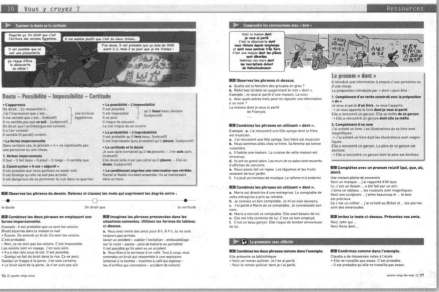

écho

A2

méthode
de français **2**

LIVRE
DU PROFESSEUR

J. GIRARDET
C. GIBBE

CLE
INTERNATIONAL

www.cle-inter.com

Direction éditoriale : Michèle Grandmangin
Édition : Christine Grall
Conception et réalisation : Nada Abaïdia

© CLE International/Sejer, Paris, 2008
ISBN : 978-2-09-035463-8

Deux pages « Simulations »

Cette double page propose des scènes dialoguées qui illustrent des situations pratiques de communication. Ces scènes s'inscrivent dans une histoire qui se déroule sur les quatre leçons de l'unité et qui est représentative de l'objectif général de cette unité. Ces dialogues donnent lieu à des activités d'écoute, de simulation et de prononciation.

Une page « Écrits »

Différents types de textes sont proposés aux étudiants pour un entraînement à la compréhension et à la production écrites.

Une page « Civilisation »

Des documents écrits et oraux permettent de faire le point sur un sujet de civilisation.

À la fin du livre

- un aide-mémoire pour la grammaire et les conjugaisons
- des cartes : France physique, France touristique
- les transcriptions des documents sonores qui ne sont pas transcrits dans les leçons : dialogues non transcrits des pages « Simulations », rubrique « Prononciation », autres documents sonores pouvant figurer dans les pages « Interactions », « Écrits » ou « Civilisation ».

Les exercices de la rubrique « La grammaire sans réfléchir » située à la fin des pages « Ressources » figurent dans le livre du professeur.

Les CD audio collectifs

On y trouvera les enregistrements :
– des scènes des histoires des pages « Simulations » ;
– des exercices des rubriques « La grammaire sans réfléchir » et « Prononciation » ;
– des activités d'écoute qu'on peut rencontrer aussi bien dans les pages « Interactions », dans les pages « Écrits » que dans les pages « Civilisation » ;
– des tests oraux du portfolio.

La transcription des exercices de la rubrique « La grammaire sans réfléchir » se trouve dans le livre du professeur.

La transcription de tous les autres documents oraux figure dans le livre de l'élève, soit dans les leçons, soit dans la partie « Transcriptions » en fin d'ouvrage.

Le CD audio individuel

Il comprend les enregistrements des scènes des histoires des pages « Simulations ».

Le cahier personnel d'apprentissage

(avec CD audio et livret de corrigés)

Il permet à l'étudiant de travailler seul après la classe. Pour chaque double page du livre, il retrouvera le vocabulaire nouveau. Il pourra vérifier sa compréhension des textes et des dialogues étudiés, faire des exercices oraux et écrits pour l'automatisation des conjugaisons et des structures syntaxiques, travailler sur des documents complémentaires à ceux du livre élève.
Un livret de corrigés des exercices est joint à ce cahier.

Le fichier d'évaluation

(avec CD audio et livret de corrigés)

Pour chaque leçon, une évaluation des compétences et de la connaissance de la langue. Tous les types de compétences sont évalués au moins une fois toutes les deux leçons.

Le portfolio

Ce petit livret joint au livre de l'élève permet à l'étudiant de noter les étapes de sa biographie langagière, d'indiquer le niveau de compétence qu'il a atteint pour chacun des objectifs poursuivis dans la méthode et de se situer sur l'échelle des niveaux du CECR (Cadre européen commun de référence) avant d'aborder *Écho 2* et à la fin de l'ouvrage.

Le DVD

Il comporte :
– un feuilleton de 16 épisodes (un par leçon) où les situations de communication abordées dans le livre se retrouvent dans un histoire originale ;
– des reportages extraits d'émissions de télévision (deux par unité) en liaison avec la thématique du livre (tourisme, transport, cuisine, fête, etc.).

Les caractéristiques de la méthode *Écho*

■ Une méthode pour grands adolescents et adultes

Le niveau 2 de la méthode *Écho* s'adresse à des adultes ou à de grands adolescents qui ont suivi le niveau 1 ou qui ont atteint avec une autre méthode le niveau A1 du Cadre européen commun de référence. Rappelons que ce niveau correspond à la maîtrise d'un programme d'environ 80 heures de français.

On a veillé à ce que les contenus et les activités proposées correspondent aux intérêts et à la psychologie de ce public. La thématique est celle des médias et des conversations courantes. Les exercices au sens traditionnel du terme sont réservés au travail personnel que l'étudiant fera grâce au cahier personnel d'apprentissage. L'ensemble des documents du livre de l'élève vise à susciter des **interactions authentiques**. La classe parle et écrit quelquefois pour anticiper des situations qu'elle aura à vivre dans un pays francophone mais aussi, la plupart du temps, pour échanger des informations, des commentaires, des opinions, des souvenirs, etc., comme dans une véritable conversation. Ces interactions sont le moteur de l'apprentissage.

■ Une progression par unités d'adaptation à des contextes situationnels

Écho propose **une succession d'unités nécessitant chacune de 30 à 40 heures d'apprentissage**.

Chaque unité préparera l'étudiant *à être pleinement acteur dans un contexte particulier* et à faire face aux situations liées à ce contexte.

La mise en perspective des unités des niveaux 1 et 2 permettra de comprendre les caractéristiques de la progression.

Écho 1

L'**unité 1** « *Apprendre ensemble* » prépare l'étudiant à vivre en français la situation d'apprentissage en classe. Il s'agit pour lui de s'intégrer dans le groupe et de faire en sorte que cette intégration dynamise l'apprentissage.

L'**unité 2** « *Survivre en français* » le prépare à faire un bref séjour dans un pays francophone. Il apprendra à faire des réservations, à voyager, se loger, se nourrir, trouver de l'aide en cas de problème, etc.

Dans l'**unité 3** « *Établir des contacts* », le contexte est celui de premiers échanges avec des francophones, que ce soit par écrit (en particulier par Internet), par téléphone ou en direct. Ce contexte ne se situe pas forcément dans un pays francophone.

L'**unité 4** « *S'adapter à de nouvelles réalités* » préparera l'étudiant à une adaptation à la société française par la présentation de différents aspects du monde des études, du travail, de l'administration et de la politique.

Écho 2

Unité 1 « *Entretenir des relations* ». Au niveau 1, l'étudiant a appris à établir des contacts avec des francophones. Il va maintenant apprendre à poursuivre ces échanges : donner de ses nouvelles, répondre à une invitation, inviter, raconter des anecdotes, des souvenirs, parler de lui avec plus de précision qu'il ne le faisait au niveau 1.

Unité 2 « *Se débrouiller au quotidien* ». L'étudiant est déjà préparé à faire un bref séjour touristique. Il va apprendre à être autonome lors d'une installation de courte durée : trouver un logement, s'y installer, gérer les formalités et les problèmes que cela suppose ; se débrouiller avec l'argent ; trouver un travail ; etc.

Unité 3 « *S'informer* ». Cette unité prépare l'étudiant à demander et à comprendre des informations orales ou écrites pour différents buts (administratif, culturel, relationnels) ou grâce à différents supports (informateurs, presse, Internet, guides touristiques, panneaux, etc.).

Unité 4 « *S'intégrer dans la société* ». Pour une intégration plus facile dans une société francophone et en particulier dans la société française, l'étudiant apprendra à mieux connaître la vie publique, à exposer ses idées et à défendre une cause ou ses propres intérêts.

On le voit, la progression n'est pas fondée sur un découpage de la compétence en savoir-faire ou en actes de parole qui seraient présentés successivement de manière exhaustive et se capitaliseraient petit à petit. Elle repose sur une succession de territoires à investir qui, seuls, déterminent le choix des savoir-faire.

Une telle conception de la progression générale implique une adaptation des progressions communicative, lexicale ou grammaticale.

1. Priorité donnée aux moyens linguistiques qui ont un fort potentiel communicatif

Dès l'unité 1 du niveau 1, pour être pleinement acteur dans sa classe de français, l'étudiant devra avoir à sa disposition la quasi-totalité des actes de paroles. Non seulement il devra savoir se présenter mais aussi demander des explications, demander son chemin dans l'école (*Où est la bibliothèque ?*), proposer des activités aux autres étudiants (*On va prendre un café ?*), remercier, dire s'il est d'accord, dire ce qu'il a fait la veille, ce qu'il fera après le cours, etc.

Ces actes de paroles seront réalisés avec des moyens linguistiques réduits et compatibles avec un début d'apprentissage. C'est ainsi que la seule formule « *Je peux* » permettra de dire qu'on peut faire le travail, de demander la permission de s'asseoir à une table de la cafétéria déjà en partie occupée, d'emprunter une chaise à la table voisine dans un café, etc.

2. La visée première est la réalisation de l'action

Dès la première leçon du niveau 1, l'étudiant apprend à demander son chemin (*Pardon, monsieur, la Cité universitaire, s'il vous plaît ?*) mais il n'apprendra que 7 leçons plus tard à comprendre la réponse à cette question, c'est-à-dire la description d'un itinéraire. On pourra penser que l'introduction de cette question est alors inutile. C'est oublier que la réponse à une demande d'orientation comporte en général une part importante de « non-verbal » qui donne certaines informations au demandeur.

En posant la question et en interprétant les gestes de son interlocuteur, l'étudiant commencera à savoir s'orienter.

La visée première de *Écho* est donc l'action dans le monde. Que les moyens linguistiques qui permettent de réaliser cette action ne soient pas parfaitement acquis n'empêche pas de réaliser cette action.

3. Actes de paroles et savoir-faire réapparaissent régulièrement dans des situations différentes

Les situations courantes de présentation, de demandes d'informations, d'excuses, de remerciements, de demandes d'autorisation, etc., se répètent au fil des leçons et des unités à travers des contextes et selon des éclairages différents. C'est ainsi que s'enrichissent progressivement les moyens linguistiques qui permettent de les réaliser.

4. Les apports linguistiques sont adaptés aux besoins et aux capacités des étudiants

Le cahier personnel d'apprentissage répertorie pour chaque partie de leçon les mots nouveaux qui ont été introduits. Un coup d'œil à ces listes permettra de vérifier qu'elles sont plus longues pour les pages consacrées à l'écrit que pour celles où l'on travaille l'oral. C'est que les capacités des étudiants ne sont pas les mêmes selon les compétences.

La compétence de compréhension orale est toujours la plus difficile à acquérir, en particulier dans une classe de langue où seuls le professeur et quelques enregistrements peuvent servir de références.

Au niveau 2, **la compétence d'expression orale** doit s'appuyer sur des automatismes et inclure une certaine fluidité de l'expression. On introduira donc assez peu de mots nouveaux à l'oral mais le bagage lexical et les formes grammaticales seront constamment rebrassés à travers des situations variées.

La compréhension écrite est le domaine où les progrès sont les plus rapides. Au niveau 1, l'étudiant a mis en place des stratégies de lecture : compréhension du sens d'un mot nouveau grâce au contexte général, par transparence avec les langues qu'il connaît déjà, par l'observation des dérivations et de l'environnement verbal du mot. On pourra donc le confronter à des textes authentiques qui comportent plusieurs mots nouveaux pour lui. Il ne s'agit pas de tout comprendre mais de progresser dans l'appréhension du sens.

En expression écrite, il s'agira surtout de progresser dans la maîtrise de l'écrit à caractère officiel ou administratif sans pour autant négliger les écrits familiers.

■ L'interaction, moteur de l'apprentissage

La salle de classe rend possible deux types de communication.

1. Les interactions authentiques

Ce sont celles qui apparaissent par exemple dans la toute première heure dans un cours pour débutant. Le professeur se présente : « *Je m'appelle...* » Il note la phrase au tableau. Les étudiants, à tour de rôle, utilisent cette même phrase pour se présenter. Pas besoin d'un dialogue déclencheur, d'explication ou de traduction. Les étudiants ont compris qu'il s'agissait de faire connaissance. L'échange peut alors continuer sur ce mode naturel, le professeur donnant l'exemple et les étudiants réutilisant tout de suite les matériaux qu'il apporte : « *J'habite à...* », « *Je parle français, anglais, etc.* » Les apports linguistiques sont justifiés par la situation et cette situation aide à leur compréhension. **La communication est alors authentique** : les étudiants parlent, non pas pour anticiper une situation de présentation qu'ils auront à vivre quand ils seront dans un pays francophone, mais pour des besoins immédiats, parce qu'ils veulent faire la connaissance des autres membres de la classe.

Ces interactions authentiques sont un puissant facteur d'apprentissage. En effet :
• l'étudiant est actif. L'intégration dans le groupe social de la classe implique un effort de compréhension et de production ;
• les productions des différents étudiants conduisent à des répétitions des éléments linguistiques nouveaux ;
• les apports linguistiques sont justifiés par la situation et l'on sait que l'on mémorise mieux ce qui apparaît nécessaire ;
• la gratification (autre acteur de mémorisation) est immédiate. Elle est donnée par les autres lorsqu'ils manifestent leur compréhension ;
• l'étudiant y développe des stratégies personnelles d'interactions ;
• il apprend à vaincre sa peur de parler et à gérer ses manques.

Pour toutes ces raisons, la méthode *Écho* privilégie les moments de communication authentique. Chaque leçon commence par une double page de documents destinés à susciter :
– des échanges d'informations ou d'opinions ;
– la réalisation commune d'un projet.

Au cours de ces interactions, l'étudiant est pleinement acteur dans la microsociété de la classe.

2. Les interactions simulées

L'espace classe ne peut pas générer de façon naturelle toutes les situations que l'étudiant rencontrera dans un pays francophone. Pour apprendre à ouvrir un compte en banque, à faire valoir ses droits en cas de litiges, à se débrouiller quand on a un accident de voiture, on aura recours à des activités de simulations. On jouera au client et à l'employé de banque et on fera semblant de consulter un médecin.

Ici, l'apprentissage passera par l'observation et la compréhension de scènes dialoguées et par leur reproduction ou leur transposition.

La mémorisation sera d'autant plus effective que ces scènes apparaîtront :
– archétypales. Par exemple, une scène d'achat a toujours un fond d'universalité même si son déroulement peut être différent selon les cultures ;
– prévisibles et, par conséquent, acceptées par l'étudiant comme étant utiles ;
– frappantes par des détails situationnels ou verbaux originaux (par exemple, page 18 : deux amies de lycée sont heureuses de se retrouver et en même temps ne peuvent s'empêcher de se taquiner).

L'étudiant abordera ces scènes comme un apprenti commercial ou un apprenti pilote accepte de simuler ses activités futures, comme les étapes obligées d'une formation. Les activités de simulations (écoute, reproduction, transposition) seront donc *validées socialement*. Cette validation convaincra, peut-être, les étudiants qui sont peu enclins à ces pratiques.

■ La mise en œuvre d'une pédagogie de la découverte

Dans *Écho*, l'acquisition d'un contenu à visée communicative, qu'il soit grammatical ou lexical, se fait selon la démarche suivante.

1. Découverte dans et par la communication

L'élément nouveau est introduit de manière naturelle, au cours des interactions authentiques qui se développent à partir des documents de la double page Interactions.

Par exemple, page 22, c'est le « Forum des nouvelles insolites » qui servira de tremplin aux interactions. Les étudiants lisent le premier article (le gagnant de l'Euro Millions) puis le forum « Que feriez-vous si vous gagniez une grosse somme d'argent ? ». C'est là qu'ils découvrent le conditionnel comme forme de l'expression de l'hypothèse. Ils seront invités à donner leur avis sur le forum et pour cela ils utiliseront quelques verbes au conditionnel. Ils induiront les formes de ces verbes d'après les verbes des textes ou bien l'enseignant les leur fournira sans entamer une longue explication. La priorité à cette étape reste la communication.

De la même manière, les étudiants donneront leur avis sur les autres nouvelles insolites du forum.

2. Analyse du système : découverte du fonctionnement et conceptualisation

Dans cette deuxième étape, développée dans les pages Ressources, l'étudiant procédera avec l'aide de l'enseignant à une analyse plus fine des éléments introduits précédemment. Cette analyse suit les étapes suivantes :
• **observation d'un corpus** de phrases réunies dans un dessin humoristique. Cette observation débouche sur des activités de classement qui permettent la compréhension du système de la langue ;
• **activités d'induction du système de la langue** lorsque le problème est d'ordre morphologique ou syntaxique. Par exemple, à partir de quelques formes du présent du conditionnel trouvées dans le corpus, on construit la totalité de la conjugaison des verbes en -er, puis de quelques autres verbes ;
• **activités de conceptualisation** lorsque le contenu nécessite un concept particulier. Par exemple, le conditionnel implique la notion d'hypothèse qui se distingue de celle de supposition (traduit par l'indicatif). L'article partitif nécessite la conceptualisation d'une vision continue ou indifférenciée de la quantité par opposition à une vision discontinue ou indifférenciée traduite par les articles définis et indéfinis ;
• **exercices de prise de conscience des particularités orales du point de grammaire.** Par exemple, la différenciation futur/conditionnel (*vous appellerez/vous appelleriez*) ;
• **exercices de vérification de la compréhension.**

3. Automatisation des formes découvertes

Cette automatisation se fait :
• par des exercices de réemploi systématique qu'on trouvera surtout dans le cahier personnel d'apprentissage. Ces exercices peuvent être écrits ou oraux (rubrique « La grammaire sans réfléchir » des pages Ressources) ;

• par la redécouverte de ces éléments et leur réemploi dans les autres pages de la leçon, à l'écrit comme à l'oral, en compréhension comme en production.

■ La voie vers l'autonomie

Hormis en immersion totale ou dans un cours très intensif, il n'est pas possible d'apprendre une langue étrangère sans fournir un travail personnel important.

La classe est le lieu où l'on motive, où l'on apporte les outils de la communication et où l'on met ces outils en œuvre. Mais pour la majorité des étudiants, ce n'est pas le lieu où l'on mémorise. Il y a trop de parasitages, de tensions, de stress pour que la mémorisation soit efficace.

Par ailleurs, avec des adultes ayant des activités professionnelles, une parfaite assiduité au cours est rarement possible. Il faut donc savoir travailler seul et être capable de prendre en charge une partie de son apprentissage.

Écho cherche de diverses manières à développer l'autonomie de l'apprenant.

a. Les moments d'autonomie en classe

La méthodologie prévoit de nombreux travaux en petits groupes pour lesquels chaque groupe a une tâche spécifique à accomplir. Pages 46 et 47, par exemple, la classe se partage les quatre textes. Chaque groupe doit rendre compte du texte qu'il a lu au reste de la classe et faire ses commentaires. Chacun est donc amené à se prendre en charge.

Par ailleurs, on a veillé à ce que les responsabilités individuelles ne se noient pas dans le groupe. Même lorsqu'il travaille en petit groupe, l'étudiant est invité à fournir un travail personnel, partie du travail collectif.

b. Des pages Ressources « à la carte »

La double page Ressources de chaque leçon présente plusieurs points de langue (grammaire ou moyens expressifs organisés autour d'un acte de parole). Cette double page peut être utilisée selon les besoins des étudiants.

Dans une activité où il s'agit de comprendre, puis d'écrire un bref article de presse (page 86) les étudiants auront peut-être besoin d'utiliser la forme passive. Ils pourront alors décider d'interrompre la tâche en cours pour consacrer quelques minutes à la découverte de cette nouvelle forme grammaticale. La rubrique « Mettre en valeur » (page 88) servira de support à cette activité.

c. Le cahier personnel d'apprentissage (CPA)

Ce cahier, assorti d'un CD audio, est un véritable outil pour un travail en autonomie après le cours.

Pour chaque partie de leçon du livre de l'élève il permet :

– de retrouver les mots nouveaux classés par ordre alphabétique et d'écrire leur traduction ;

– de vérifier que le travail fait en classe, par exemple la compréhension d'un texte, a bien été assimilé ;

– de faire des exercices de systématisation et de mémorisation écrits et oraux portant sur la morphologie (notamment les conjugaisons), la syntaxe et le vocabulaire ;

– de s'entraîner à la prononciation et de vérifier sa compréhension de l'oral à partir de petits documents sonores fabriqués avec des éléments vus dans la leçon.

d. Le CD audio individuel

Ce CD permet à l'étudiant de retrouver chez lui les histoires dialoguées des pages Simulations.

e. Les outils de référence

Pour que l'étudiant puisse facilement retrouver et mémoriser un point de langue ou de vocabulaire, *Écho* met à sa disposition :

– dans les leçons : des tableaux de grammaire, de conjugaison ou d'inventaires lexicaux ;

– à la fin du livre élève : un aide-mémoire pour la grammaire et les conjugaisons ;

– dans le cahier personnel d'apprentissage : la liste des mots nouveaux introduits dans chaque double page du livre élève ainsi que des rappels de points de langue difficiles.

■ L'évaluation permanente

Les activités d'évaluation ne sont plus considérées aujourd'hui comme un simple contrôle facultatif ou imposé par l'institution. Elles sont parties prenantes du processus d'apprentissage. En effet :

– l'évaluation est un facteur de motivation à la fois pour l'apprenant et pour l'enseignant. C'est une source d'encouragements ou de remise en question Le travail est plus soutenu quand on sait qu'on sera évalué, même s'il s'agit d'une auto-évaluation ;

– l'évaluation formative permet de détecter les manques de chaque apprenant et d'y remédier (reprise de certaines explications, réorientation du cours si, par exemple, des lacunes importantes apparaissent en vocabulaire). L'enseignant peut ainsi vérifier le niveau de sa classe ;

– c'est l'occasion de transposer des savoir-faire. On a appris à demander son chemin dans la rue : le test d'évaluation portera sur la capacité à s'orienter dans un bâtiment, par exemple une administration.

Écho propose donc plusieurs outils d'évaluation.

a. Des outils pour l'auto-évaluation

À la fin de chaque unité, un bilan de quatre pages propose des tâches parallèles à celles qui ont été travaillées dans l'unité. C'est l'occasion de vérifier sa capacité à transposer les savoir-faire abordés.

L'étudiant corrige lui-même ces tests. Il a la possibilité de se noter et de comparer l'évolution de ses différentes compétences.

Le portfolio joint au livre de l'élève sera le passeport de l'étudiant. Il y notera les détails de sa biographie langagière, les résultats obtenus aux tests autocorrectifs du livre et à ceux du fichier d'évaluation, les différents savoir-faire acquis ou en cours d'acquisition, et il aura la possibilité de se situer dans l'échelle des niveaux du CECR.

Chaque fin d'unité sera l'occasion de compléter le portfolio et, par conséquent, de faire le point sur ses compétences. On reviendra donc sur les compétences qui étaient au programme des unités précédentes et qui n'avaient pas été acquises.

b. L'évaluation notée par l'enseignant

À côté de ces instruments d'auto-évaluation, le professeur disposera d'un fichier d'évaluation photocopiable. Il pourra tester les compétences de ses étudiants soit à la fin de chaque leçon, soit à la fin de chaque unité.

Précisons que dans tous ces outils pour l'évaluation, cinq compétences sont évaluées : la compréhension orale, la compréhension écrite, la production écrite, la connaissance des moyens linguistiques utilisés dans les situations orales et la correction de la langue.

■ L'imprégnation culturelle

La méthode *Écho* veut faire des étudiants de véritables acteurs sociaux. Cela suppose une certaine connaissance de l'environnement dans lequel ils vont évoluer.

L'idéal eût été de pouvoir apporter cette connaissance pour l'ensemble des pays francophones mais cela eût nécessité une place dont nous ne disposions pas. Nous avons donc choisi de traiter surtout de la France, ce qui ne signifie pas que les autres pays sont oubliés. Une des histoires se déroule à Bruxelles (p. 90) et au fil des leçons, on découvrira les fêtes en Suisse (p. 15), une veillée au Québec (p. 157) et les formalités qu'il faut accomplir si l'on veut s'installer au Canada (p. 116). Mais quand on fait le point sur l'économie ou sur le système scolaire, on le fait à propos de la France.

Les deux niveaux suivants permettront d'élargir la connaissance de l'espace géographique francophone.

Ces découvertes culturelles se font de deux manières :

a. de façon ciblée et thématique dans les pages Civilisation ou dans la double page Écrits et Civilisation. Articles, témoignages écrits ou oraux, sondages, statistiques, etc., permettent de faire le point sur un sujet en relation avec l'objectif général de l'unité. Par exemple, dans l'unité 1 « *Entretenir des relations* », on s'intéressera aux façons d'aborder quelqu'un et de se faire des amis ou des connaissances. Dans l'unité 4 « *S'intégrer dans la société* », on s'informera sur les aspects de l'économie française et sur les principes de la République.

b. de manière aléatoire et par petites touches dans toutes les autres pages. Un dialogue des pages Simulations peut être l'occasion d'analyser les relations femmes/hommes (p. 10) ou parents/enfants (p. 50) ou bien encore les conflits d'intérêt au sein d'une municipalité (histoire de l'unité 4). Dans les pages Interactions, on pourra découvrir les superstitions des Français (p. 94) ou leur goût pour la préservation du patrimoine (p. 102).

Progressivement, on abordera différents aspects de l'univers culturel qui complèteront ceux qui ont été introduits au niveau 1 :
• **des repères spatiotemporels :** géographie de la France et de l'espace francophone, repères et événements historiques, temps forts de l'année ;

• **les préoccupations actuelles des Français :** société, politique, économie, art, chansons, sports, etc. ;
• **les comportements et les représentations :** habitudes de la vie quotidienne, traditions, interdits, superstitions, etc. ;
• **l'organisation de la société :** administration, politique, système de santé, système éducatif, etc. ;
• **les composantes socio-économiques de la France.**

Le travail sur ces documents débouche toujours sur des comparaisons interculturelles.

■ Les ressorts de la motivation

Avec un public adulte, la motivation est toujours forte au début de l'apprentissage mais elle a souvent tendance à s'émousser après quelques dizaines d'heures de cours. Pris par d'autres activités ou considérant qu'ils en savent suffisamment, les étudiants se contentent du niveau 1 et ne se réinscrivent pas.

Pour relancer constamment l'intérêt pour le français, *Écho* met en place différents facteurs de motivation.

a. Un changement d'objectif général au début de chaque unité. (voir ci-dessus p. 7)

b. Des éclairages originaux de thèmes familiers

Pour que toute la classe s'intéresse au cours, les thèmes abordés doivent faire l'unanimité et par conséquent être assez familiers. Mais les textes qui les illustrent peuvent être plus insolites. Ainsi le vocabulaire de la description psychologique sera introduit grâce au test des couleurs (p. 30), le thème des banlieues par une chanson de Diam's.

c. Quatre déclencheurs de prise de parole

Dans les pages Interactions, l'envie de communiquer est suscitée par les motivations suivantes :
• **parler de soi,** de ses expériences, de ses souvenirs, de ses activités, etc. (p. 94 et 95, on évoquera ses expériences insolites ou ses superstitions) ;
• **donner son avis, exprimer son opinion.** On privilégiera donc les textes à contenu polémique comme page 55 : la question du partage des tâches ménagères ;
• **réaliser un projet en commun.** Par exemple, page 47 : l'élection de la personnalité la plus aventurière ;

- **jouer.** Page 110, les réponses aux questions du « Forum délire ».

d. Des histoires dialoguées conçues comme de petites comédies

Les histoires des pages Simulations sont ancrées dans la réalité et comportent des scènes basées sur des situations universelles. Mais les personnages sont dynamiques et souvent spirituels. Ils susciteront donc chez l'étudiant sinon un désir d'identification, du moins l'envie de s'approprier ce qu'ils disent.

Par ailleurs, ces histoires sont toujours construites sur un suspense. On a envie de connaître la suite. L'éclairage est humoristique. Les étudiants ne devraient pas s'ennuyer.

■ *Écho*, le CECR et le DELF

Le Cadre européen commun de référence (CECR) est un outil élaboré par le Conseil de l'Europe qui s'est donné pour but de fixer des objectifs communs à l'ensemble des partenaires impliqués dans l'enseignement des langues en Europe.

Bien qu'il se prévale de n'être pas descriptif, le Cadre européen, par sa description de la situation d'apprentissage et des niveaux de compétence, oriente fortement la pratique de l'enseignement des langues.

Cette orientation n'est pas totalement nouvelle. Elle se situe dans le droit fil de l'évolution de la didactique depuis que la langue étrangère n'est plus considérée comme un objet d'étude mais comme un outil au service de la communication. Mais après cinquante ans d'engouements successifs et de vagues méthodologiques qui recouvraient chacune les traces de la précédente, le Cadre européen a le mérite de fixer un cadre large où les différents acquis de la didactique peuvent cohabiter. Il ne jette l'anathème ni sur la traduction ni sur les exercices structuraux et prend soin de laisser toujours le dernier mot au praticien. La phrase « Les utilisateurs du Cadre de référence envisageront et expliciteront selon le cas … » vient souvent le rappeler.

Toutefois cet éclectisme est au service d'une perspective clairement définie : l'approche dite « actionnelle » ou approche orientée vers l'action qui fait des apprenants « des acteurs sociaux ayant à accomplir des tâches dans des circonstances et un environnement donné… ».

Les objectifs ne sont plus définis en termes linguistiques mais en actes sociaux. Le linguistique (actes de paroles ou catégories grammaticales, vocabulaire) et le non-linguistique (savoirs, comportements, etc.) sont subordonnés aux actes qu'il s'agit de réaliser.

L'apprenant est donc quelqu'un qui se prépare à accomplir un certain nombre de « tâches » dans un pays francophone.

Les pages qui précèdent auront montré que, par ses objectifs généraux et ses orientations méthodologiques, la méthode *Écho* s'inscrit pleinement dans le CECR.
- L'apprenant est d'abord acteur social dans la classe de langue. La classe est une micro-société où se retrouvent les jeux et les enjeux des autres espaces sociaux et qui se donne pour projet l'apprentissage d'une langue étrangère.
- C'est aussi le lieu où l'on simulera les futures tâches à accomplir. L'objectif donné à chaque unité n'est pas formulé en termes linguistiques mais en terme d'adaptation à un contexte social donné. Ce sont les procédures d'adaptation qui détermineront les contenus linguistiques et culturels.

La progression de *Écho* suit les niveaux de compétence définis dans le Cadre. Chaque niveau correspond à un niveau du Cadre. Toutefois, dans la mesure où les niveaux A1 et A2 du Cadre sont plus légers que les suivants, l'étudiant les aura atteints avant la fin du livre. Mais l'organisation en unités de 30 à 40 heures permettra une adaptation de l'organisation des cours.

Nous suggérons la progression suivante. Elle est valable également pour les unités du DELF (diplôme élémentaire de langue française) qui sont indexées sur celles du CECR.

Méthode *Écho*	Nombre d'unités	Cadre européen	DELF
Écho 1 (unités 1, 2, 3)	3	A1	A1
Écho 1 (unité 4) *Écho 2* (unités 1, 2)	3	A2	A2
Écho 2 (unités 3, 4) *Écho 3* (unités 1, 2, 3, 4)	6	B1	B1
Écho 4 (4 unités)	4	B2	B2

ÉCHO mode d'emploi

Les pages d'ouverture des unités

Chaque unité s'ouvre par une page qui présente brièvement et de manière très illustrée l'objectif général de l'unité (la situation d'adaptation) et les objectifs secondaires qui en découlent. *Ces objectifs formulés en terme de savoir-faire* sont aisément compréhensibles par les étudiants.

Par exemple, dans la première unité (p. 5), l'objectif général consiste à savoir entretenir des relations avec des francophones. Pour cela on reverra comment entrer en contact avec eux, les inviter, répondre à leur invitation (autant de savoir-faire qui ont été abordés au niveau 1). Puis on apprendra à se comporter quand on les revoit, à raconter des souvenirs et des anecdotes, à être plus à l'aise avec différents sujets de conversation, à résoudre les petits problèmes relationnels qui peuvent se poser avec des amis ou des connaissances.

Il est important que l'étudiant ait une conscience claire de l'objectif général (très concret) de l'unité et des différentes étapes qui permettront d'arriver à ce but. Il pourra ainsi à tout moment visualiser le chemin parcouru et ce qui reste à faire. La découverte de la page d'ouverture de l'unité se fera avec le professeur. On fera ensemble la liste des différentes situations relatives au contexte et de tout ce qu'il faudra apprendre à faire.

Il est même recommandé lors de la première heure de cours avec *Echo 2* de montrer aux étudiants les quatre unités du livre. Ils pourront ainsi visualiser les quatre parcours qu'ils auront à effectuer.

Cette page fixe par ailleurs *un contrat de travail* entre les étudiants et l'enseignant. Notons que *ce contrat est négociable*, les étudiants pouvant ajouter ou supprimer certains objectifs secondaires. Par exemple, ceux qui correspondent déjà régulièrement avec des francophones pour des raisons professionnelles souhaiteront peut-être insister sur l'écrit et en particulier sur le style et les conventions propres aux courriels professionnels.

Les pages Interactions

Chaque leçon débute par *une double page Interactions* qui propose un ou plusieurs documents (parmi lesquels il peut y avoir un document sonore) choisis pour leur pouvoir déclencheur d'expression orale ou écrite.

1. Types de pages Interactions

Selon le document, la classe interactive peut prendre des formes diverses.

a. *Le document est un questionnaire*, par exemple un test qui permet à l'étudiant de se situer dans une typologie d'apprenants, (p. 6) ou bien qui détermine pour quel métier il est fait (p. 30). Ces questionnaires suscitent ensuite des commentaires et des échanges d'expériences : quelle est la meilleure façon d'apprendre, la part de vérité et d'erreur qu'il y a dans le test, etc. ?

b. *Le document invite à faire des choix.* Page 46, les étudiants doivent choisir la personnalité qui représente le mieux « l'aventure ». Page 104, c'est un témoin du passé qu'il faut sauver de l'oubli ou de la destruction. Le choix collectif amène des comparaisons, des descriptions, des opinions.

c. *Le document déclenche des prises de position.* Il peut s'agir d'une revue de presse (p. 142) ou d'un site Internet sur les nouvelles insolites (p. 22).

d. *Le document suscite l'envie de réaliser un projet individuel ou collectif.* Un dossier sur l'internationalisation de certaines fêtes (p. 14, aujourd'hui, Halloween, la Saint-Patrick sont des occasions de faire la fête dans beaucoup de pays) débouche sur un projet de fête à exporter. Les étudiants choisissent une fête typique de leur pays qui pourrait être exportée, justifient leur choix et développent le projet. Ailleurs les étudiants se mettent par deux et doivent aménager un appartement vide (p. 62). Ils disposent d'un budget et du catalogue d'un site de vente d'objets aux enchères. De tels projets suscitent de nombreux échanges pour leur planification et leur déroulement.

2. Caractéristiques des pages Interactions

Dans le travail réalisé avec ces pages, *l'étudiant sera pleinement « acteur social ».* Les échanges, qu'il s'agisse de brèves interactions ou de paroles en continu (monologue suivi), seront de même nature que les conversations de la vie réelle.

En plus des savoir-faire langagiers, l'apprenant va acquérir des savoir être (vaincre sa peur de parler, développer des stratégies d'interaction, gérer ses manques, prendre de l'assurance).

3. Conseils pour réussir un cours avec ces pages Interactions

a. *Le professeur doit prévoir avec assez de précision le déroulement de sa classe.* La colonne « Activités », à droite de la double page, lui propose un déroulement possible que le livre du professeur détaille. Le livre du professeur peut aussi suggérer d'autres démarches possibles.

Les activités collectives, celles en petits groupes et les prises de parole individuelles doivent alterner. Chaque étudiant doit avoir l'occasion de s'exprimer non seulement dans le petit groupe mais aussi devant le groupe classe.

b. *L'enseignant guide les étudiants dans la découverte du document.* Il fait expliquer ou explique lui-même les mots nouveaux.

c. *Il est bon que les productions orales* (sauf lorsqu'il s'agit de réactions brèves et spontanées) *soient précédées d'un moment de réflexion* ou de prises de notes écrites. Dans l'activité de la page 23, « Que feriez-vous à leur place ? », chaque étudiant peut répondre par écrit au forum avant que le tour de table oral ne commence. Sinon, on court le risque d'avoir des réponses laconiques qui rendront le tour de table ennuyeux.

d. *Les activités de type « d » (projet individuel ou collectif) doivent être précédées d'une mise en condition* pour motiver les étudiants. Il faut créer le désir de se lancer dans le projet.

Certains projets commencés en classe peuvent être poursuivis en travail personnel. C'est le cas des « meilleures nouvelles de ces dix dernières années » qui nécessitera sans doute de la documentation, ou bien encore de la poursuite du dossier « C'est tellement mieux ailleurs » (p. 156).

On trouvera aussi des projets dans les pages « Évasion » (voir ci-après).

e. *L'introduction ou l'explication d'un point de langue doit en principe se faire rapidement* pour ne pas casser l'ambiance propice aux échanges naturels. On procédera un peu comme dans une conversation normale lorsqu'on demande des précisions sur le sens d'un mot, avant de reprendre le fil du discours.

Toutefois, il peut arriver que certains étudiants ou certains types de classe soient bloqués par défaut d'explication. L'absence de vision cohérente de la langue génère chez eux un stress qui les empêche de se concentrer sur le sujet de la conversation. Dans ce cas, il ne faut pas hésiter à faire une grande parenthèse en introduisant par anticipation le point de grammaire développé dans les pages Ressources.

■ Les pages Ressources

Chaque double page Ressources propose deux ou trois points de langue : simple point de grammaire (les adjectifs et les pronoms indéfinis), de conjugaison (le futur antérieur), de vocabulaire (décrire les mouvements) ou regroupement de moyens linguistiques autour d'une intention de communication (exprimer l'appartenance).

Chaque point est autonome. Il propose un parcours qui va de l'observation à l'emploi des formes étudiées :

a. *un dessin humoristique proposant un corpus d'expressions* qui va permettre l'observation du point de langue (les deux ou trois dessins de la double page sont liés par une trame narrative). Ce dessin est suivi d'une activité de découverte (grille à remplir, mot à rechercher, etc.) qui permet de conceptualiser, de classer, d'induire des règles du système de la langue. Il est impératif que l'enseignant guide les étudiants dans ce travail ;

b. *un tableau de présentation didactique des points de grammaire.* C'est la mise en forme, complétée par certains points particuliers, de ce que les étudiants auront découvert avec l'aide de l'enseignant ;

c. *des exercices de systématisation.* Ces exercices permettent de vérifier que la forme nouvelle peut être comprise et employée. Selon le degré de réussite de l'activité de découverte, cet exercice peut se faire individuellement ou collectivement. Rappelons que les exercices de fixation et de mémorisation se trouvent dans le cahier personnel d'apprentissage ;

d. dans certains cas, le travail sur le point de langue se termine par *une activité de réemploi plus libre.* Par exemple, le travail sur le conditionnel débouche sur une activité créative où chacun imagine comment il réagirait dans certaines situations (p. 24) ;

e. une rubrique de la double page Ressources intitulée « La grammaire sans réfléchir » permet de travailler les incidences orales de la grammaire (par exemple, la différenciation futur/conditionnel) et de mettre en place certains automatismes syntaxiques (par exemple, les structures avec pronom antéposé).

Quand utiliser les pages Ressources ?

Il est tout à fait possible de les utiliser au moment de leur apparition dans le livre. Le travail sur les pages Interactions aura sensibilisé les étudiants à certains points de langue. La découverte des autres points préparera le travail sur les pages Simulations.

Mais on peut aussi les utiliser « à la carte » soit en fonction des demandes des étudiants entre deux activités des pages Interactions, soit comme préparation à la découverte des pages Interactions ou Simulations.

■ Les pages Simulations

Dans ces pages, l'étudiant va être confronté aux situations orales interactives qu'il aura l'occasion de vivre dans un pays francophone et qui ne sont pas naturellement suscitées par la vie de la classe. C'est le cas des situations pratiques (retirer de l'argent, acheter, faire un constat d'accident, etc.) ainsi que des interactions liées à des contextes particuliers (le logement, la voiture, les relations amicales, l'entreprises, etc.).

Ces situations sont mises en scène dans des dialogues qui s'enchaînent pour raconter une histoire. Cette histoire se déroule sur une unité.

1. Coup d'œil sur les histoires

Dans ce livre du professeur, chaque histoire est résumée sur la page consacrée au début de chaque unité.

On aura un aperçu du contenu de ces histoires en se référant aux pages suivantes :
– unité 1, L'anniversaire, p. 19 ;
– unité 2, Les escaliers de la Butte, p. 53 ;
– unité 3, Le dossier Vinci, p. 81 ;
– unité 4, Vent de révolte, p. 113.

2. Caractéristiques des histoires

• *Les histoires sont des métaphores du contenu général de l'unité.* L'histoire « Les escaliers de la Butte », par exemple, raconte l'installation à Paris d'un jeune de la banlieue de Saint-Étienne. Recherche d'un logement, de petits boulots en attendant de réussir dans l'activité qu'il préfère, premières rencontres, etc. Il doit donc « se débrouiller au quotidien » et tel est l'objectif général de l'unité.

• *Ces histoires sont illustrées par des dessins précis et réalistes ainsi que par des photos* (une par double page) qui donnent une vue authentique du cadre dans lequel se déroule l'histoire. Cette iconographie est une aide précieuse à la compréhension...

• *Les situations de la vie quotidienne apparaissent dans un contexte précis.* Il y a un avant et un après de la communication qui facilite aussi la compréhension. Par ailleurs, le comportement des personnages n'est pas perçu comme celui de Français types mais comme celui d'individus particuliers, ce qui permet d'éviter les généralisations abusives.

• *Certains dialogues ou parties de dialogues ne sont pas transcrits dans la leçon.* Ils servent d'exercices d'écoute. Ils sont signalés par l'indication « Transcription ». Celle-ci se trouve à la fin du livre de l'élève.

• *Certaines scènes sont seulement illustrées.* Le dialogue est à imaginer par les étudiants.

• *Dans le bandeau d'exploitation à droite de la double page*, on trouvera :
– pour chaque scène, une procédure d'écoute (questions, texte ou grille à compléter). Mais la pédagogie de l'écoute est surtout développée dans ce guide pour le professeur ;
– une ou plusieurs propositions de jeux de rôles. Il s'agit la plupart du temps de transposer une scène de l'histoire ;

– une rubrique « Prononciation » qui propose un travail sur les rythmes et les enchaînements des groupes sonores ainsi que sur la différenciation et la prononciation des sons difficiles.

■ La page Écrits

Elle est spécialement consacrée à la compréhension et la production écrites mais ces deux compétences sont aussi souvent travaillées dans les pages Interactions et les pages Civilisation.

Cette page Écrits est toujours en liaison thématique avec la page Civilisation et il peut arriver que les deux pages soient combinées, par exemple les pages 100 et 101, consacrées à une découverte de quelques œuvres artistiques et du Musée national d'art moderne.

Les pages Écrits présentent toutes la même organisation :

a. Un texte est proposé à la lecture (ou plusieurs petits textes lorsqu'il s'agit de brefs messages, petites annonces, etc.). Tout au long de la méthode, on abordera les différents types de texte : messages familiers, cartes postales et lettres amicales, carton d'invitation, écrans de billetteries ou autres automates, extraits d'ouvrages touristiques, extraits de journaux ou de magazines. Tous ces textes sont authentiques.

b. Le travail d'exploration du texte s'appuie généralement sur un projet de lecture. Par exemple page 108, il s'agit de repérer dans un guide touristique les endroits intéressants à visiter.

Ce travail vise également à développer des stratégies de lecture :
– repérage des éléments situationnels (p. 12, qui écrit ? à qui ? etc.) ;
– induction du sens d'un mot nouveau d'après le contexte (p. 36) ;
– balayage du texte pour retrouver une information (p. 52) ;
– repérages des moments d'un récit (p. 28).

c. Ce travail est suivi d'une production écrite.
Écho donne la priorité aux situations de production écrite prévisibles pour un étudiant qui a des contacts avec des francophones (messages ou lettres de prise de contact, d'échange d'informations, de prise de rendez-vous, de demande, de réclamation, etc.).

Au moins une production écrite est proposée dans chaque leçon mais elle peut l'être aussi bien dans les pages Écrits que dans les pages Interactions

La production écrite pour le plaisir n'est pas pour autant négligée car c'est un moyen efficace de motivation et d'apprentissage de la langue. Par exemple, après avoir étudié des écrans de distributeurs et de billetteries, les étudiants sont invités à imaginer un menu de distributeur original (p. 68).

Les différents projets des pages Évasion donnent également lieu à des travaux écrits.

■ La page Civilisation

Par civilisation on entend les savoirs et les savoir-faire langagiers et non langagiers qui permettent une adaptation à une société francophone. Pour des raisons d'espace, on s'est limité à la société française (voir ci-dessus, p. 12 : L'imprégnation culturelle).

Cette page propose des documents divers : photos, analyses, statistiques, témoignages, micro-trottoir, interviews, conseils pratiques, etc.

Ces documents permettront de mettre en valeur :
– la culture partagée par une majorité de Français (environnement géographique, actualité artistique, sociale politique, histoire, etc.) ;
– les habitudes et les comportements dans les différents domaines de la vie quotidienne.

L'exploitation de ces documents se fait selon une double perspective :
– compréhension du document ;
– comparaisons interculturelles.

■ Les pages Évasions

Ces pages sont prévues pour inciter les étudiants à s'évader de la méthode, pour aller lire et écouter du français par d'autres moyens. Elles sont organisées selon la dynamique du projet.

On trouvera trois pages Évasions à la fin de chaque unité.

• *Unité 1, « Évasion au cinéma »*. Les étudiants sont invités à attribuer le prix de la meilleure scène de comédie de film. Ils feront leur choix parmi des scènes qu'ils auront lues ou écrites.

• *Unité 2, « Évasion dans la publicité »*. Les étudiants imaginent et réalisent des supports publicitaires pour un produit de leur pays à l'intention d'un marché francophone.

• *Unité 3, « Évasion dans les romans »*. Ils préparent les premiers éléments d'un roman « à la carte » : élaboration du scénario, présentation du personnage principal, choix des lieux où se déroule l'histoire.

• *Unité 4, « Évasion dans l'écriture »*. Rédaction d'une scène de roman.

■ Le portfolio et son utilisation

Le portfolio joint au livre élève complète celui du niveau 1. Il comporte :

1. un test qui permet d'évaluer si les étudiants ont atteint le niveau A1 du CECR, autrement dit s'ils sont capables de suivre *Écho 2*. Ce test peut être utile avec des étudiants n'ayant pas complété *Écho 1* ou arrivant sans aucune certification ;

2. la suite de la biographie langagière de l'étudiant. Il s'agit d'un questionnaire dans lequel l'étudiant note ses expériences en français en dehors du cadre de la classe (voyages, spectacles, rencontres, etc.) ;

3. les compétences supposées acquises. À la fin de chaque unité, l'étudiant indexera les savoir-faire et les savoirs abordés en indiquant s'ils sont « acquis », « en cours d'acquisition » ou « non acquis ». Il mettra à jour les listes d'objectifs des unités précédentes si tout n'avait pas été acquis ;

4. une série de tests « Avez-vous atteint le niveau A2 ? ». À faire à la fin de l'unité 2 pour vérifier si le niveau est atteint.

■ Le cahier personnel d'apprentissage

Ce cahier a été conçu pour un travail en autonomie après la classe. Après chaque partie de leçon, l'étudiant y trouvera :
– la liste des mots nouveaux introduits dans le livre. Il aura la possibilité de noter la traduction de ces mots ;
– des exercices de révision et de mémorisation.

• Après les pages Interactions et les pages Écrits et Civilisation : des exercices de vérification de la compréhension des textes et d'apprentissage du vocabulaire ;

• Après les pages Ressources : des exercices de systématisation et de mémorisation portant sur la syntaxe et la morphologie (en particulier les conjugaisons) ;

• Après les pages Simulations, une rubrique « Entraînement à l'oral » qui propose des exercices à faire avec le CD : exercices de prononciation, d'automatisation des structures grammaticales et activités de compréhension orale.

Tous ces exercices sont autocorrectifs. Un livret de corrigés est joint au cahier.

■ Le fichier d'évaluation

Il est photocopiable et comporte :
– 16 fiches de deux pages correspondant aux 16 leçons de *Écho 2* ;
– un CD audio pour l'évaluation de la compréhension orale ;
– les transcriptions des documents oraux, les corrigés des tests ainsi que des conseils pour la passation des tests et leur notation.

Avec ce matériel, l'enseignant pourra organiser une évaluation soit à la fin de chaque leçon, soit toutes les deux leçons (en sélectionnant les tests qui lui paraissent les plus pertinents).

Unité 1 — Entretenir des relations

▶ Objectifs généraux de l'unité

Cette unité prépare les étudiants aux tâches les plus courantes qui caractérisent les relations sociales. On y poursuivra des objectifs qui ont déjà été abordés au niveau 1 mais dans des situations plus complexes et en ayant recours à des moyens linguistiques plus riches :

– entrer en contact avec des francophones, reprendre contact avec eux ;
– inviter et répondre à une invitation ;
– participer à des conversations dont les sujets sont familiers (le pays d'origine, le lieu d'habitation, la famille, les amis, les études, etc.) ;
– raconter des souvenirs ou des anecdotes ;
– parler de cuisine ou de fête ;
– comprendre certaines plaisanteries ;
– résoudre les problèmes propres à la vie en groupe (malentendus, incompréhensions, etc.).

▶ L'histoire des pages Simulations
« L'anniversaire »

Anne-Sophie, Karine, Odile et Liza se connaissent depuis le lycée mais chacune a pris dans la vie une orientation différente. Anne-Sophie est styliste et vit en Irlande avec Patrick, un Irlandais, chef d'une entreprise de création de jeux vidéo. Liza, récemment divorcée, est médecin. Odile est agent immobilier à Évry. Elle partage sa vie avec Louis, un informaticien au chômage. Karine, architecte d'intérieur, vit à Lille avec Harry, un photographe. Les quatre amies, qui vont avoir trente ans et qui ne se sont pas vues depuis quelque temps, décident de fêter leur anniversaire dans un gîte de charme du Périgord.

Après quelques hésitations, elles décident d'y convier leurs compagnons. On invite également Jean-Philippe, un ami d'Harry, en espérant secrètement que Liza le trouvera à son goût.

On assistera à la préparation du repas d'anniversaire, à un jeu de société, à une sortie en montgolfière, à une descente dans une grotte : succession de scènes où alternent plaisanteries, malentendus, petites fâcheries et réconciliations.

▶ Début du premier cours

On fera un tour de table pour que les étudiants se présentent. Cette présentation pourra être brève car le travail qui va être fait avec la double page Interactions donnera aux étudiants l'occasion de parler de leur apprentissage du français.

▶ Exploitation de la page 5

1. Présentation du livre aux étudiants

Pour ceux qui ont déjà travaillé avec *Écho 1*, faire observer la ressemblance. Pour les autres, montrer l'organisation en quatre unités, l'organisation des leçons en quatre doubles pages (utiliser la présentation de la p. 4) et surtout les outils en fin d'ouvrage : aide-mémoire et cartes.
Cette présentation peut avoir un caractère ludique :
– découverte du livre en petits groupes ;
– choix de la plus belle page, de la plus belle illustration ou de la photo la plus originale.

2. Découverte de la page 5

a. *Lecture et explication du titre.* Recherche collective d'idées : que faut-il savoir faire pour entretenir des relations avec les autres ? Noter les idées des étudiants au tableau. Faire un classement.

b. *Observation des photos de la page et lecture des objectifs secondaires.* Pourquoi a-t-on choisi ces photos pour illustrer ces objectifs ? Les étudiants font des hypothèses.

À savoir

Commentaires sur les photos de la page 5

• *La fête du 14 juillet.* Traditionnellement, le 14 juillet, le président de la République invite un nombre important de personnes à une « garden-party » dans les jardins de sa résidence du palais de l'Élysée. Les personnes invitées sont non seulement des personnalités du monde diplomatique, politique, économique, artistique mais aussi des personnes qui méritent d'être honorées à un titre particulier (par exemple un pompier qui a risqué sa vie pour sauver des personnes).

• *Rencontre aux Galeries Lafayette.* Régulièrement les Galeries Lafayette organisent des « soirées célibataires ». Les célibataires qui font leurs courses et qui veulent être reconnus comme tels prennent un panier spécial. Chacun peut ainsi engager la conversation sans risquer de choquer l'autre.

• *Quelques livres significatifs des sujets de conversation fréquents* lors d'une soirée entre amis. Dans *Une année en Provence*, un couple d'Anglais raconte son installation dans un village du sud de la France, véritable choc culturel. *Cette maison me rendra folle* est le récit des déboires de la journaliste Joëlle Goron qui a entrepris de faire rénover une maison de campagne. Dans *Les Pieds dans le plat*, Michel Serrault raconte quelques anecdotes de sa vie de comédien.

• *Pur week-end* est l'histoire d'un groupe d'amis qui se retrouvent pour passer un week-end ensemble. Mais l'un d'eux est recherché par la police...

Leçon 1 - On se retrouve

Interactions, p. 6-7

▶ Objectifs

Savoir-faire
- Parler de son apprentissage du français langue étrangère : en raconter les étapes, exposer ses préférences et les problèmes qu'on rencontre.

Vocabulaire
- Le vocabulaire de l'apprentissage (grammaire, compétences, etc.).
- *un bagage, le lendemain, le maximum, le renseignement, un reporter (un reporteur)*
- *auditif, dépendant, proche, réfléchi, sonore, spontané*
- *baisser, balbutier, emporter, illuminer, jeter (se) (à l'eau), retenir*
- *à l'aise, même* (« J'écrivais ... dans les cafés ... et même chez les gens »)

Grammaire
- Emploi du présent, du passé composé et du futur.

▶ Réfléchissez à votre manière d'apprendre

Le document présenté dans cette page Interactions est un test qui permet à chaque étudiant de savoir s'il possède certaines qualités qui facilitent l'apprentissage d'une langue étrangère. En effet, les personnes dont on dit qu'elles ont le don des langues sont plutôt des auditifs (ils retiennent facilement ce qu'ils entendent), à l'aise avec les autres, spontanés et indépendants (ils n'ont pas sans cesse besoin d'un dictionnaire et peuvent apprendre seuls).

Quand on ne possède pas ces qualités naturellement, il est heureusement possible de les développer. C'est ce qui est expliqué dans la partie « Nos conseils ».

Ce test est surtout un prétexte pour que les étudiants, au début du cours, fassent part de leur expérience d'apprenant, de leurs difficultés, et échangent des idées pour mieux apprendre.

1. Les étudiants font le test avec l'aide du professeur
Le professeur lit chacune des phrases des quatre parties du test. Au fur et à mesure les étudiants cochent l'option qui convient.

Expliquer :
– *spontané* : qui ne réfléchit pas avant de parler ou d'agir.
– *dépendant* : par opposition à « indépendant ». *Il est dépendant de ses parents : il a besoin d'eux.* Ici, il s'agit de la dépendance au professeur, au dictionnaire, etc. Les étudiants comptent les « a » et les « b » dans chaque test.

2. Présentation des conseils
Le professeur lit chacun des quatre commentaires et donne les explications nécessaires.
– *un maximum* : à partir du nombre de « a » et de « b ».
– *un bagage* : donner le sens propre → les bagages du voyageur : les valises et les sacs, puis le sens figuré → le bagage en français : ce qu'on connaît, ce qu'on sait faire)

3. Les étudiants préparent une liste de leurs points forts et de leurs points faibles
Chaque étudiant présente sa liste à la classe.

4. Les étudiants qui ont des profils opposés se regroupent et échangent des expériences et des conseils.

5. Mise en commun des solutions pour chaque point faible.

▶ Échangez des « trucs » pour apprendre

1. Lecture des extraits littéraires « Ils parlent de leur apprentissage »
a. Extrait des *Mots étrangers. Quelle habitude avait Vassilis Alexakis quand il apprenait le français ? Cette pratique vous paraît-elle utile ?*
Avez-vous des trucs particuliers pour apprendre le vocabulaire, la grammaire, etc. ?
b. Extrait de *Citizen Game.* Les étudiants lisent l'extrait et reformulent l'anecdote. *Que démontre-t-elle ?* Des intérêts communs facilitent la communication. On apprend mieux en faisant quelque chose ensemble.

2. Recherche en commun : faire la liste de ce qu'il faut apprendre pour parler une langue étrangère (le vocabulaire, la grammaire, etc.) et des activités d'apprentissage.

3. Les étudiants se partagent ces sujets de réflexion.
Pour chaque sujet ils réfléchissent à la meilleure façon d'apprendre.

4. Mise en commun.

▶ Observez l'emploi des temps

Activité de révision des temps de l'indicatif qui ont été vus au niveau 1. Cette activité fait la liaison avec la double page Ressources.

Rechercher des exemples de verbes au :
– présent (*vous entendez...*)
– passé composé (*je n'ai pas fait de fautes...*)
– futur (*vous emporterez un guide...*)
– imparfait (*c'était...*)
– passé récent (*vous venez de parler...*)
– futur proche (*vous allez lire...*)

À savoir

- *L'Auberge espagnole.* Un groupe d'étudiants venus de différents pays d'Europe se retrouvent à Barcelone dans le cadre du programme d'échanges Erasmus. Ce programme accorde des bourses à des étudiants qui veulent poursuivre leurs études dans un pays d'Europe. Le film de C. Klapisch est une comédie qui s'appuie sur les différences culturelles et la difficulté de cohabiter. Il a eu un très gros succès et une suite, *Les Poupées russes.*
- **Dungeons & Dragons**. Jeu de rôle médiéval-fantastique créé dans les années 1970.
- **Bilbo** et **Frodon**. Personnages du roman de Tolkien, *Le Seigneur des anneaux.*

Ressources, p. 8-9

▶ Objectifs

Grammaire
- Révision des temps de l'indicatif étudiés au niveau 1 : le présent, le passé composé, l'imparfait, le futur.
- Emploi du passé composé et de l'imparfait dans le récit.

Savoir-faire
- Recherche de stratégie pour mémoriser et automatiser les conjugaisons des verbes.

Vocabulaire
- *promettre*

▶ Apprendre les conjugaisons

1. Observation du dessin humoristique

a. Faire verbaliser la situation. *La mère est absente. Elle téléphone au père qui est seul avec ses enfants.*
b. Relever les verbes. Faire trouver la totalité de leur conjugaison et l'écrire au tableau.

c. Faire observer les similitudes et les différences d'abord à l'écrit puis à l'oral.
d. Classer les conjugaisons selon :
– les terminaisons ;
– le nombre de radicaux.
Les noter dans le tableau puis compléter le tableau avec des verbes connus.

Un seul radical	Dans le dessin : *travailler, préparer, rentrer* Dans la liste : *parler, donner*
Un radical pour « je », « tu », « il », « ils » Un radical pour « nous », « vous »	Dans le dessin : *appeler* Dans la liste : *jeter, amener*
Un radical pour « je », « tu », « il » Un radical pour « nous », « vous », « ils »	Dans le dessin : *lire* Dans la liste : *savoir, écrire*
Un radical pour « je », « tu », « il » Un radical pour « nous », « vous » Un radical pour « ils »	Dans le dessin : *apprendre* Dans la liste : *prendre, venir, vouloir, comprendre* N.B. « Dire » a trois radicaux : [di] (1ʳᵉ, 2ᵉ, 3ᵉ personnes du singulier) – [diz] (1ʳᵉ et 3ᵉ personnes du pluriel) – [dit] (2ᵉ personne du pluriel).
Quatre ou cinq radicaux	Dans le dessin : *faire* Dans la liste : *être, aller*

2. Révision des conjugaisons du futur

a. Revoir rapidement la conjugaison du futur des verbes principaux. Utiliser le tableau de la page 9 et l'aide-mémoire en fin de livre.
b. Exercice 2. S'assurer de la compréhension de la situation. Les étudiants font l'exercice individuellement. Lire quelques productions et proposer un corrigé.

> Cette année c'est promis je *prendrai* des vacances. Je *m'arrêterai* de travailler pendant deux mois. Nous *irons* voir nos amis canadiens. Vous, les jeunes, vous *ferez* un stage de langue en Allemagne. Vous *apprendrez* l'allemand. Toi, Paul, tu *iras* avec ta grand-mère. Vous *visiterez* les châteaux de la Loire.

3. Révision du passé composé

a. Revoir rapidement la conjugaison du passé composé des verbes principaux. Utiliser le tableau de la page 9 et l'aide-mémoire.

b. Exercice 3

> ... Qu'est-ce que tu as fait ? ... J'ai passé l'été ... Vous êtes restés en France ... nous sommes allés ... Noémie a revu ... Ils sont partis en voyage ... Alors j'ai décidé ...

4. Révision de l'imparfait

Procéder comme précédemment.

> J'avais 12 ans ... Mes parents passaient leurs vacances au bord de la mer. Nous faisions du camping. Nous nous levions tard. Je pêchais avec mon meilleur copain. Il s'appelait Laurent. Son père avait un bateau.

5. Activités créatives pour apprendre les conjugaisons

Apprendre les conjugaisons en suivant l'ordre des personnes (je, tu, il) n'est pas une activité naturelle. En revanche, il est possible de travailler la conjugaison d'un verbe dans un enchaînement qui a du sens. C'est ce que nous avons voulu montrer dans les trois exemples de l'exercice 5.

On lira collectivement chaque exemple et les étudiants essaieront de l'imiter en utilisant les verbes proposés. Exemple, le dialogue *Vérifications* peut être transposé avec le verbe « dîner » (on vérifie si tout le monde a dîné, etc.).

L'enchaînement *Conditions* se prête à la conjugaison du présent de l'indicatif. *Si je peux le faire, tu peux aussi le faire. Elle peut le faire. Alors vous pouvez tous le faire. Etc.*

Chaque étudiant peut, par exemple, tirer au sort un verbe irrégulier supposé connu et préparer un petit enchaînement qui est ensuite lu à la classe. Cette activité peut se faire de temps en temps.

▶ Employer correctement les temps

Exercice de mise en pratique des temps qui viennent d'être révisés. L'emploi du temps du 4 juillet se rédigera au passé, celui du 5 juillet au présent ou au futur proche, celui du 6 juillet au futur.

La rédaction de l'emploi du temps du 4 juillet au passé peut donner lieu à une révision de l'emploi du passé composé et de l'imparfait dans le récit d'événements passés.

On pourra faire cette rédaction en commun en classant les activités dans un tableau.

Événements principaux	Circonstances liées à ces événements (états, commentaires, etc.)
Le 4 juillet j'ai visité Pérouges ... Je me suis promenée dans les vieilles rues ... J'ai vu l'église ... J'ai déjeuné ...	... Il faisait beau. Il y avait beaucoup de fleurs aux fenêtres. Le poulet de Bresse était excellent.

> Aujourd'hui, 5 juillet, nous allons faire une randonnée à vélo ...
> Demain nous partirons pour Villars-les-Dombes. Nous visiterons le parc des oiseaux et nous ferons une partie de golf.

Le passé composé et l'imparfait

Certains étudiants éprouvent des difficultés à maîtriser l'emploi de ces deux temps dans le récit.

• Chaque temps recouvre une « vision » de l'action passée :

(1) soit l'action est vue comme « accomplie ». On note qu'une action s'est produite :

J'ai visité Pérouges.

(2) soit l'action est vue comme « en train de se dérouler ». On la rend présente. Il s'agit souvent des éléments descriptifs (états ou actions) qui servent de décor aux événements principaux. Il peut s'agir aussi de commentaires :

Il faisait beau.

• On peut faire sentir cette opposition par des comparaisons avec la langue maternelle mais aussi en lui donnant une assise concrète :

(1) grâce à un tableau qui sépare les événements principaux (ce qui est « sur le devant de la scène ») et les circonstances (le décor). Voir le tableau ci-dessus ;

(2) en donnant des exemples de verbes qui permettent de voir ou d'entendre la différence :

Je suis allé à la fête du 14 juillet, des pétards ont éclaté (j'entends une brève série d'éclats)... *des pétards éclataient* (on entend les pétards pendant toute la durée de la soirée).

Quand je suis entré, Marie parlait avec Pierre (la conversation avait commencé et elle s'est continuée après mon entrée) ... *Marie a parlé à Pierre* (elle lui a dit quelques mots).

N.B. Notons que le passé composé peut aussi traduire une action achevée au moment où on parle.

Je n'ai pas faim. J'ai (déjà) dîné.

Dans ce cas-là, on peut souvent ajouter l'adverbe « déjà ».

▶ La grammaire sans réfléchir

1. ⊙ **1-1** **Exercice 1.** Prononciation des participes passés en [y]. Montrer le point d'articulation de la voyelle (avant de la bouche, lèvres tirées en avant). Éviter que le [y] soit prononcé [u] ou [i].

Répétez.

L'homme politique

Il est venu.

On l'a vu,

On l'a entendu,

On l'a cru

Et on l'a élu.

On a attendu.

Mais il n'a pas su

Ou n'a pas pu

Ou n'a pas voulu.

Il nous a bien eus.

2. ⊙ **1-2 Exercice 2.** Pratique de la négation. Présenter la situation. Bien faire sentir le rythme de la phrase négative : accentuation de « pas d' tennis ».

Vos amis ne sont pas sportifs. Répondez « non ».
• Votre amie Marie fait du tennis ?
– Non, elle ne fait pas de tennis.
• Est-ce qu'elle aime marcher ?
– Non, elle n'aime pas marcher.
• Est-ce qu'elle fait de la randonnée ?
– Non, elle ne fait pas de randonnée.
• Votre ami Pierre va aux sports d'hiver ?
– Non, il ne va pas aux sports d'hiver.
• Est-ce qu'il fait de la natation ?
– Non, il ne fait pas de natation.

3. ⊙ **1-3 Exercice 3.** Pratique du passé composé aux formes affirmative et négative. Faire remarquer le rythme et les accentuations :
J'ai beau**coup** voya**gé**.
Je n'ai **pas** beaucoup voya**gé**.

Parlons voyage. Répondez « oui » ou « non ».
• Vous avez beaucoup voyagé ?
– Oui, j'ai beaucoup voyagé.
– Non, je n'ai pas beaucoup voyagé.
• Vous êtes allé(e) à l'étranger ?
– Oui, je suis allé(e) à l'étranger.
– Non, je ne suis pas allé(e) à l'étranger.
• Vous avez visité l'Europe ?
– Oui, j'ai visité l'Europe.
– Non, je n'ai pas visité l'Europe.
• Vous avez vu le Parthénon ?
– Oui, j'ai vu le Parthénon.
– Non, je n'ai pas vu le Parthénon.
• Vous êtes monté(e) en haut de la tour Eiffel ?
– Oui, je suis monté(e) en haut de la tour Eiffel.
– Non, je ne suis pas monté(e) en haut de la tour Eiffel.
• Vous vous êtes promené(e) en gondole à Venise ?
– Oui, je me suis promené(e) en gondole à Venise.
– Non, je ne me suis pas promené(e) en gondole à Venise

Simulations, p. 10-11

▶ Objectifs

Savoir-faire
• Proposer une activité à quelqu'un.
• Demander, donner des nouvelles de quelqu'un.
• Présenter des personnes.

Vocabulaire
• Expression de la connaissance, de l'ignorance, du souvenir (voir tableau p. 11).

• *un barbecue, la cheminée, la galerie marchande, le gîte, l'informatique, un pantacourt* (pantalon féminin descendant à mi-mollet), *une tenue* (vestimentaire)
• *double*
• *obliger, remarquer*
• *au fait* (au sens de « à propos de »), *être au courant de*

Grammaire
• Réemploi des temps de l'indicatif.

Connaissances culturelles
• Le Périgord, les villes de Lille et d'Évry.

Prononciation
• Sons [ə], [e], [ɛ] pour différencier le temps des verbes.

L'histoire
Quatre copines de lycée décident de se revoir à l'occasion de leurs trente ans. Elles se demandent si leurs maris ou compagnons les accompagneront. C'est l'occasion de faire la connaissance des personnages de l'histoire (voir le résumé de l'histoire en début d'unité).

▶ Scène 1
Au fur et à mesure de la lecture ou de l'écoute des documents de cette double page, on complétera la fiche d'identité de chaque personnage. Cette activité servira de projet de lecture et d'écoute.
Noter au tableau le nom des personnages au fur et à mesure de leur apparition. Indiquer ensuite toutes les informations que l'on recueille sur ces personnages (nom, prénom, âge, profession, lieu de résidence, caractère, etc.).

1. Lecture des documents écrits
a. Lecture du courriel d'Anne-Sophie. *Qui écrit ? À qui ? À quelle occasion ? Que propose-t-elle ?*
Situer le Périgord sur une carte ainsi que la rivière Dordogne et la ville de Sarlat dont on aura l'occasion de parler dans l'histoire.
Expliquer :
– *gîte (rural)* : ferme ou maison de campagne aménagée pour recevoir des hôtes payants. Le système des gîtes permet aux agriculteurs d'avoir un revenu complémentaire.
b. Publicité pour le gîte de charme. Relever les caractéristiques du gîte et les commenter.

2. ⊙ **1-4 Écoute du dialogue.** Noter la date de la conversation ainsi que les personnages. Faire résumer ce qui s'est passé avant.

a. Première partie du dialogue (lignes 1 à 9). *Quel est le sujet de la conversation ? Que révèlent les remarques des deux jeunes femmes à l'égard de leurs compagnons ?* Faire commenter ces remarques : caractère possessif ou jaloux de Patrick et de Karine, ironie d'Anne-Sophie vis-à-vis des hommes.

b. Deuxième partie (lignes 10 à 15). Noter les informations relatives à Liza.

c. Troisième partie (ligne 16 à la fin). Noter les informations relatives à Odile et Louis.

Expliquer :

– *au fait* : introduit une question ou une information en relation avec ce qui précède. *Pierre est absent depuis une semaine. Au fait, vous avez de ses nouvelles ?*

– *remarquer* : peut introduire une remarque en liaison avec ce qui précède.

– *être au courant* : savoir ce qui s'est passé.

▶ Scène 2

🕐 1-5 Faire une écoute globale puis une écoute fragmentée de la scène. S'arrêter à chaque information et compléter la fiche des personnages.

Faire commenter la dernière question de Karine. *Harry veut-il inviter son copain pour trouver un compagnon à Liza ou pour ne pas être seul avec des personnes qu'il ne connaît pas très bien ?*

▶ Scène 3

🕐 1-6 La découverte de ce dialogue peut se faire de deux manières.

a. Comme une activité collective d'écoute à livre fermé. Le professeur situe la scène, indique le nom des personnages et on procède à une écoute-transcription phrase par phrase.

b. Les étudiants se mettent par deux, si possible une fille avec un garçon, et préparent une interprétation de la scène.

On peut avoir maintenant une vue d'ensemble des personnages de l'histoire (consigne donnée dans l'activité 1).

Anne-Sophie	Nom : Dubois-Carpenter, 30 ans, styliste, habite en Irlande avec son mari Patrick, à l'origine de l'invitation, a de l'humour.
Karine	Nom : Chabrier, 30 ans, vit à Lille avec Harry, plutôt jalouse.
Odile	Nom : Guiraud, 30 ans, agent immobilier, vit à Évry avec Louis, se sent en infériorité vis-à-vis de ses trois copines.

Liza	Nom : N'Guyen, 30 ans, médecin, a été mariée à Alex dont elle est séparée depuis 6 mois.
Patrick	Nom : Carpenter, Irlandais, patron d'une entreprise d'informatique, plutôt jaloux.
Harry	Compagnon de Karine, photographe, peu enthousiaste à l'idée de rencontrer les amies de Karine, copain de Jean-Philippe.
Louis	Compagnon d'Odile depuis peu de temps, informaticien au chômage, attentif aux dépenses du ménage.
Jean-Philippe	Ami d'Harry.

▶ Jeu de rôle (activité 4)

• Lecture du vocabulaire du tableau de la page 11.

• Présentation de la situation à jouer. Faire remarquer que la situation est proche des trois scènes qui viennent d'être découvertes.

• Les étudiants se mettent par deux. La préparation de la scène peut se faire en travail personnel.

▶ Prononciation

🕐 1-7 Cet exercice a deux objectifs :

– différencier la prononciation de la première personne du présent et du passé composé de certains verbes (j'aime / j'ai aimé) ;

– sentir le rythme de la conjugaison du futur des verbes en *-er* (j'aim(e)rai).

À savoir

Le Périgord. Région pittoresque du Sud-Ouest, très appréciée des touristes pour ses beaux paysages et sa gastronomie (foie gras, confit de canard, truffe, etc.). C'est là que se trouve le site préhistorique de Lascaux.

Lille. Grande ville du nord de la France. Agglomération de près de 1 million d'habitants. Ce fut une capitale industrielle pour la sidérurgie et le textile dont elle garde encore quelques activités. Elle s'est reconvertie en partie dans les services et la haute technologie. Elle est célèbre aussi par sa « grande braderie » qui a lieu chaque année le premier week-end de septembre.

Évry. Ville nouvelle de la région parisienne construite dans les années 1970.

Écrits, p. 12

▶ Objectifs

Savoir-faire

- Prendre contact avec quelqu'un par écrit (lettre ou message formels).
- Utiliser les formules de politesse dans un message ou une lettre formelle.

Vocabulaire

- Vocabulaire propre aux lettres et aux messages (voir tableau page 12).
- *une intention, un square*
- *accorder, approfondir, contacter*
- *ailleurs*

▶ Compréhension des lettres

1. La classe se partage les trois lettres et complète la grille ci-dessous.

Lettre 1	
Informations sur la personne qui écrit	Une étudiante en histoire de l'université de Buenos Aires. Elle fait une thèse sur l'immigration des Français en Argentine à la fin du XIXe siècle.
Informations sur la personne à qui l'on écrit	Une femme qui a écrit des articles et un livre sur ce sujet.
Motif de la lettre	Demande de rendez-vous pour un entretien
Lettre 2	
Informations sur la personne qui écrit	Une femme qui doit faire un stage à Paris pendant trois mois et qui cherche un logement. Personne calme, non fumeuse, ayant beaucoup de travail.
Informations sur la personne à qui l'on écrit	Couple de propriétaires ayant loué une chambre à l'amie de la personne qui écrit.
Motif de la lettre	Demande de location de chambre
Message	
Informations sur la personne qui écrit	Damien, 35 ans, nouvellement installé à Paris, père d'un garçon de 8 ans dont il s'occupe un week-end sur deux. Probablement séparé. Aime le jogging, les visites de Paris, le théâtre, les expos.
Informations sur la personne à qui l'on écrit	Inconnu(e) qui souhaiterait rencontrer Damien et partager ses activités.
Motif de la lettre	Recherche d'ami(e)s

2. Observation de la façon de se présenter et des formules de politesse

Lettre 1. L'étudiante veut paraître sérieuse. Elle donne des références (son directeur de thèse) et indique avec précision ce qu'elle souhaite. Elle laisse à son interlocutrice une grande liberté dans le choix de la date de rendez-vous. La politesse se traduit par l'emploi du conditionnel et de la forme interrogative (*Vous serait-il possible de... ?*).

Relever la formule de remerciement et de salutation utilisable dans de nombreuses demandes.

Lettre 2. La personne qui écrit donne des références. Elle prend soin de préciser qu'elle n'occasionnera aucune nuisance. La formule de politesse est moins formelle que dans la lettre précédente (*Je vous prie de recevoir mes sincères salutations*).

Message. Il s'agit d'un message écrit pour un forum sur Internet. Le ton est simple et familier.

3. Lecture du tableau « Formules pour un premier contact »

Rechercher dans quels cas on utilise chacune de ces formules. Les classer selon le degré de familiarité :

– familier : *cordialement* (pour un premier contact dans le milieu professionnel) ;
– neutre : *meilleurs sentiments – sincères salutations* ;
– formels : *salutations distinguées – salutations dévouées – considération distinguée* ;
– à un supérieur hiérarchique ou à une personnalité importante : *salutations respectueuses*.

▶ Rédigez une lettre ou un message pour prendre contact

Faire une lecture collective des trois situations. Les étudiants choisissent la situation qu'ils auront le plus de chance de rencontrer. La rédaction se fait à la maison et la correction est individuelle.

Civilisation, p. 13

▶ Objectifs

Savoir être

- Savoir dans quelles circonstances on peut aborder quelqu'un pour faire connaissance.

Vocabulaire
- *une agence, une agence matrimoniale, un agriculteur, un célibataire, un champ, une immigration, un internaute*
- *numérique, positif, semblable, veuf*
- *contacter, discuter, former* (se), *fuser, lancer, occuper* (un lieu), *permettre, renaître*
- *ailleurs, à part, grâce à*

Connaissances culturelles
- Modes de rencontre et moments de convivialité en France.

▶ Lecture des documents

Pour chaque document :
– faire formuler les informations essentielles données par le document ;
– faire des comparaisons avec la situation dans les pays des étudiants.

1. Le sondage
Les personnes interrogées pensent qu'il est plus difficile de rencontrer d'autres personnes aujourd'hui que dans le passé. Il semble surtout plus difficile de rencontrer de futurs amis ou quelqu'un avec qui partager sa vie.
Recherche d'explications :
– l'individualisme (les gens n'acceptent plus de perdre une partie de leur liberté, d'être obligé d'abandonner certaines activités, etc.) ;

– la mobilité des personnes ;
– la vie très programmée de chacun qui fait qu'on laisse passer des occasions de rencontres.

2. L'article
Quel est le problème de Muriel ? (la solitude car elle est mère divorcée et a un emploi du temps très chargé qui ne lui permet pas de rencontrer d'autres parents d'élèves)
Quelle solution a-t-elle trouvée ? (un site Internet, « Peuplade », grâce auquel elle a pu rencontrer des personnes qui sont dans la même situation qu'elle).

Expliquer :
– *renaître* : recommencer (Dans les quartiers les gens se parlent à nouveau, se rencontrent).
– *semblable* : pareil.
– *grâce à* : introduit une cause positive.
– *permettre* : introduit également une cause positive (Le site Peuplade a permis à Muriel de rencontrer des gens).
– *lancer* : sens propre → lancer une balle (expliquer par la gestuelle) ; sens figuré → lancer une discussion (commencer une discussion).
– *fuser* : à partir du mot fusée et de feu d'artifice. Les réponses fusent (elles arrivent nombreuses et rapidement).

3. Tour de table
À tour de rôle les étudiants disent quel est pour eux le meilleur moyen de se faire des amis.

▶ 🌐 1-8 Micro-trottoir

Les étudiants recopient le tableau sur une feuille.
Écouter le document. S'arrêter à la fin de chaque intervention pour compléter le tableau et pour imaginer les premiers mots que les personnes ont pu se dire.

Documents	Lieu	Activité	Autres circonstances	Premiers mots (à imaginer)
Première jeune fille	Paris	Chorale	Raccompagner en voiture	Tu rentres comment ?
Premier garçon	Chez des amis	Soirée	En partant, devant l'ascenseur	On n'a pas tellement eu l'occasion de se parler ce soir.
Deuxième jeune fille	Dans le train	Discussion	À la bibliothèque de l'université	Tiens, bonjour, ça me fait plaisir de te revoir
Deuxième garçon	Courchevel	Ski	Séjour avec l'office du tourisme universitaire. Sortie en boîte.	Tu connais Courchevel ?
Un homme	Paris, le Louvre	Visite d'une exposition		J'aimerais bien l'avoir chez moi. Et vous ?
Troisième jeune fille	(non précisé)	*Speed dating* (rencontres rapides)		Si on allait prendre un pot ?

À savoir

Les relations sociales en France

D'une manière générale, les Français pratiquent assez peu les grands regroupements d'amis et de connaissances sur le mode des *parties* anglo-saxonnes.

On se rencontre et on se fait des amis :
– sur son lieu de travail (école, université, entreprise) ;
– au sein de la famille élargie ;
– à l'occasion des activités de loisirs. Plus de la moitié des Français de tous âges font partie d'une association sportive ou culturelle ;
– lors des sorties festives pour les jeunes, le goût de la fête étant très marqué chez eux.

La plupart des jeunes font partie d'un groupe ou d'une bande. Ils justifient cette adhésion par la nécessité de se déplacer (le groupe doit disposer d'un ou plusieurs véhicules) et de faire face à l'insécurité (on se raccompagne quand on rentre tard le soir). La bande comporte souvent des couples déjà formés car les jeunes se mettent en couple plus tôt que dans le passé.

Chez ceux qui sont entrés dans le monde du travail, le risque d'isolement est réel en raison de la mobilité professionnelle et de l'instabilité des couples. D'où la multiplication des moyens pour faire connaissance :
– repas de quartier ou opération « Immeuble en fête » ;
– sites Internet d'échanges et de rencontres ;
– pots dans l'entreprise, dans les associations, sur les lieux de vacances ;
– fêtes diverses (Fête de la musique, Saint-Patrick), raves (grandes fêtes improvisées qui peuvent regrouper des milliers de personnes), anniversaires, etc.).

Leçon 2 - C'est la fête !

Interactions, p. 14-15

► Objectifs

Savoir-faire
• Parler d'une fête, d'un divertissement.

Vocabulaire
• Vocabulaire de la fête (voir encadré p.15).
• *un accent, le chêne, le cor, la couronne, la course, la dégustation, la discussion, un fest-noz, une fléchette, un folklore, un jet, la lutte, la province, le renouveau, le stade, le succès, un taureau, le vainqueur, la vallée*
• *celtique, fédéral, majeur, spectaculaire*
• *ancrer, attirer, avoir lieu, courir, importer, rater*
• *sans doute*

Connaissances culturelles
• Quelques fêtes importées (Saint-Patrick) ou exportées (la Nuit blanche).

L'objectif de cette double page Interactions est d'apprendre à décrire et à raconter une fête (nationale, locale ou privée).

Dans une première partie, les étudiants prendront connaissance du dossier « Fêtes sans frontières » en se partageant la lecture des documents et en s'informant mutuellement.

Dans un deuxième temps, ils feront un projet d'importation en France d'une fête de leur pays. Ce travail pourra se faire individuellement ou en petits groupes.

► Lecture du dossier

1. Les étudiants se partagent le dossier. On pourra donner les deux textes longs aux étudiants les plus avancés ou bien répartir le dossier entre deux groupes avec les textes de la page 14 pour le premier groupe et ceux de la page 15 pour le second.

La tâche donnée aux étudiants consiste à remplir la grille de lecture qui est indiquée page 15. Les étudiants travaillent individuellement ou en petits groupes avec l'aide d'un dictionnaire et du professeur.

2. **Mise en commun.** Chaque texte est présenté puis lu et les mots difficiles sont expliqués.

3. **Commenter l'intérêt de chaque fête.** *Est-ce bien d'avoir importé la Saint-Patrick ? Est-ce intéressant de maintenir des fêtes folkloriques comme la fête fédérale de Nyon ? Participeriez-vous à la fête de la tomate ? Etc.*

Expliquer :
a. texte « La Saint-Patrick »
– *rater* : manquer (*Le train partait à 17 h. Il est arrivé à la gare à 17h05. Il a raté le train.*)
– *fléchette* : par le dessin.
– *discussion* : conversation.
– *accent* : expliquer à partir des accents en France ou dans le pays de l'étudiant.
– *renouveau* : le retour, la renaissance.
– *stade* : citer un stade célèbre.
b. texte « Fête de la tomate »
– *dégustation* : consommation de spécialités (plats, vins, gâteaux, friandises, etc.) pour les découvrir.
c. texte « Fête de Nyon »
– *lutte* : sport qui consiste à se battre à main nue. À distinguer de la boxe.
– *majeur* : un des plus importants.
– *fédéral* : la Suisse est une fédération de cantons. Fédéral signifie donc « relatif à l'ensemble du pays ».
– *attirer* : *quand le chanteur célèbre vient dans la ville, il attire beaucoup de monde.*
– *ancrer* : fixer. De « ancre » de bateau.
– *vallée* : par le dessin ou en citant une vallée célèbre.
– *vainqueur* : personne qui a gagné.
– *taureau* : mâle de la vache.
– *couronne* : par le dessin.
– *chêne* : arbre de la forêt qui symbolise la force.
– *cor* : voir la photo.
– *claqueur de fouet* : par le mime.
d. texte « Nuit blanche »
– *succès* : la Nuit blanche attire beaucoup de monde. Elle a du succès.

	Saint-Patrick	Fête de la tomate	Fête de Nyon	Nuit blanche
Lieu	Dans les pubs	Saint-Denis-de-Jouhet (centre de la France)	Nyon (Suisse)	Paris et autres grandes villes
Date	17 mars (saint Patrick)	3ᵉ ou 4ᵉ dimanche d'août	Du 24 au 26 août	Début octobre (toute une nuit)
Origine	Irlande	Locale ou espagnole	Tradition des régions montagneuses	Paris (2002)
Ce qu'on peut voir	Fest-noz	Exposition de tomates	Lutte suisse, jet de la pierre d'Unspunnen, lanceurs de drapeaux, joueurs de cor, yodleurs, claqueurs de fouet	Activités artistiques, culturelles, musicales dans de nombreux lieux de la ville
Ce qu'on peut faire	Boire, jeux de fléchettes, discussion	Dégustation et bataille de tomates	Voir ou participer	Se promener, regarder

▶ Projet : importer une nouvelle fête en France

On suivra le déroulement décrit dans le livre. Les étudiants choisissent une fête de leur pays qui pourrait plaire et s'implanter en France.

Travail individuel ou en petits groupes qui se fait en plusieurs étapes :

a. préparation d'une présentation de la fête et justification du choix ;

b. choix d'un ou plusieurs lieux et d'une date ;

c. réalisation d'une affiche ;

d. présentation des projets à la classe et discussion.

Ressources, p. 16-17

▶ Objectifs

Grammaire
• Emploi des pronoms compléments objets directs et objets indirects.

Vocabulaire
• *le canoë, la rivière*

L'apprentissage des pronoms personnels

Les tableaux de cette double page donnent une vue d'ensemble de l'emploi des pronoms personnels. Il s'agit de satisfaire le besoin intellectuel de beaucoup d'étudiants qui ont envie de connaître la totalité du système.

Mais ce n'est pas parce que l'on a compris la logique générale d'un système qu'on se l'est approprié et que chacun de ces éléments est utilisé de manière automatique.

De façon pratique, on pourra s'appuyer sur la progression suivante :

1. préposition + pronom personnel tonique (moi, toi, lui, elle, etc.). Les pronoms toniques sont pratiqués depuis le tout début du niveau 1.

2. les pronoms directs et indirects de l'interaction (me, te, nous, vous). Avec eux l'opposition construction directe et indirecte n'entraîne pas de modification. Ils seront appris naturellement et progressivement au cours des interactions en classe. Il conviendra toutefois de veiller :

– à l'enchaînement de « me » et de « te » devant voyelle (*Elle m'appelle souvent. Elle t'a appelé hier.*)

– à la confusion avec la catégorie précédente (* « *Elle parle à moi* » ou « *Elle me parle à moi* »).

La répétition de certains dialogues et les jeux de rôles aideront à l'automatisation de ces constructions.

3. Les pronoms de la troisième personne. Le système, on le sait, est très complexe. Le choix du pronom dépend :

– de la construction du mot qu'il représente (construction directe, construction indirecte avec « à » ou « de ») ;

– de la nature du mot représenté (personne ou chose) mais cette opposition n'est pas pertinente dans le cas d'un objet direct ;

– dans le cas où le pronom représente une personne objet indirect introduit par la préposition « à », ce pronom peut être soit antéposé (*Il parle à Marie → Il lui parle*) soit postposé et tonique (*Il pense à Marie → Il pense à elle*). L'explication que nous donnons (le verbe comporte une idée de communication) n'est pas totalement satisfaisante. En effet, « Je lui plais » ne comporte pas d'idée d'échange ou de communication alors que « Je pense à elle » pourrait en comporter une.

En conséquence, l'appropriation de ces constructions ne pourra être que lente et progressive. On pourra aborder toutes les catégories parallèlement à partir de phrases souvent utilisées en classe : « Je l'ai fait », « J'y ai pensé », « Je lui ai dit que... », etc.

Le retour régulier à l'observation du système, la pratique d'exercices structuraux contextualisés (« La grammaire sans réfléchir ») et surtout l'expression orale et écrite contribueront à cette appropriation.

► Utiliser les pronoms objets directs

1. Observation des phrases du dessin humoristique
a. Pour chacune des phrases contenant un mot en gras :
– chercher ce que représente le mot en gras ;
– reconstituer la phrase sans le pronom et observer la construction.
Noter dans quel cas on utilise :
– « me », « te » : la personne qui parle et la personne à qui on parle ;
– « le, la, les » : une personne ou une chose introduite par un article défini (le rock, la région, les copains) :
– « en » : un complément précédé de « du, de la, des » (du canoë) ;
– « en ... une » : un complément précédé d'un article indéfini (une boîte sympa).
b. Retrouver ces observations systématisées dans le tableau. On remarquera tout particulièrement :
– le changement de pronom selon le déterminant qui précède le nom ;
– l'accord du participe passé ;
– la construction du pronom aux formes interrogative et négative.

2. Exercice 2

Oui, je **le** visiterai ... Je **la** verrai ... Il **m**'accompagne ...
Nous **les** avons achetés ... J'**en** ai réservé **un** ... J'**en** ai ...
J'**en** ai **un**...

3. Exercice 3

Nous **l**'avons visitée hier.
Je **les** ai pris en photo.
Il y **en** avait partout.
Nous **en** avons commandé **une**.
Antoine **en** a repris deux fois.
Antoine **en** a pris un verre.
Je **l**'ai goûté.

4. Activité 4. Les étudiants recherchent des phrases courantes construites avec un pronom objet direct.
Le travail, je ne l'ai pas fait.
Ce film, je ne l'ai pas vu.
Ces personnes, je ne les connais pas.

► Comprendre et utiliser les pronoms objets indirects

1. Observation des phrases du dessin humoristique
a. Pour chaque pronom en gras :
– trouver le nom qu'il représente ;
– construire la phrase en remplaçant le pronom par le mot qu'il représente ;
– observer la construction du verbe et de son complément ;
– noter le verbe dans le tableau.

	personnes	choses
Verbes construits avec « à »	Elle pense à moi. Elle m'a donné ... Tu lui as demandé ...	On y va (au Nelson).
Verbes construits avec « de »		Je m'en occupe (d'avertir Paul). Je m'en souviens (de l'adresse).
Verbes construits avec une autre préposition (avec, sous, pour, etc.)	Paul ne vient pas avec nous.	

b. Étude du tableau de grammaire
Remarquer que le choix du pronom dépend :
– de la préposition qui relie le verbe à son complément ;
– du fait que le pronom représente une personne ou une chose.
Relever le cas particulier des verbes « penser à », « s'habituer à », etc.

2. Exercice 2

Oui, j'**en** cherche.
Oui, j'**y** suis allé.
Oui, j'**en** ai parlé.
Oui, j'**y** ai pensé.
Oui, je **lui** ai téléphoné.
Non, ils ne **m**'ont pas écrit.

3. Exercice 3

Les étudiants cherchent des situations dans lesquelles on peut trouver les phrases de l'exercice. Ils écrivent la question ou la phrase qui précède la phrase avec pronom.

a. Tu as réfléchi à ma proposition d'aller faire du ski dimanche ?

b. Est-ce que tu as pris les photos ?

c. Est-ce que tu as mis du poivre dans la salade ?

d. Est-ce que tu joues aux échecs ?

e. Est-ce que tu penses souvent à Marie ?

f. Est-ce que Paul a eu du gâteau ?

▶ La grammaire sans réfléchir

Ces exercices ont pour but l'automatisation des constructions avec pronom.

1. ⊙ **1-9** **Exercice 1.** Les pronoms « le, la, les » au passé composé.

Répondez pour eux.

a. *L'étudiant sérieux*

• Tu as lu le texte ?

– Oui, je l'ai lu.

• Tu as appris la leçon ?

– Je l'ai apprise.

• Tu as fait les exercices ?

– Je les ai faits.

• Tu as noté les mots nouveaux ?

– Je les ai notés.

• Avec ton voisin tu as préparé le dialogue ?

– Je l'ai préparé.

b. *L'étudiant paresseux*

• Tu as fait les exercices ?

– Je ne les ai pas faits.

• Tu as appris les conjugaisons ?

– Je ne les ai pas apprises.

• Tu as traduit la poésie ?

– Je ne l'ai pas traduite.

• Tu as corrigé les fautes ?

– Non, je ne les ai pas corrigées.

• Avec ta voisine tu as appris le dialogue ?

– Nous ne l'avons pas appris.

2. ⊙ **1-10** **Exercice 2.** Le pronom « en ». Faire remarquer la reprise du mot de quantité.

Elle est allée à la Fête de la musique. Répondez pour elle.

• Il y avait beaucoup de monde ?

– Il y en avait beaucoup.

• Il y avait des jeunes ?

– Il y en avait.

• Tu as écouté de la musique classique ?

– J'en ai écouté.

• Ils ont joué un concerto de Mozart ?

– Ils en ont joué un.

• Tu as vu des groupes de rock ?

– J'en ai vu.

Simulations, p. 18-19

▶ Objectifs

Savoir-faire

• Retrouver quelqu'un après une absence.

• Aborder quelqu'un qu'on risque de déranger.

• Exprimer des goûts et des préférences.

• Donner des instructions.

Vocabulaire

• *la recette, les retrouvailles, la sauce, le secret, la tranche, une truffe*

• *désagréable, fin, moche, particulier*

• *déconcentrer, faire plaisir, résister, servir, valoir (mieux)*

Grammaire

• Emploi des pronoms compléments.

Connaissances culturelles

• Comportement lors d'une rencontre.

• Les repas en France.

L'histoire

La scène 1 est une scène de retrouvailles. Anne-Sophie et Patrick sont déjà arrivés au gîte. Ils accueillent Odile et Louis. Deux heures plus tard, les trois couples sont au marché de Sarlat, Liza est restée seule et fait son yoga. C'est le moment où Jean-Philippe arrive. La rencontre est assez fraîche.

Les scènes 3 et 4 nous montrent la préparation du repas d'anniversaire et la dégustation du gâteau préparé par Jean-Philippe.

▶ Scène 1

1. Observation de l'image et rappel de l'histoire

2. ⊙ **1-11** Faire une écoute du dialogue en entier. Essayer d'identifier les personnages.

3. Procéder à une écoute phrase par phrase. Relever :

– les moqueries : le surnom Dilou, « *On a pris la meilleure chambre* », « *Qu'est-ce que tu as fait à tes cheveux ?* »

– les mots gentils : « *Je les trouve très bien* », « *Ça me fait plaisir de te revoir* ».

Expliquer :

– *faire plaisir* : présenter les différentes constructions : *Pierre a offert une bague à Marie. Il lui a fait plaisir / La bague a fait plaisir à Marie / Marie dit : « Ça m'a fait plaisir d'avoir cette bague. »*

– *moche* : familier pour « laid ».

▶ Jeu de rôle

À faire à deux. Cette activité peut être préparée en dehors de la classe. On peut donner un canevas :
• Les deux personnes se reconnaissent.
• Elles échangent quelques remarques sur leur aspect physique : « Tu t'es fait couper les cheveux ? Tu portes la barbe maintenant ? Etc. »
• Elles font le point sur leur lieu d'habitation, leur métier, leur compagnon.
• Elles retracent les moments importants de la période durant laquelle ils ne se sont pas vus.

▶ Scène 2

1. ⊕ 1-12 Observation de l'image et écoute du dialogue, livre fermé.
Réponses aux questions de l'activité 3 (vrai ou faux).
▌ a : F – b : F – c : V – d : F.

2. Écoute phrase par phrase
Expliquer :
– *déconcentré* : Liza fait du yoga. Elle se concentre. Jean-Philippe la dérange, il la déconcentre.

3. Faire interpréter le dialogue.

▶ Scène 3

1. Comme cela est suggéré dans l'activité 4, on pourra proposer ce dialogue non pas en activité d'écoute mais en activité de création de mise en scène.
Les étudiants se mettent par trois et recherchent les intonations des phrases, les gestes et les expressions des personnages.

2. Les étudiants présentent leur mise en scène.
À cette occasion expliquer :
– *truffe* : sorte de champignon, très rare et très coûteux, utilisé en cuisine. On en trouve particulièrement dans le Périgord.
– *tranche fine* : par le dessin.
– *sauce* : on peut préparer la viande soit grillée, soit en sauce.
– *secret* : quelque chose que l'on tient caché.

3. ⊕ 1-13 Écoute de l'enregistrement

▶ Scène 4

1. ⊕ 1-14 Observer l'image et transcrire la scène.
Expliquer :
– *servir* : à partir du mot « serveur de restaurant ».
– *résister* : ici, « Je ne résiste pas à ... » = J'adore.

2. Relever les mots qui expriment les goûts et les préférences. Compléter avec ceux du tableau de vocabulaire de la page 19.

▶ Jeu de rôle

Le professeur présente la situation.
Les étudiants doivent imaginer un menu de restaurant. Ils lisent le menu en faisant des commentaires et en exprimant leurs goûts et leurs préférences. Ils utilisent à cette occasion le vocabulaire de l'encadré.

▶ ⊕ 1-15 Prononciation

Repérer le rythme de la phrase affirmative (le pronom est accentué) et de la phrase négative (l'accent porte sur le « pas » négatif).

Écrits, p. 20

▶ Objectifs

Savoir-faire
• Comprendre une recette de cuisine.
• Donner oralement ou par écrit une recette de cuisine simple.

Vocabulaire
• *une amande, un canard, une cuisson, la fève, le foie gras, une framboise, la galette, une goutte, une huître, un ingrédient, le laurier, le moule, une oie, une pâte, la poudre, le réveillon, le trou*
• *amer, frais, sec*
• *arroser, coller, découper, disposer, essuyer, étaler, gonfler, percer, piquer, placer, retirer, saupoudrer*

Grammaire
• Les expressions « faire cuire, faire frire », etc.

Connaissances culturelles
• Plats et desserts de fêtes.

▶ Lecture et présentation des recettes

1. Présenter le vocabulaire du tableau « La cuisine ». Dessiner les ustensiles. Chercher dans un dictionnaire bilingue les noms des ingrédients inconnus. Donner plusieurs exemples pour présenter les constructions « faire chauffer, faire cuire, etc. » : « Le rôti cuit dans le four. » « Je fais cuire le rôti à thermostat 8. » « Pour préparer des pâtes, il faut faire bouillir de l'eau. »

2. Travail à faire en petits groupes qui se partagent les deux recettes. Présenter le projet de lecture. Les étudiants doivent présenter oralement les recettes comme dans une émission de télévision. Pour les ustensiles et les ingrédients, ils utiliseront des fiches sur lesquelles ils auront dessiné les objets.

3. Chaque groupe présente la recette à la classe.

▶ Rédigez des fiches cuisine de survie

1. Présenter le projet. Il s'agit de réaliser collectivement un petit stock de fiches de cuisine à l'intention de ceux qui ne savent pas cuisiner. On réalisera donc des recettes faciles de quelques lignes. Exemple : faire une omelette, préparer une vinaigrette, etc.
Ce travail peut se faire individuellement ou par deux.

2. Faire un tour de table au cours duquel chacun indique la recette qu'il va faire. Cela permettra de ne pas avoir des recettes en double.

3. Présentation orale des recettes.

4. Les fiches corrigées par le professeur peuvent être dactylographiées et rassemblées dans un petit recueil.

À savoir

- **Le foie gras** : spécialité du Sud-Ouest et de l'Alsace à base de foies d'oie ou de canard. Il se consomme sous forme de pâté qu'on tartine sur des toasts ou en tranches poêlées (voir la recette). Il peut entrer aussi dans la préparation d'autres plats.

- **La galette des rois** : pâtisserie traditionnelle de l'Épiphanie (fête chrétienne qui célèbre l'arrivée des Rois mages de l'Orient venus apporter des cadeaux à Jésus, nouveau-né). On distingue la galette (voir la recette dans le livre) du royaume (brioche aux fruits confits). Une figurine (qu'on appelle la fève) est cachée dans le gâteau. La personne qui la trouve dans sa part de gâteau a le droit de porter la couronne dorée qui accompagne la pâtisserie car c'est le roi ou la reine de la soirée. La tradition veut que cette personne rende l'invitation en offrant une autre galette. Cette tradition viendrait de l'époque romaine où l'on tirait au sort le roi du festin.

- **Autres plats de fête** : les huîtres, la langouste ou le homard, les coquilles Saint-Jacques, la dinde farcie aux marrons (plat de Noël), le gigot d'agneau (pour le dimanche de Pâques). Les plats varient selon les régions.

Civilisation, p. 21

▶ Objectifs

Savoir-faire
- Comprendre un programme de festivités.

Vocabulaire
- *un armistice, le calendrier, une commémoration, une demeure, une émotion, la foulée, la lumière, le muguet, le parcours, la poule, le talent, la victoire*

Connaissances culturelles
- Rythmes de l'année. Fêtes et célébrations en France.
- Activités festives dans une ville moyenne.

▶ Les fêtes en France

La découverte des différentes fêtes, à la fois locales et généralisées à toute la France, se fera en trois étapes : la lecture du calendrier des temps forts de l'année à Bourges et l'écoute des deux documents sonores. Au fur et à mesure on complétera le tableau donné dans le livre et on fera des comparaisons avec les fêtes dans le pays de l'étudiant.

1. Lecture du calendrier « Temps forts et jours fériés ». Cette découverte peut être collective ou par petits groupes. Dans ce cas, la classe se répartit les quatre saisons. Ce travail est suivi d'une mise en commun où chacun complète son tableau.

2. ⊕ **1-16 Écoute du premier document sonore.** Compléter le tableau. Dans le corrigé ci-dessous, les informations données par ce document sont en italique.

3. ⊕ **1-17 Écoute du deuxième document sonore.** Trouver à quelles occasions les phrases sont prononcées.

1. fête des mères – 2. jour de l'An – 3. 6 janvier, Épiphanie (tradition de la galette des rois) – 4. 1er avril (tradition des plaisanteries appelées poissons d'avril) – 5. Noël.

Fêtes	Ce qu'on peut voir ou faire	Ce qu'on offre, ce qu'on envoie	Ce qu'on mange	Ce qu'on dit
Jour de l'An	Repas en famille ou entre amis	Cartes de vœux	Plats de fête	« Bonne année ! »
Épiphanie : 6 janvier			*La galette des rois*	« J'ai la fève. Je suis le roi / la reine ! »
14 février : Saint-Valentin	Soirée entre amoureux	Cadeaux ou fleurs		« Je t'aime ! »

Fêtes	Ce qu'on peut voir ou faire	Ce qu'on offre, ce qu'on envoie	Ce qu'on mange	Ce qu'on dit
28 février : Mardi gras	*Faire sauter des crêpes avec de l'or dans la main* Défilé de Carnaval		*Des crêpes*	
Mars : printemps des poètes (à Bourges)	Spectacles de poésies			
Pâques	Repas en famille	Des œufs, des poules, des cloches en chocolat aux enfants	Tradition du gigot d'agneau	
1er avril	*Des plaisanteries*			*« Poisson d'avril ! »*
Avril : Printemps de Bourges				
1er mai : fête du Travail	Défilés des organisations syndicales	Du muguet		
8 mai	Commémoration de la victoire de 1945			
Fête des Mères		*Cadeaux des enfants*		*« Bonne fête, maman ! »*
Juin : repas de quartier				
Juin : fête des Pères		Cadeaux des enfants		« Bonne fête, papa ! »
21 juin : Fête de la musique	Écouter ou jouer de la musique un peu partout dans les villes			
Été : Nuits lumière de Bourges	Parcours spectacles dans la ville			
14 juillet : fête nationale	Défilé, feux d'artifice, animation musicale, bals populaires			
Septembre : Journées du patrimoine	Visites gratuites des monuments, des musées et des lieux historiques fermés le reste de l'année			
21 octobre : Foulées de Bourges	Grande course à pied			
31 octobre	Nuit de Halloween, les jeunes se déguisent et font la fête	Ils passent de maison en maison réclamer des friandises		
1 novembre : Toussaint	Visite des cimetières			

Fêtes	Ce qu'on peut voir ou faire	Ce qu'on offre, ce qu'on envoie	Ce qu'on mange	Ce qu'on dit
11 novembre	Commémoration de l'armistice de 1918			
Début décembre : Saint-Nicolas (dans l'Est)	*Défilé : saint Nicolas sur son char suivi du Père Fouettard*	*Des bonbons*	*Des pains d'épices*	
25 décembre	Marchés de Noël durant le mois de décembre *Repas souvent en famille*	*Cadeaux de Noël*	*Huîtres, saumon, dinde, bûche de Noël*	*« Joyeux Noël ! »*
31 décembre : Saint-Sylvestre	*Le réveillon, faire la fête, danser*		*Foie gras ou huîtres*	*« Bonne année ! » (à minuit)*

À savoir

Les fêtes en France

En français, le mot « fête » recouvre aussi bien des manifestations festives publiques (type *carnaval*) ou privées, des jours fériés qui étaient festifs à l'origine mais qui ne le sont plus (les fêtes de *Pâques*), des commémorations (*11 novembre* : fin de la guerre 1914-1918) et des célébrations diverses (*Fête du cinéma*).

• Les fêtes institutionnalisées

Ce sont celles qui sont indiquées sur le calendrier. Elles viennent de la tradition chrétienne (*Noël*, *Pâques*, etc.), de la tradition républicaine (*fête du 14 juillet, célébration du 11 novembre*) et des célébrations récentes (*fêtes des mères, des pères, de la musique*, etc.).

Parmi les fêtes de tradition religieuse, les seules qui sont encore célébrées par une partie importante de la population sont *Noël* (on fait un arbre de Noël, une crèche ; la famille se rassemble), *Mardi gras* (on fait les crêpes ; c'est une période de carnavals) et *Toussaint* (on visite les cimetières). Les autres fêtes, et en particulier *Pâques*, ne donnent pas lieu à des manifestations telles que celles qu'on peut voir encore en Amérique latine ou dans certains pays d'Europe. Les vacances scolaires dites de Pâques ne correspondent d'ailleurs que rarement au week-end de Pâques.

Les fêtes et célébrations républicaines sont aussi pour la plupart de simples jours fériés. Les commémorations militaires ont pratiquement disparu. Seuls demeurent les feux d'artifice et les animations musicales du 14 juillet.

• Les fêtes locales

Elles se sont en revanche bien maintenues et même développées. La *Grande Braderie de Lille*, les *carnavals de Nice, de Dunkerque*, les *férias des villes du Sud* et les fêtes traditionnelles qui ont lieu tous les étés dans chaque ville ou village attirent de nombreux touristes. Certaines traditions locales que l'on croyait, il y a 40 ans, en voie de disparition sont toujours bien vivantes : *pelote basque, courses de taureaux de Camargue*, etc.

• Les nouvelles fêtes

Elles permettent de satisfaire à la fois le goût de la fête et le développement de l'économie. Ainsi, la *Fête du cinéma* a permis de relancer la fréquentation des salles, la *Saint-Valentin* incite les jeunes à faire des achats et à fréquenter les restaurants quelques semaines seulement après les fêtes de Noël, *Halloween* donne un aspect festif à la veille de la Toussaint, journée de deuil.

Leçon 3 - Vous plaisantez !

Interactions, p. 22-23

▶ **Objectifs**

Savoir-faire
- Comprendre un fait divers écrit.
- Imaginer ce qu'on ferait à la place d'autres personnes.

Vocabulaire
- *un bien, un cap, un chercheur, un cheval, la clé, le destin, un équivalent, un gain, une garde-robe, un haras, un jury, la presse, un rêve, un sociologue, une somme, une table d'hôte*
- *insolite, invisible, originaire, superbe*
- *assurer, influencer, mémoriser, pulvériser, réciter, recruter*
- *quand même*

Grammaire
- Emploi du conditionnel présent pour l'expression de l'hypothèse.

Connaissances culturelles
- Les jeux de hasard en France.

▶ **Lecture du premier article et du forum**

1. Travail individuel en utilisant les questions posées dans le livre

a. qui n'a plus de travail : *chômeur* – la plus importante : *record* – qui vient de : *originaire de* – explosé : *pulvérisé* – la somme qu'on a gagnée : *le gain* – le salaire minimum : *le Smic* (salaire minimum interprofessionnel de croissance)

b. • On parle d'un chômeur de 55 ans originaire du Val-d'Oise.
• Il a gagné 75 millions au jeu de l'Euro Millions.
• Il a joué avec l'un de ses sept enfants.
• Il a décidé de se faire plaisir mais aussi d'aider sa famille et ses amis.

2. Lecture du forum

a. Noter ce que ferait chaque personne.
• Laetitia → acheter une voiture, une maison, des vêtements.
• Claude-Marie → partir au Maroc et créer un haras avec tables d'hôtes.

• Régis → faire le tour du monde, acheter une maison.
• Marie-Claire → utiliser une partie de la somme pour sa vie quotidienne, son jardin, sa maison, aider ses amis et les associations (en particulier celles qui s'occupent de la recherche).

Expliquer :
– *garde-robe* : ensemble des vêtements que l'on possède.
– *haras* : élevage de chevaux.
– *table d'hôte* : se dit d'une personne qui fait hôtel-restaurant dans sa propre maison.
– *prendre le large* : partir.
– *s'aérer* : à partir de « air », changer de lieu (changer d'air).

b. Observer l'emploi des temps. Relever les formes inconnues (*Je m'achèterais, Il me faudrait*, etc.). Comparer avec le futur. Ici, les projets sont soumis à des conditions. On fait des hypothèses (*Si je gagnais, j'achèterais…*).
À ce stade, on peut voir rapidement la conjugaison du conditionnel page 24.

3. Les étudiants répondent à la question du forum. L'utilisation du conditionnel ne posera pas de problème dans la mesure où la forme orale de la première personne est la même que celle du futur.

▶ **Participation au forum « nouvelles insolites »**

1. Lire et commenter les quatre autres nouvelles.
À faire sous forme de tour de table. Les étudiants lisent les nouvelles et les commentent en disant ce qu'ils feraient à la place des personnes.
Expliquer :
– *décimale* : d'après le nombre dans le texte.
– *réciter* : dire quelque chose de mémoire.
– *jury* : ensemble des personnes qui prennent une décision (jugement, prix littéraire, etc.).
– *cape* : sorte de manteau sans manche (la cape des mousquetaires).
– *invisible* : qu'on ne peut pas voir.
– *recruteur* : dans une entreprise, personne qui choisit les employés (DRH).
– *influencer* : selon le prénom du candidat, le DRH peut décider de ne pas l'employer.

2. Activité décrite dans les consignes 2 et 3 qui peuvent être préparées à la maison.

Ressources, p. 24. 25

▶ Objectifs

Savoir-faire
- Imaginer, formuler des hypothèses et des suppositions.
- Exprimer une demande.
- Exprimer une suggestion, un conseil.
- Décrire des mouvements et des déplacements.

Grammaire
- Le conditionnel présent (formes et emplois).
- Construction des verbes exprimant le mouvement.

Vocabulaire
- *un pilote, un rallye, un sponsor*
- *accompagner, amener, pousser, raccompagner, reculer*

▶ Faire des hypothèses

1. Observation des phrases du dessin humoristique
a. S'assurer de la compréhension :
– des conditions. *Est-ce que l'homme est riche ? Est-ce qu'il a trouvé un sponsor ?*
– des conséquences de ces conditions.

b. Observer les temps des verbes
– dans les conditions. Retrouver l'imparfait.
– dans les conséquences. Observer les terminaisons des verbes et reconstituer la conjugaison du conditionnel des verbes *acheter, faire, être* et *voir*.

c. Lire la phrase dite par la femme. Observer l'emploi du présent dans la condition et l'emploi du futur dans la conséquence.
Comparer les deux systèmes :
Si + présent → présent ou futur (on fait une supposition)
Si + imparfait → conditionnel présent (on imagine, on fait une hypothèse)

d. Retrouver ces informations dans le tableau.

2. Exercice 2
... j'*irais* passer ... Je m'*inscrirais* à l'université... parce que j'*ai* des amis ... ces amis me *logeraient*. Toi et moi on *resterait* ... Tu *viendrais* ... Nous *visiterions* la région. Si tes parents *acceptaient* ... tu *pourrais* ...

3. Exercice 3
Les étudiants peuvent proposer d'autres conditions (*si vous rencontriez le président de la République*) ou des conséquences dont il faut trouver les conditions (*Vous vous arrêteriez de travailler*).

a. ... je créerais beaucoup d'espaces verts, les voitures ne circuleraient pas dans le centre, etc.
b. ... je ferais le tour du monde, je m'arrêterais dans les îles grecques, etc.

▶ Exprimer une demande polie

1. Observation du dessin
a. Faire raconter l'histoire. *Que s'est-il passé depuis le dessin précédent ?*
b. Observer et identifier les phrases : une demande (*J'aimerais ...*) et une suggestion (*On devrait ...*).
Faire trouver d'autres façons d'exprimer la demande (*Il faudrait – Tu pourrais pousser ?*) et la suggestion (*On pourrait appeler les secours ?*)
c. Lire le tableau.

2. Demander aux étudiants de formuler chaque phrase de manière polie.
a. Il faudrait que vous soyez à l'heure ... J'aimerais que vous travailliez sur le dossier Soditel.
b. Je souhaiterais avoir un jour de congé. J'aimerais que mon salaire soit augmenté (que vous augmentiez mon salaire).

3. Exercice 3
Présenter la situation. Il s'agit de donner des conseils à chacune des trois personnes. Peut se faire sous forme de tour de table, éventuellement après quelques minutes de préparation écrite.
a. Il faudrait que tu dormes davantage. Tu devrais te coucher moins tard. Tu pourrais laisser tes enfants à tes parents de temps en temps. Tu devrais dire à ton mari de t'aider à la maison.
b. Tu devrais demander à changer de service. Tu pourrais aussi démissionner et faire autre chose.
c. Tu devrais être plus gentil avec elles. Tu pourrais t'habiller de façon moins originale.

▶ Décrire des déplacements

1. Découverte du tableau « Décrire des mouvements »
a. Le mouvement en général
La plupart des verbes sont connus des étudiants. Utiliser ces verbes pour faire raconter une journée passée dans une grande ville. (*Nous sommes partis de l'hôtel à 9 heures. Nous sommes arrivés ... Nous sommes montés en haut de l'église Notre-Dame ...*)
b. Le mouvement avec les personnes
À partir des exemples du livre, faire préciser le sens de ces verbes. Notamment la différence entre *amener* (accompagner, conduire quelqu'un jusqu'à un lieu) et *emmener* (suppose que l'on va quelque part et que l'on prend la personne avec soi).
c. Le mouvement avec les choses
Même travail de précision du sens.

2. Exercice 2

a. Je peux venir ? Tu peux m'emmener dans ta voiture ?
b. Je ne peux pas rentrer chez moi. Tu peux me raccompagner ?
c. C'est pour emporter.
d. Dans ma voiture, je peux emmener deux personnes. Qu'est-ce que j'apporte, des sandwichs ? Qu'est-ce que vous apportez ?

▶ **La grammaire sans réfléchir**

1. 🌐 **1-18 Exercice 1.** Différenciation des première et deuxième personnes du pluriel du futur et du conditionnel.

Vous êtes courageux. Confirmez.

• Vous les appelleriez ?
– Je les appellerai.
• Vous iriez ?
– J'irai.
• Vous les rencontreriez ?
– Je les rencontrerai.
• Vous leur parleriez ?
– Je leur parlerai.
• Vous leur diriez la vérité ?
– Je leur dirai la vérité.
• Vous le feriez ?
– Je le ferai.

2. 🌐 **1-19 Exercice 2.** Formulation d'hypothèses au conditionnel.

Vous avez un doute. Demandez-lui confirmation.

• Moi, si un jour je gagne au Loto, j'arrête de travailler.
– Si tu gagnais au Loto, tu t'arrêterais de travailler ?
• Oui et si je m'arrête de travailler, je pars en voyage.
– Si tu t'arrêtais de travailler, tu partirais en voyage ?
• Oui et si je pars en voyage, je vais à Tahiti.
– Si tu partais en voyage, tu irais à Tahiti ?
• Oui et si je vais à Tahiti, Marie vient avec moi.
– Si tu allais à Tahiti, Marie viendrait avec toi ?
• Oui et si elle vient avec moi, nous nous installons là-bas.
– Si elle venait avec toi, vous vous installeriez là-bas ?

Simulations, p. 26-27

▶ **Objectifs**

Savoir-faire

• Proposer à quelqu'un de faire quelque chose.
• Réagir à une proposition : accepter, hésiter, refuser, proposer autre chose.

Vocabulaire

• *un antiquaire, un crocodile, une hésitation, la montgolfière, la reine, le scrabble, le serpent*
• *autodidacte, carnivore, gonflé*
• *dégonfler*
• *dessus (au-dessus), dedans*

Grammaire

• Pratique du conditionnel (formulation d'hypothèses, demandes, conseils, suggestions).

Prononciation

• Les sons [u] et [y].

L'histoire

Anne-Sophie a programmé un tour en montgolfière au-dessus du Périgord mais Liza refuse de monter dans la nacelle. Harry lui propose d'aller faire les antiquaires de la ville de Sarlat. Le soir, les deux jeunes gens ne sont pas rentrés et Anne-Sophie ne manque pas de faire des remarques ironiques pour éveiller la jalousie de Karine. Celle-ci ainsi qu'Odile et Liza auront l'occasion de se venger des remarques perfides d'Anne-Sophie lors du jeu du portrait que le groupe organisera après le dîner. Le personnage à découvrir est identifié tour à tour à une reine autoritaire, à un serpent, à un crocodile, à une plante carnivore. Anne-Sophie croit se reconnaître, ce qui finira par la fâcher. Il faudra attendre la scène 2 de la page 34 pour comprendre que les comparaisons n'étaient pas désobligeantes puisqu'il s'agissait de découvrir la reine Cléopâtre.

Travailler avec un document audio

Selon le dialogue, on pourra utiliser une des techniques suivantes. Celles-ci peuvent se combiner.

a. Hypothèses sur le contenu du dialogue d'après les éléments situationnels. À faire par exemple avec la scène 1, p. 26, ou avec la scène 3, p. 59.
(1) Observation de l'image. Lecture de la phrase d'introduction et éventuellement de la première réplique. On peut présenter la page, dialogue caché, avec le rétroprojecteur.
(2) Hypothèses sur ce qui se passe et sur le contenu du dialogue. Cette étape peut servir de préparation lexicale et grammaticale à l'écoute.
(3) Écoute et mise au point de la compréhension.

b. Écriture du dialogue
Même démarche que la précédente lorsque la scène est la conséquence logique du début de l'histoire ou que l'environnement écrit est suffisamment explicite.
À faire avec la scène 3, p. 27, ou la scène 2, p. 34.

(1) Observation de l'image. Lecture de la phrase d'introduction et éventuellement de la première réplique. On peut présenter la page, dialogue caché, avec le rétroprojecteur.

(2) Hypothèses sur ce qui se passe et sur le contenu du dialogue. Cette étape peut servir de préparation lexicale et grammaticale à l'écoute.

(3) Écoute et mise au point de la compréhension.

b. Écriture du dialogue

Même démarche que la précédente lorsque la scène est la conséquence logique du début de l'histoire ou que l'environnement écrit est suffisamment explicite. À faire avec la scène 3, p. 27, ou la scène 2, p. 34.

c. Compléter le dialogue dont on a préalablement effacé quelques répliques

Par exemple dans la scène 2, p. 50, faire trouver les répliques de Kamel.

d. Dévoilement progressif du dialogue (à l'oral ou à l'écrit selon la difficulté)

On procède de la manière suivante :
– écoute de la première réplique ;
– analyse collective. Propositions de réponse ;
– écoute de la réponse ;
– etc.
À faire par exemple avec la scène 1, p. 74.

e. Écoute directe après préparation lexicale minimale (cas d'un dialogue facile, par exemple scène 3, p. 27)

On écoute le dialogue. On note ce que les étudiants ont compris. On procède à plusieurs écoutes en reconstituant progressivement le texte.

f. Mise en scène et interprétation d'un dialogue

On écoute le dialogue puis on travaille à partir du texte écrit. On recherche la position et les mouvements des personnages, leurs expressions et leurs gestuelles comme si on préparait une pièce de théâtre. Le travail de compréhension linguistique est intégré au projet d'interprétation. À faire par exemple avec la scène 1, p. 50.

g. Imaginer un avant et un après du dialogue

Que s'est-il passé avant la scène 1, p. 106 ? Que va-t-il se passer après ?

h. Transcription du dialogue

Dans chaque double page Simulations, au moins un dialogue est à transcrire.

▶ Scène 1

a. Observer le dessin et identifier les personnages et l'activité.

b. 🕐 1-20 Faire une écoute globale, livre fermé pour identifier les tours de parole. Les noter au tableau.

c. Écoute phrase par phrase. Le vocabulaire est connu sauf *montgolfière* (expliqué par le dessin) et les jeux de mots en relation avec la montgolfière :
– *se dégonfler* : présenter le sens propre (gonfler le ballon / le ballon se dégonfle) – le sens figuré (Liza se dégonfle : elle a peur).
– *Harry ne manque pas d'air, il est gonflé* : il exagère. « Gonflée » peut se dire aussi d'une personne audacieuse et courageuse.

d. Faire reformuler le contenu de la scène. Après la sortie en montgolfière, Odile téléphone à une amie et raconte la scène.

▶ Jeu de rôle

À faire à quatre. Transposition de la scène 1 dans une autre situation (tour sur une attraction à sensation de parc de loisirs, plongée sous-marine, etc.). Au départ tout le monde était d'accord pour faire l'activité puis deux personnes abandonnent et décident de faire autre chose.

▶ Scène 2

🕐 1-21 Écouter le dialogue et faire formuler le projet de Louis :
– le sujet de son jeu vidéo : un jeu de rôle sur Internet où chacun choisit une époque et un personnage et le fait vivre ;
– son souhait de voir Patrick financer son jeu.

▶ Scène 3

a. 🕐 1-22 Écouter la scène, livre fermé et poser des questions de compréhension. *De qui parle Karine ? Pourquoi Anne-Sophie dit-elle « À ta place je m'inquiéterais » ? Karine est-elle jalouse ? Anne-Sophie plaisante-t-elle ?*

b. Transposer la scène à partir de la situation indiquée dans le livre.

▶ Scène 4

a. Découvrir la situation. Observation du dessin et lecture du début du dialogue.
Expliquer en quoi consiste le jeu du portrait. Une personne sort, les autres décident ensemble d'un personnage à deviner. La personne qui est sortie revient et doit poser des questions sous forme d'hypothèses : « *Si c'était ... qu'est-ce que ce serait ?* » Les participants répondent par un mot qui se rapporte à un détail de la vie ou du caractère de la personne.

b. ⓐ **1-23 Écouter et transcrire la scène**. Faire la liste des identifications et des correspondances.
Personnage politique (reine, autoritaire) – amoureux (étranger) – plante (carnivore) – boisson (bière) – animal (serpent, crocodile).
Demander aux étudiants s'ils ont deviné de qui il s'agit.
Expliquer la réaction d'Anne-Sophie et son départ. Elle pense que ses amis l'ont choisie elle-même comme personnage. En effet, elle est autoritaire, son mari est étranger, il est irlandais (pays de la bière). Elle pense alors que les autres caractéristiques s'appliquent à son caractère (plante carnivore, serpent, crocodile) d'où son irritation.

▶ Jeu du portrait

Si les étudiants le souhaitent, on peut organiser en classe un jeu du portrait.

▶ ⓐ 1-24 Prononciation

Faire prendre conscience du point d'articulation des deux sons [u] et [y].

Écrits, p. 28

▶ Objectifs

Savoir-faire
• Comprendre un récit racontant une anecdote sur l'histoire de l'art.

Vocabulaire
• *un âne, un art, le chou, un coloriste, un huissier, une ignorance, le mouvement, la période, la personnalité, le pinceau, la queue, la toile*
• *abstrait, artistique*
• *exploiter, exposer, frapper, moquer (se), posséder, révéler, terminer, tremper*

Connaissances culturelles
• L'art au début du xxᵉ siècle.

▶ Le script de l'histoire

1. Présenter le projet de lecture. Les étudiants doivent préparer un film d'après l'histoire « Naissance d'un chef-d'œuvre ». Ils devront suivre les étapes indiquées dans la consigne. Le travail peut être individuel ou collectif.

2. Au cours de la mise en commun, chaque groupe présente une scène à tour de rôle. Vérifier la compréhension du lexique.

À titre indicatif
Scène 1 (lignes 1 à 8) : Montmartre en 1900. Un peintre s'est installé place du Tertre. Des passants s'arrêtent et discutent de la qualité et de l'originalité du tableau.
Scène 2 (lignes 9 à 13) : même lieu avec un autre peintre. Un passant d'aspect bourgeois propose au peintre d'acheter le tableau. Celui-ci refuse pour faire monter les prix.
Scène 3 (lignes 14 et 15) : le café « Le lapin agile ». De jeunes artistes discutent peinture. L'un d'eux fait remarquer la bêtise du public prêt à acheter n'importe quoi. Un autre a l'idée de faire peindre un tableau par l'âne Lolo.
Scène 4 (lignes 16 à 22) : la scène où l'âne peint le tableau est bien détaillée dans le texte.
Scène 5 (lignes 23 à 25) : l'huissier observe la scène et le photographe la prend en photo.
Scène 6 (lignes 26 à 30) : le tableau est terminé. Les jeunes se retrouvent au café et lui cherchent un titre ainsi que le nom de son auteur.
Scène 7 (lignes 31 à 34) : Salon des Indépendants. Les critiques s'extasient.
Scène 8 (lignes 35 et 36) : l'un des jeunes, Roland Dorgelès, révèle l'affaire au journal *Le Matin*.
Scène 9 (lignes 37 et 38) : tout le monde se presse pour voir le tableau.
Scène 10 (lignes 39 à la fin) : salle des ventes. Le tableau est acheté 400 francs.

Expliquer :
– vocabulaire de l'art : à expliquer à partir d'exemples connus des étudiants.
– *ignorance* : le fait de ne pas connaître quelque chose.
– *un âne, la queue* : voir la photo.
– *un chou* : expliquer à partir d'un plat à base de chou.
– *un pinceau, une toile* : voir la photo.

À savoir
• **Les écoles de peinture du début du xxᵉ siècle**
Les impressionnistes (1863-1890) (Monet, Renoir, Sisley, Seurat) veulent rendre la vérité de la nature d'après les effets de la lumière sur les choses.
Les fauvistes (1905-1910) (Matisse, Derain, Vlaminck, Braque, Dufy) font exploser les couleurs sans souci de représentation fidèle. Le tableau est à regarder pour lui-même, avant tout comme un ensemble coloré.
Les cubistes (Cézanne, Picasso, Braque) géométrisent les formes et suppriment la perspective classique établie à la Renaissance. C'est l'étape ultime vers l'**Art abstrait** (Kandinsky, Mondrian, Klee) où le peintre abandonne toute forme identifiable et où la peinture n'est plus qu'un jeu de formes, de couleurs et de matières.

Le futurisme (1909-1916) (Balla, Russolo), venu surtout d'Italie, exalte la vitesse et la violence du monde. Pendant cette période se développent des courants parallèles, comme *l'expressionnisme* (1900-1930) (Van Gogh, Chagall), qui cherchent à exprimer des sentiments par le choix du sujet, sa mise en scène et les couleurs. Toulouse-Lautrec fait figure d'indépendant car il allie la rapidité de son trait et le choix original de ses couleurs.

- **Roland Dorgelès** (1885-1973). Romancier français qui a été étudiant à l'École des beaux-arts avant de devenir écrivain. Au début du xxe siècle, il a fréquenté la jeunesse de Montmartre qui sert de décor à ses premiers romans. Au cours de ces années bohème, il s'est rendu célèbre par ses canulars, mystifications qui tournaient en dérision les modes de l'époque. L'épisode du tableau peint par l'âne Lolo est authentique.

Civilisation, p. 29

► Objectifs

Savoir-faire
- Comprendre des plaisanteries, des jeux de mots, des blagues.

Vocabulaire
- Vocabulaire du thème du rire et des plaisanteries, voir p. 28.
- *un atterrissage, la blague, la caricature, le défaut, le descendant, le douanier, un entourage, un humoriste, une ironie, le phare, le regard, le terminal, la tragédie*
- *comique, néfaste*
- *applaudir, attraper, plaisanter, taquiner*

Connaissances culturelles
- Plaisanteries et jeux de mots en France.
- Un humoriste, Gad Elmaleh.
- Quelques blagues.

► L'humour du quotidien

1. Lecture collective de l'extrait du spectacle de Gad Elmaleh. Au fur et à mesure de la lecture, relever :
a. les particularités de la langue orale familière : l'inversion du complément (*Pourquoi un aéroport, on appelle ça ... ?*) – le pronom avant le nom (*Ils ont une question très bien les douaniers*) – la répétition des « moi » ;

b. les observations amusantes : (*J'ai peur de dire que j'ai peur*) – *un aéroport on appelle ça un terminal* (sous-entendu un endroit où la vie s'arrête) – la remarque à la question du douanier – *on applaudit les pilotes quand ils réussissent l'atterrissage* (sous-entendu ce n'est donc pas très fréquent).

2. Lecture de l'introduction à l'article.

3. Essai d'imitation de l'humour de Gad Elmaleh. Recherche de phrases amusantes :
a. au restaurant. Le garçon qui demande : « *C'est pour déjeuner ?* » (Si on entre dans un restaurant à l'heure du déjeuner, c'est en général pour manger) – Le client qui demande : « *Elle est bonne votre viande ?* » (Le garçon ne peut répondre que oui) – Le patron qui vient demander : « *Ça vous a plu ?* »
b. les parents et les enfants dans la voiture, lors du départ en vacances. Les enfants qui demandent 5 minutes après le départ : « *On est bientôt arrivés ?* » – Les parents qui disent aux enfants insupportables : « *Arrêtez ou on rentre à la maison !* »

4. Présentation du vocabulaire du tableau

► Les jeux de mots

– « Ça va comme psy comme ça » → homonymie avec l'expression « Ça va comme ci comme ça » (ça va moyennement), ce qui est souvent le cas quand on consulte un psy.
– « un néfaste food » → ressemblance sonore avec « fast food » mais néfaste signifie « qui porte malheur ». Plaisanterie sur la nourriture de la restauration rapide.
– « un poulet au Curie » → rapprochement sonore avec un poulet au curry mais allusion à Pierre et Marie Curie, célèbres chimistes découvreurs de la radioactivité.
– « Il croyait au Père Nobel » → l'écrivain espère avoir le prix Nobel mais il croit que ses désirs vont être facilement satisfaits. C'est le sens de l'expression « Il croit au père Noël ».
– « C'est les champs Alizés » → rapprochement sonore entre Champs-Élysées et les vents alizés.

► Écouter et raconter des blagues

1. ⊕ 1-25 **Écouter le document sonore histoire par histoire**. Vérifier chaque fois la compréhension du vocabulaire et du trait d'humour.
(1) Les deux militaires : le deuxième a intégré l'armée pour échapper à sa femme (avoir la paix).
(2) Les fonctionnaires : la phrase sous-entend que s'ils sont au bureau à 9 heures, c'est qu'ils n'ont pas réussi à dormir. C'est donc que c'est exceptionnel. La blague est basée sur le stéréotype du fonctionnaire peu travailleur.
(3) Le médecin et son patient : typique de l'humour noir.

(4) Le Belge devant le distributeur de boissons : histoire belge typique. Stéréotype du Belge considéré comme lent à comprendre. Ici, il prend le distributeur de boissons pour une machine à sous.

(5) Les autoroutes françaises : histoire française typique racontée par des non-Français. Les Français sont orgueilleux. Ils se croient plus intelligents que les autres. C'est le sens de l'expression « Ils se prennent pour des lumières » et c'est pourquoi leurs autoroutes ne sont pas éclairées.

(6) Le polyglotte et le monolingue : moquerie sur les Français qui ne parlent pas les langues étrangères.

Expliquer :

– *insomnie* : quand on n'arrive pas à dormir.

– *assommer* : ici, sans réaction à cause de la gravité de la nouvelle.

2. Les étudiants qui le souhaitent peuvent raconter en français des blagues qu'ils connaissent.

À savoir

- **Molière (1622-1673) :** auteur et acteur français du XVIIᵉ siècle. Ses pièces comiques (*L'Avare, Le Bourgeois gentilhomme, Le Malade imaginaire, Les Femmes savantes*) où il se moque des défauts de la société de son époque ont une dimension universelle.

- **Beaumarchais (1732-1799) :** auteur de pièces de théâtre (*Le Mariage de Figaro, Le Barbier de Séville*) qui dénoncent par l'ironie les hiérarchies et les privilèges de la société du XVIIIᵉ siècle et annonce la Révolution.

Leçon 4 - On s'entend bien !

Interactions, p. 30-31

► Objectifs

Savoir-faire
- Décrire le caractère et la personnalité de quelqu'un.

Vocabulaire
- Les couleurs.
- Le caractère et la personnalité.
- *une ambition, un annuaire, un autoritarisme, la blouse, le carton, le casque, le comportement, la compréhension, le cordon, la créativité, le cuisinier, la curiosité, une élégance, un équilibre, la gaieté, la générosité, une honnêteté, une intolérance, le jouet, le maillot, un ordre, la parole, le passéisme, le pessimisme, le rayon, la réflexion, la spontanéité, le tapis, la timidité*
- *clandestin, gris, pratique, rose, sociable*
- *rejeter*

Connaissances culturelles
- Objets, images et expressions verbales associées aux couleurs.

À partir d'un test sur le langage des couleurs, on enrichira le lexique du caractère et de la personnalité.

► Faites passer le test

1. Travail individuel. Chaque étudiant prépare dix questions pour connaître la couleur préférée de la personne qu'il va interroger ainsi que la couleur qu'il déteste :
Quelle couleur choisiriez-vous ? Quelle couleur éviteriez-vous ?
si vous achetiez une voiture.
si vous repeigniez votre salon, les portes de votre salon.
si vous changiez les rideaux de vos fenêtres, votre canapé.
si vous achetiez un tee-shirt, une chemise, un chemisier.
si vous deviez imaginer un drapeau.
si vous offriez des fleurs.

2. Les étudiants se mettent par deux. Chacun pose les questions à son partenaire. Il essaie de déterminer sa couleur préférée et la couleur qu'il n'aime pas.

3. Chaque étudiant lit les deux premières parties (*Si vous aimez / Si vous n'aimez pas*) de la description correspondant à chacune des deux couleurs. Il s'assure de la compréhension des mots inconnus.

4. Chaque étudiant commente le résultat qu'il a obtenu au test devant la classe. Les étudiants qui préfèrent ou qui détestent les mêmes couleurs interviennent.

► Le langage des couleurs

Les étudiants se regroupent par couleur préférée. Veiller toutefois à ce que toutes les couleurs soient choisies. Présenter la tâche décrite dans le livre.
Le travail de recherche lexicale sera suivi d'une recherche des mots et expressions associés à la couleur dans le pays de l'étudiant qui pourra déboucher sur des comparaisons culturelles intéressantes (exemple : le noir est la couleur du deuil en Europe. En Asie, bien que le noir soit aussi associé à la mort, c'est le blanc qui est la couleur du deuil.)

• Le vert
Adjectifs : optimiste / pessimiste (*Quand il achète un billet de loterie, il croit toujours qu'il va gagner*) ; enthousiaste / indifférent (*Les supporteurs du club applaudissent avec enthousiasme*) ; jeune / vieux (*Elle a 70 ans mais elle utilise les nouvelles technologies*) ; énergique / mou, sans volonté (*Elle a fini le travail en trois quarts d'heure seulement*) ; changeant (instable) / fidèle, stable, sur qui on peut compter (*Il change d'opinion en fonction de la personne qui est en face de lui*).
Expression : se mettre au vert (se reposer à la campagne).

• Le bleu
Adjectifs : curieux / indifférent, qui ne s'intéresse à rien (*Il s'intéresse à tous les sujets et il peut parler de beaucoup de choses*) ; goût du voyage (aventureux) / casanier (*Elle a visité beaucoup de pays*) ; intellectuel / qui n'aime pas la réflexion (*Il fréquente les cafés philosophiques*) ; compréhensif, sociable / intolérant, solitaire (*Elle est bénévole dans l'association Les restos du cœur*) ; peu sociable.
Expression : *un bleu* était le nom qu'on donnait à un militaire nouvellement recruté car il portait un uniforme bleu ; se dit aujourd'hui de quelqu'un qui est nouveau dans un service ou une activité.

• Le blanc
Adjectifs : gai / triste (*Il sourit et aime plaisanter*) ; spontané / réfléchi (*Elle parle facilement à tous les gens qu'elle rencontre*) ; ordonné / désordonné (*Son bureau est toujours bien rangé*) ; esprit pratique / qui n'a pas le sens des réalités (*Il gère très bien ses affaires*) ; intolérant / tolérant (*Elle ne supporte pas la contradiction*).
Expressions : Il était accusé de vol. Il a été blanchi.

• Le noir et le gris
Adjectifs : élégant / négligé (*Elle est toujours bien habillée*) ; simple / compliqué (*Il aime les repas entre amis dans les petits restaurants*) ; cultivé / qui n'est pas cultivé (*Elle lit beaucoup, fréquente les musées*) ; honnête / malhonnête (*Il ne ment jamais*), pessimiste / optimiste.

Expression : Il est dans le noir (Il ne comprend rien). *Benoît est la bête noire de Pierre* (Pierre ne supporte pas Benoît).

• **Le rouge**

Adjectifs : courageux / paresseux, peureux (*Elle a accepté un poste difficile*) ; passionné / indifférent (*Il peut passer des heures à faire des puzzles*) ; ambitieux / modeste (*Elle veut occuper un poste important*) ; actif / passif (*Dans le groupe, c'est toujours lui qui prend les décisions et qui organise*) ; autoritaire / faible (*Dans le groupe, c'est elle qui dirige*).

Expressions : le carton rouge (au football), avoir son compte en banque dans le rouge (négatif).

• **Le jaune**

Adjectifs : sociable / timide, réservé (*Dans une soirée, elle parle à tout le monde*) ; généreux / égoïste (*Il prête facilement sa voiture et sa maison de campagne à ses amis*) ; créatif et original / sans imagination (*Quand on est invité chez elle, on découvre toujours de nouveaux plats*) ; qui aime parler / silencieux (*Il adore raconter ses voyages*) ; orgueilleux / modeste (*Elle pense qu'elle est la meilleure*).

• **Le violet et le rose**

Adjectifs : calme / énervé (*Quand il a un problème, on ne s'en aperçoit pas*) ; équilibré / instable (*Elle se met rarement en colère*) ; sociable / timide, réservé ; passéiste / moderne (*Il adore les vieux meubles et les vieux livres*).

▶ Le caractère et la personnalité

Professions	Qualités	Défauts à ne pas avoir
Chef d'entreprise	Esprit d'entreprise, courageux, ambitieux, pratique	Pessimiste, faible, désordonné
Actrice de théâtre	Passionnée, sociable, goût des mots et de la parole, énergie, bonne mémoire	Timide, sans énergie
Vendeur de voitures	Sens des contacts, esprit pratique, gaieté, spontanéité	Nerveux, timide, peu sociable
Journaliste	Curiosité, goût pour la réflexion et les idées, sens des contacts,	Indifférent, malhonnête
Avocat	Compréhension des autres, générosité, goût de la parole	Égoïste, malhonnête, timide, qui n'aime pas parler
Styliste	Créativité, originalité, goût du beau, élégance	Sans goût, sans créativité

À savoir

Illustrations de la double page

• p. 30 haut : sportifs faisant du rafting.
• p. 30 bas : tableau d'Yves Klein. Il fait partie de la série *Les anthropométries* (1960). Il s'agit d'empreintes de corps nus de femmes enduits de couleur bleue sur toile blanche.
• p. 31 haut : tableau de Van Gogh, *Les Tournesols*. Un des sujets privilégiés du peintre.
• p. 31, bas : loge à l'Opéra Garnier, à Paris.

Ressources, p. 32-33

▶ Objectifs

Savoir-faire

• Rapporter les paroles ou les pensées de quelqu'un. Rapporter ses propres pensées.
• Dire qui fait quoi.

Grammaire

• Constructions du discours indirect
On a déjà vu au niveau 1 les constructions qui permettent de rapporter des paroles prononcées au moment où l'on parle. On abordera ici la relation de paroles prononcées dans le passé. Lorsqu'on rapporte une phrase au passé composé prononcée dans le passé, on utilise le plus-que-parfait. Ce temps ne sera introduit qu'à la leçon 11. Il est toutefois mentionné dans le tableau de la page 32. L'enseignant peut en faire une première introduction à cette occasion. On aura l'occasion de revoir ces constructions p. 107.
• Constructions « (se) faire » ou «(se) laisser » + verbe.

Vocabulaire

• *affirmer*

▶ Rapporter des paroles ou des pensées

1. Observation des phrases du dessin humoristique

a. Faire oraliser les informations apportées par le dessin qui se trouve à gauche. *Un homme (Pierre) quitte tout … Il va faire le tour du monde….* Noter les phrases principales au tableau en colonne.

b. Observer dans le dessin de droite comment ces phrases sont rapportées par la jeune femme.

Noter la correspondance des temps entre les phrases prononcées et les phrases rapportées. Faire nommer les temps.

2. Lecture du tableau. Observer et comparer l'utilisation des temps lorsqu'on rapporte des affirmations présentes et des affirmations passées. Observer les constructions utilisées pour rapporter des questions et des ordres.

3. Exercice 2
Bien expliquer la situation : la responsable parle à son collaborateur Alexandre. Quelque temps plus tard, Alexandre rapporte à sa collègue Charlotte les paroles de la responsable.

Elle m'a dit qu'*elle sortait*, qu'elle *avait* plusieurs rendez-vous à l'extérieur, qu'elle *allait faire visiter* l'appartement et qu'elle *rentrerait* vers 18 h.
Elle m'a demandé *si je pouvais* l'attendre. Elle m'a dit *de téléphoner* à Mme Fontaine et *de faire* la lettre pour Alma Assurance. Elle m'a dit *au revoir*. Elle m'a demandé *de t'avertir*.

4. Exercice 3. S'assurer de la compréhension de la situation, du texte et de la consigne.
H : Est-ce que vous avez une expérience professionnelle ?
JS : J'ai travaillé chez Dior.
H : Qu'est-ce que vous aimeriez faire ?
F : Parlez-moi de votre travail chez Dior... Ce poste demande beaucoup de travail. Vous allez beaucoup voyager. Pour préparer les collections, il faudra rester tard le soir...
JS : Donnez-moi une réponse rapidement.

▶ « Faire » + verbe et « laisser » + verbe

1. Observation des phrases du dessin humoristique. Classement des verbes dans le tableau. Les étudiants doivent distinguer les cas où Kevin et Hélène ont fait l'action et ceux où l'action a été faite par quelqu'un d'autre.
Remarquer que les formes « faire » + verbe et « laisser » + verbe traduisent un sens passif et que la forme « moi-même, toi-même, etc. » renforce le sens actif du verbe.

Kevin est …	actif	J'ai fait le plan Je l'ai peint moi-même
	passif	J'ai fait construire Je laisse Hélène décider
Hélène est …	active	J'ai peint
	passive	Il m'a fait travailler On se laissera pousser par le vent

2. Lecture du tableau. Faire comprendre le sens actif et le sens passif des verbes à l'aide des dessins. Distinguer « faire » et « se faire ».

« (se) faire » + verbe – « (se) laisser » + verbe
Ces quatre constructions sont des constructions passives. Le sujet de la phrase ne fait pas l'action.
- **faire + verbe**
  Le sujet commande l'action (*Pierre a fait construire une maison*) ou en est la cause (*Marie a fait rire Pierre*).
- **se faire + verbe**
  La construction reste passive. Le pronom personnel complément indique que le sujet bénéficie de l'action (*Elle s'est fait couper les cheveux*) ou en est la victime (*Elle s'est fait voler son portefeuille*).
- **laisser + verbe**
  Le sujet ne commande pas l'action. Il la laisse faire volontairement (*Le gardien nous a laissé entrer dans l'immeuble*) ou par négligence (*Elle a laissé mourir la plante que je lui avais offerte*).
- **se laisser + verbe**
  Même cas que précédemment mais l'action porte sur le sujet (*Elle s'est laissée convaincre de sortir avec nous*) (*Elle s'est laissée pousser les cheveux*).

3. Exercice 2
a. Je dois la faire réparer.
b. Ses parents le font travailler.
c. Je vais le faire boire.
d. Il va la faire traduire.

4. Exercice 3
a. Je vais me faire aider.
b. Elle l'a fait faire.
c. Je préfère me faire réveiller.
d. Elle s'est fait indiquer l'itinéraire.

5. Exercice 4
a. À l'entrée d'une discothèque, un jeune dit au vigile qu'il veut rejoindre ses amis.
b. Le père est rentré très tard de voyage. Le matin, la mère demande aux enfants de ne pas faire de bruit.
c. Deux amis ont proposé une sortie à Marie. Marie hésite.
d. Au cours d'une fête, un des invités est un peu timide et ne semble pas s'amuser.

▶ La grammaire sans réfléchir

1. 🔊 **1-26 Exercice 1.** Production de phrases au discours indirect.
Confirmez que vous avez informé votre amie.
Avant un voyage au Canada
- Il fait froid au Canada. Tu l'as dit à Marie ?
– Je lui ai dit qu'il faisait froid.
- Elle doit prendre des vêtements chauds ?
– Je lui ai demandé de prendre des vêtements chauds.

• Est-ce qu'elle a un bonnet ?

– Je lui ai demandé si elle avait un bonnet.

• Les distances sont longues au Canada. Tu l'as dit à Marie ?

– Je lui ai dit que les distances étaient longues.

• Elle doit rester dans la même région.

– Je lui ai dit de rester dans la même région.

• Est-ce qu'elle a loué une voiture ?

– Je lui ai demandé si elle avait loué une voiture.

2. ⏵ 1-27 Exercice 2

Utilisez la forme « faire » + infinitif.

Médecin et très occupé

• Vous faites les comptes de votre cabinet médical ?

– Non, je les fais faire.

• Vous réparez vous-même votre ordinateur ?

– Non, je le fais réparer.

• Vous remplissez les fiches de vos patients ?

– Non, je les fais remplir par ma secrétaire.

• Vous accueillez vous-même vos patients ?

– Non, je les fais accueillir par ma secrétaire.

Simulations, p. 34-35

▶ Objectifs

Savoir-faire

• Gérer une situation d'incompréhension ou de malentendu. S'expliquer.

Vocabulaire

• Incompréhension et malentendu (voir tableau).

• *une exploration, la grotte, la spéléologie, la surprise*

• *pénible*

• *explorer, perdre (se), salir*

• *cause (à – de)*

Grammaire

• Emploi du discours rapporté.

• Emploi des formes « faire ou laisser + verbe ».

Prononciation

• Différenciation voyelles et voyelles nasales.

Connaissances culturelles

• Le Périgord, région de grottes célèbres comme Lascaux.

L'histoire

Anne-Sophie a organisé une découverte de grotte avec un guide du spéléo-club de la région. Mais, vexée par le jeu du portrait, elle refuse d'y participer. Ses amies insistent et vont la voir pour dissiper le malentendu.

Dans la grotte, le groupe se perd et c'est grâce à Anne-Sophie qui alerte les secours qu'il pourra retrouver le chemin de la sortie.

Mais le week-end est fini et c'est le moment de la séparation. Odile est réconciliée avec Anne-Sophie. Patrick s'intéresse au projet de Louis. Liza manifeste l'intention de revoir Jean-Philippe et Harry calme la jalousie de Karine.

▶ Scènes 1 et 2

1. Observation de l'iconographie du haut de la double page

Faire présenter chaque document.

a. La publicité du spéléo-club. **Expliquer :**

– *grotte* : voir le dessin.

– *spéléo (spéléologie)* : exploration des grottes.

Que propose ce document ? Avec qui ?

b. Le dessin. Reconnaître les personnages. Faire remarquer les vêtements. *Que vont-ils faire ?* Identifier le personnage nouveau : le spéléologue en rouge, complètement à droite (le guide Jean-Pierre).

2. ⏵ 1-28 Écoute de la partie transcrite du dialogue.

Noter les informations nouvelles. Anne-Sophie a eu l'idée d'organiser une sortie dans une grotte mais au moment de partir, elle dit qu'elle ne vient pas. Ses trois amies interrogent Patrick qui leur dit qu'elle est toujours fâchée. Elles décident d'aller lui parler.

3. Faire réécouter la scène 4, p. 27, ou lire sa transcription, p. 180.

Faire la liste des personnes et des objets auxquels Anne-Sophie a été identifiée (*une reine autoritaire, amoureuse d'un étranger, une plante carnivore, de la bière, un serpent, un crocodile*).

4. ⏵ 1-29 Écoute de la partie non transcrite du dialogue et transcription.

Au fur et à mesure de l'écoute, noter la résolution des malentendus.

Reine autoritaire (Anne-Sophie / Cléopâtre, reine d'Égypte) – *amoureuse d'un étranger* (Patrick / César) – *la bière* (boisson inventée par les Égyptiens) – *un serpent* (Anne-Sophie / Cléopâtre est morte piquée par un serpent) – *un crocodile* (Anne-Sophie / on trouvait des crocodiles dans l'ancienne Égypte).

Notez les expressions qui permettent de dissiper le malentendu : « *On a dit quoi pour te fâcher ... On n'a pas voulu dire ça ... Tu as mal compris ...* »

Expliquer :

– *pénible* : fatigant. Les moqueries continuelles d'Anne-Sophie sont pénibles.

▶ Jeu de rôle

1. Lecture de l'encadré « Incompréhension et malentendu ».

2. Présenter la situation du jeu de rôle (exercice 2). Les étudiants choisissent une remarque désobligeante et recherchent une réponse.

« Ne bois pas trop » : *Qu'est-ce que tu veux dire par là ? Que je suis alcoolique, que je ne sais pas me contrôler ?*

« Tu n'es pas française ... » : *Qu'est-ce que tu entends par là ? Il faut être français pour être intelligent ?*

« Tu es sûr de ce que tu dis ? » : *Je n'ai pas l'habitude de dire n'importe quoi...*

▶ Scène 3

1. ⊕ 1-30 Écoute fragmentée de la scène :

a. jusqu'à « les portables ne passent pas ». Faire relever tout ce qui est inquiétant. Les personnages sont perdus, ils ne peuvent pas appeler les secours ;

b. jusqu'à « Louis, ce n'est pas le moment ». Noter les remarques ironiques de Karine et d'Odile et l'indifférence de Louis.

2. Transcription de la fin de la scène. Faire raconter la scène.

Expliquer :

– *(se) perdre* : ne plus savoir où on est.

– *salir* : dans une grotte, les vêtements se recouvrent de terre. Ils sont sales.

▶ Scène 4

⊕ 1-31 Écoute fragmentée des quatre dialogues. Associer les dialogues et les dessins.

Imaginer ce qui va se passer après.

a. Odile / Anne-Sophie : Anne-Sophie dit un mot gentil à Odile. Les deux jeunes femmes se réconcilient. Elles vont rester amies.

b. Louis / Patrick : surprise, Patrick s'intéresse enfin au projet de Louis. Ils vont peut-être travailler ensemble.

c. Liza / Jean-Philippe : autre surprise, Liza n'est pas insensible à Jean-Philippe. Ils vont se revoir.

d. Karine / Harry : Harry dissipe le dernier malentendu de la scène 3, p. 27. À Sarlat avec Liza, Harry pensait à Karine. Il lui a acheté un cadeau.

▶ ⊕ 1-32 Prononciation

Dans chaque phrase, repérer les oppositions entre les voyelles et les voyelles nasales.

Je dem**an**de à **ma**dame ... L**éo** ... L**éon** ... di**man**che **ma**tin ...

Écrits et Civilisation, p. 36-37

▶ Objectifs

Savoir être et connaissances culturelles

• Connaître les sujets de conversation appropriés à certaines circonstances et ceux qui sont à éviter.

• Savoir se comporter dans le cadre d'une invitation. Affiner sa maîtrise de l'utilisation du tutoiement et du vouvoiement et des salutations.

Vocabulaire

• *le tas, la chère (bonne), la couverture, le store, le volet, la valeur, le sujet, le témoignage, la manière, le légume, le bouquet, un hors-d'œuvre*

• *indiscret, manifeste, véritable, impoli*

• *aborder, bavarder, désorganiser, intervenir, taire (se), transmettre*

• *tas (un – de), volontiers, fermement, instantanément, ainsi, contre (par –), naturellement, revanche (en –), soigneusement, complètement*

▶ L'extrait du livre « Sacrés Français* »

* Il s'agit ici d'un emploi familier de l'adjectif « sacré » qui marque l'ironie avec une nuance affective (vous n'êtes pas comme nous mais on vous aime bien).

1. Le texte pourra être découvert individuellement ou en petit groupe avec pour tâche les recherches suivantes :

a. D'où est tiré cet extrait ? Qui l'a écrit ? (Le livre d'un journaliste américain, Ted Stanger, intitulé *Sacrés Français*.)

b. Quel est le sujet du livre ? (Les modes de vie des Français.)

c. Dans l'extrait, quelle histoire raconte l'auteur ? (Il est invité dans une famille et la petite fille de six ans veut lui poser des questions. La mère le lui interdit.)

d. Quels sont les comportements particuliers des Français ? (La discrétion : on ne pose pas de questions trop précises et trop personnelles. On cache les détails de sa vie privée et le désir d'intimité.)

2. Recherche du sens des mots inconnus

lignes 1 à 3 : beaucoup de... (des tas de) – avec plaisir (volontiers) – de façon autoritaire (fermement)

lignes 4 à 10 : curieux (indiscret) – qui ne parle plus (se taire) – tout de suite (instantanément) – se communiquer (se transmettre)

lignes 11 à 16 : au contraire (par contre) – visible (manifeste) – devenir, apparaître (se révéler)

3. Les étudiants commentent ces observations.

▶ Rédigez une liste de conseils

1. Lecture du document « Sujets de conversation ».
Les étudiants commentent les informations.

2. Travail en petits groupes. La tâche consiste à produire un document conseillant les étrangers sur les sujets qu'on peut aborder et ceux qui sont tabous.
Les étudiants utilisent la structure du document qu'ils viennent d'étudier.

▶ Les témoignages

🌐 **1-33** La classe se partage les cinq témoignages.
Pour chaque témoignage :
a. faire formuler les informations principales ;
b. écoute du commentaire oral et formulation de son contenu ;
c. comparaison avec les habitudes des pays des étudiants.

	Témoignage écrit	Commentaire oral d'un Français
David	Petit déjeuner désorganisé (heure et menu). Pas de règle générale.	C'est vrai, sauf lorsqu'on a des invités. Dans ce cas, le petit déjeuner est pris en commun.
Sonja	Le repas type français, c'est : entrée, plat principal, fromage et dessert. C'est valable pour tous les repas.	C'est faux. On trouve tous les cas de figure. On peut inviter des amis autour d'un plat et d'un dessert. On dîne plus tôt que les Espagnols et plus tard que les Anglais et les Allemands
Karol	Dans les restaurants, le pain et la carafe d'eau sont gratuits.	C'est vrai, mais il faut quelquefois insister pour avoir la carafe d'eau.
Amparo	On ne se tutoie pas facilement entre voisins.	C'est vrai pour les plus de 50 ans. Les nouvelles générations se tutoient plus facilement.
William	On se serre la main très souvent.	C'est vrai pour beaucoup de Français mais cela dépend des personnalités.

▶ 🌐 **1-34** Une belle table

a : oui – **b** : non – **c** : oui – **d** : oui – **e** : non – **f** : non (à gauche des autres verres).

▶ À chacun ses habitudes

a : Grande-Bretagne – **b** : Espagne – **c** : États-Unis – **d** : Allemagne – **e** : Chine – **f** : Allemagne – **g** : Canada – **h** : Pays-Bas – **i** : Japon – **j** : Jordanie.

Unité 1 – Bilan et pages Évasion

Évaluez-vous, p. 38-41

Le professeur explique le but de ces pages « Évaluez-vous ». À la fin de chaque unité, les étudiants feront une série de tests. Ils se corrigeront eux-mêmes et se noteront. Ils pourront ainsi repérer leurs défauts et leurs manques en compréhension orale, expression orale, compréhension écrite, expression écrite et correction de la langue.

▶ Test 1

Le professeur présente chacune des compétences en donnant éventuellement une explication. L'étudiant note « oui » chaque fois qu'il pense qu'il est capable de faire ce qui est indiqué.

▶ Test 2

À faire à deux. Pour chacune des cinq situations, il ne s'agit pas de faire un long dialogue mais d'indiquer les deux ou trois phrases pertinentes.
a. J'espère que je ne me suis pas trompé(e). Je suis bien chez … ?
– Oui, ils sont absents. Je vous attendais. Je suis …
b. Excusez-moi, je suis vraiment désolé(e), j'ai la grippe. Je ne pourrai pas venir mardi.
– Ne vous inquiétez pas. On fera ce dîner un autre jour. Soignez-vous et guérissez vite.
c. Tiens bonjour, comment vas-tu ?
– Excusez-moi, je ne vous reconnais pas.
d. Les étrangers devraient rester chez eux.
– Vous le pensez vraiment ? Vous ne voulez plus de touristes en France ? Que diriez-vous si on disait cela de vous quand vous êtes à l'étranger ?
e. Bonjour, Estelle. Comment vas-tu ?
– Ça va.
– Tu es toujours fâchée contre moi ?
– Mais non, c'est du passé. C'est vrai que nous n'avions pas la même façon de vivre.

▶ 🌐 1-35 Test 3

Faire une écoute fragmentée. Pour la partie « e », prononcer les noms de lieux.
a. Pour lui proposer une sortie.
b. Le dimanche 8 avril, de 10 h à 16 h à la Roque-Gageac.
c. Un tour en montgolfière.
d. Maeva : non (stage à Paris) – Lucas : oui – Jade : oui – Romain : non (il s'est cassé la jambe).
e. Aller jusqu'à Sarlat. Traverser la ville. Prendre à droite la route de Vézac. Après Vézac faire 1 km, tourner à gauche, longer la Dordogne vers la Roque-Gageac.

▶ Test 4

a. Parc de loisirs et d'attractions.
b. Poitiers.
c. (1) la forêt des rêves – (2) le village lapon – (3) Mission Éclabousse ! – (4) Danse avec les robots – (5) La Vienne dynamique.
d. (1) oui (TGV direct) – (2) non (environ 3 heures) – (3) oui – (4) non – (5) oui.
e. (1) ludique – (2) tourbillon – (3) plonger – (4) vertigineux – (5) nocturne.

▶ 🌐 1-36 Test 5

a : 5 – **b** : 3 – **c** : 8 – **d** : 10 – **e** : 2 – **f** : 6 – **g** : 1 – **h** : 4 – **i** : 7 – **j** : 9.

▶ Test 6

Cher François,
Je t'écris pour te demander un petit service. J'ai un ami argentin qui vient faire un stage de 15 jours en France, en février. Te serait-il possible de le loger pendant cette période ? C'est un garçon très gentil, très calme. Il ne fume pas. Il ne connaît personne à Paris et, par conséquent, ne devrait pas recevoir beaucoup de monde. Par ailleurs, son stage est très intensif et il aura beaucoup de travail, même le soir. Il ne devrait donc pas te déranger.
En revanche, vous aurez quelques sujets de conversation en commun. C'est un passionné de musique classique et de chant…

▶ Test 7

a. Dans l'ordre du texte :
– Étrange publicité (une affiche portant l'inscription « Emma, je t'aime. Reviens » est sur tous les murs de Paris).
– 1re supposition (un homme très riche déclare son amour de façon originale).
– 2e supposition (le styliste Jean-Paul Gaultier fait sa propre publicité).
– Révélation (c'est le publicitaire lui-même qui fait sa publicité).
b. Laissé à l'appréciation de l'étudiant.
c. Oui car c'est la présidente de la société de publicité qui l'a révélée.
d. s'étale (peut se voir partout) – envahissante (il y en a chaque jour davantage) – fausse piste (l'hypothèse n'est pas vérifiée) – faire de gros coups (attirer l'attention d'un large public).

► **Test 8**

a. J'ai commencé ... le patron m'a reçu. J'étais un peu inquiet mais il était ... il m'a expliqué ...
Ce matin ... nous avons visité ... qu'ils la louaient.
Demain je passerai ... qui veut ... Nous visiterons ...
b. Oui, j'y suis allée. – Je l'ai vu. – Je les ai emmenés. – J'en ai pris 300. – Je les ai téléchargées. – J'en ai fait un CD. – Je te le prêterai. – J'y ai pensé. – Elle en a rapporté un. – Nous l'avons mise...
c. ... je te souhaite ... en attendant de te revoir ... je crois que tu la connais... nous avons eu l'occasion de le revoir ... Il habite près de chez moi. Il m'envoie des SMS ... Je lui téléphone. Je lui ai présenté mes parents. Il les a trouvés sympas. Il nous a raconté ...
d. ... je développerais ... je le montrerais ... Ils me remarqueraient. Peut-être que mon jeu aurait du succès. Je gagnerais ...
... si nous allions vivre à Paris, si nous achetions un appartement ... si nous pouvions voyager ... tu m'apprécierais et que tu ne dirais plus ...
e. Elle le fait réparer. – Je les ferai couper. – Il se la fera expliquer. – Elle m'a fait rire. – Il faut le faire manger.
f. Je lui ai proposé de venir déjeuner. Elle m'a dit qu'elle était d'accord. Je lui ai demandé si j'avertissais Valentin. Elle m'a demandé de ne rien lui dire. Elle m'a dit qu'elle ne le supportait pas. Je lui ai demandé pourquoi.

Évasion au cinéma, p. 42-44 (projet)

► **Objectifs**

Savoir-faire
• Écriture créative : rédiger et jouer à deux une scène à caractère théâtral et comique.

Connaissances culturelles
• Quelques aspects de l'humour français au cinéma (jeux de mots, parodie, situations décalées, etc.).
• Trois films cultes et une série télé populaire.

Savoir être
• Acquérir de l'assurance face à un public.
• Imaginer et improviser à partir d'une situation.

Déroulement du projet
Rappelons le but de ces pages Évasion.
• Découvrir un univers culturel francophone (ici le cinéma français) et inciter l'étudiant à l'explorer après la classe (aller voir les films français projetés dans son centre culturel ou ceux qu'il peut voir grâce à la télévision).

• Développer l'écriture créative qui permet la révision et l'enrichissement linguistique.

Tout au long de ces trois pages, on suivra la démarche suivante.
1. Présentation de la cérémonie des Césars et lancement du projet. Comme le jury de la cérémonie des Césars, la classe va attribuer un prix : celui de la meilleure scène de comédie de cinéma.
2. Lecture et commentaire des quatre scènes proposées dans le livre. La classe peut se partager les quatre scènes. Recherche d'autres scènes comiques de cinéma connues des étudiants et utilisant les mêmes effets.
3. Vote pour la meilleure scène. Le projet peut s'arrêter ici ou se poursuivre.
4. Rédaction par deux ou trois d'une scène de cinéma comique. Ce travail peut se faire après la classe pour le cours suivant.
5. Représentation des scènes et vote pour la meilleure scène.

► **Le mot répété**

1. Lecture silencieuse de l'introduction et reformulation par les étudiants.
Expliquer :
– évêque : homme d'église ayant une fonction importante.
– domestique : employé de maison.
– avouer : dire ce que l'on avait caché (l'enfant a avoué qu'il avait volé 5 € dans le porte-monnaie de sa mère).

2. Les étudiants lisent le dialogue et recherchent ce qui leur paraît bizarre :
– les domestiques sont allés voir des amis qui ont la rougeole, or la rougeole est une maladie qui affecte les enfants et qui est contagieuse ;
– Molyneux hésite et semble embarrassé ;
– Molyneux trouve bizarre que son cousin regarde son couteau ;
– la répétition du mot « bizarre » est elle-même bizarre.

3. Les étudiants interprètent la scène en recherchant l'intonation et les attitudes des personnages.

4. Recherche de films où le comique est déclenché par la répétition d'un mot, d'une phrase, d'un geste, d'une scène.

► **La situation exagérée**

1. Lecture de l'introduction et observation de la photo. Faire formuler la situation.

2. Lecture du dialogue. Rechercher les intonations.
Expliquer :
– forcément : évidemment.
– gêner : embarrasser. Maréchal dit à Saroyan : « Ne vous gênez pas ! » car celui-ci abîme encore plus la voiture en marchant sur les débris.

– *vous en avez de bonnes* : expression qui signifie « Vous plaisantez ! »

– *piéton* : personne qui se déplace à pied.

3. Rechercher les effets comiques :

– la voiture totalement éparpillée autour de Maréchal toujours au volant ;

– Saroyan semble trouver la chose normale (« Qu'est-ce qu'il y a ? »), il minimise l'accident (« C'est pas grave ») ;

– l'opposition des répliques : « Prenez l'avion » / « Je ne suis pas pressé ».

4. Faire imaginer la suite par les étudiants qui n'ont pas vu le film puis la raconter ou la faire raconter par les étudiants qui l'ont vu.

5. Rechercher d'autres situations excessives au cinéma.

▶ La parodie

1. Lire l'introduction, observer la photo, faire formuler la situation de départ.

2. Lecture du dialogue jusqu'à la ligne 8.
Que demande Attila ? Quelles excuses trouvent Arthur et ses compagnons pour ne pas payer ? Faire remarquer les expressions anachroniques : « *On a des frais* », « *Demander un soutien à Rome* ». Faire remarquer aussi le jeu de mot « *Rome ce n'est pas Byzance* » (« Ce n'est pas Byzance » est une expression imagée qui signifie « On n'est pas riche ». Au Moyen Âge, l'empire romain d'Occident s'opposait à l'empire byzantin, plus riche).

3. Lire la suite du dialogue. Relever les demandes d'Attila. Imaginer comment Arthur les refuse.
Imaginer d'autres demandes d'Attila.
Exemple : la nourriture. On a beaucoup de monde à nourrir, la récolte a été mauvaise, on va faire une grande fête avec beaucoup d'invités.

4. Rechercher d'autres films qui sont des parodies de l'Histoire. Par exemple, *Sacré Graal, Astérix et Cléopâtre*.

▶ La critique sociale

1. Lecture de l'introduction. Faire formuler :

– en quoi consiste « un dîner de cons ». Que révèle-t-il chez ceux qui l'organisent ? (*mépris et méchanceté, sentiment de supériorité*) Qui sont les invités ?

– pourquoi le dîner ne peut avoir lieu comme prévu. (*amis absents, départ de la femme de Brochant*) ;

– l'embarras de Brochant qui se retrouve tout seul avec Pignon alors qu'il est préoccupé par le départ de sa femme ;

– la situation à l'origine du dialogue. Brochant veut vérifier si sa femme est bien chez Leblanc, un de ses anciens amis. Autrement dit si Leblanc est l'amant de Laurence. Il demande à Pignon de téléphoner en se faisant passer pour un producteur de cinéma.

2. Lecture du dialogue. Relever le comique des phrases de Pignon :

– il demande des précisions quand ce n'est pas nécessaire (« Américain ? Allemand ? » – « C'est un bon livre ? ») ;

– il est trop scrupuleux. Ça l'ennuie que le livre ne soit pas bon ;

– il a du bon sens ;

– mais il est lent à comprendre (le quiproquo sur Juste Leblanc).

3. Discuter : quel est le personnage le plus sympathique ?

4. Chercher des films comiques bâtis sur des oppositions sociales.

À savoir

La cérémonie des Césars. Elle a été créée en 1976 à l'imitation de la cérémonie américaine des Oscars. Il s'agit de récompenser en priorité des films et des comédiens français rarement primés par les Oscars. En effet, rares sont les Français qui ont eu des Oscars : Simone Signoret (1959), Juliette Binoche (1996) et Marion Cotillard (2008).
La cérémonie est retransmise à la télévision. C'est l'occasion de voir une grande partie des artistes français sur scène ou dans la salle.

Roman Polanski. Metteur en scène de cinéma mais aussi de théâtre et d'opéra. Il est né en France. À l'âge de 4 ans, il a suivi ses parents en Pologne où il a connu l'occupation allemande et la vie dans le ghetto de Varsovie. Ses films connaissent un grand succès dans les années 1970 : *Le Bal des vampires* (parodie de film d'épouvante), *Rosemary's baby* (suspense psychologique). Plus récemment, il obtient un César et un Oscar pour *Le Pianiste*.

Drôle de drame. Film de Marcel Carné (1937) considéré comme un chef-d'œuvre du cinéma français grâce à son humour décalé et poétique et aux dialogues de Jacques Prévert. Il n'est regardé aujourd'hui que par quelques cinéphiles mais tout le monde connaît la célèbre réplique « *Bizarre, vous avez dit bizarre, comme c'est bizarre.* »
Autres phrases qui ont eu un plus long destin que les films d'où elles sont extraites : « *Atmosphère, atmosphère, est-ce que j'ai une gueule d'atmosphère ?* » dans *Hôtel du Nord*, « *Okay* » dans *Les Visiteurs*, « *Cassé* » dans *Brice de Nice*.

Le Corniaud : un des plus grands succès du cinéma français (1964) qu'on revoit régulièrement à la télévision.
Suite à sa rencontre accidentelle avec Saroyan, Antoine Maréchal sera embarqué dans une aventure de trafic de drogue, d'or et de pierres précieuses.

Pour se faire pardonner de lui avoir gâché ses vacances, Saroyan lui propose de conduire sa grosse voiture américaine depuis Naples jusqu'à Bordeaux. La voiture est évidemment bourrée de produits illicites à l'insu de Maréchal. Bourvil joue le rôle de Maréchal, naïf mais finalement chanceux et Louis de Funès celui de Saroyan, rusé, méchant mais perdant.

Kaamelott : série télévisée créée en 2005 et devenue extrêmement populaire. C'est une parodie des chevaliers de la Table Ronde fondée sur le décalage des situations (les relations entre les hommes et les femmes sont des relations du XXe siècle) et surtout du langage (Arthur et ses amis parlent la langue directe et familière d'aujourd'hui).

Le titre *Kaamelott* est fondé sur un jeu de mot : « Camelot », le château du roi Arthur, et « camelote », signifiant marchandise de mauvaise qualité.

Le Dîner de cons : pièce de théâtre puis film de Francis Weber (1998). À noter que le mot « con » est un mot vulgaire mais très utilisé. Il peut avoir plusieurs sens : « C'est un con » qualifie quelqu'un de bête et borné ou tout simplement quelqu'un qui n'a pas les mêmes idées. C'est le cas de Pignon qui est d'un autre milieu social que Brochant. « Pauvre con » est une insulte méprisante. « Je suis con » ou « T'es con » signifiera tout simplement « Je suis stupide » ou « Tu es étourdi ».

Unité 2 — Se débrouiller au quotidien

▶ Objectifs généraux de l'unité

Cette unité prépare les étudiants aux situations pratiques qu'ils pourront vivre lors d'une installation de courte durée dans un pays francophone. Certains savoir-faire complètent ceux qui ont été vus au niveau 1.

• Se débrouiller avec l'argent, faire des opérations bancaires simples, retirer de l'argent dans une billet-terie automatique, comprendre et régler une facture.

• Trouver un logement, le décrire (pièces et ameuble-ment), l'aménager.

• Parler des tâches de la vie domestique, pouvoir résoudre un problème d'entretien ou de réparation.

• Décrire un objet que l'on veut acheter ou que l'on a perdu.

• Faire une déclaration de vol, de perte ou d'accident à la police ou à sa compagnie d'assurances.

• Dans les différentes situations de la vie quotidienne :
– exprimer des sentiments comme la crainte, la confiance ou la méfiance. Rassurer quelqu'un ;
– accuser quelqu'un, reconnaître sa responsabilité, se défendre.

▶ L'histoire des pages Simulations
Les escaliers de la Butte

Kamel Benkaïd vit à Montreynaud dans la banlieue de Saint-Étienne. Il fait des études d'économie mais sa vraie passion est le théâtre. Quand il apprend qu'il a échoué au concours d'entrée d'une grande école de commerce, il prend la décision d'abandonner ses études et de monter à Paris pour se consacrer à sa passion. Ni ses parents ni son amie Nadia ne sont heureux de ce départ mais il réussit à les convaincre qu'il réussira dans la carrière théâtrale.

À Paris, il trouve une colocation et un travail dans une société de petits travaux à domicile. Parallèlement, il participe à des castings et parvient à décrocher un petit rôle dans une publicité. À cette occasion, il fait la connaissance de Clémentine, jeune comédienne qui va l'introduire dans le milieu des cabarets. Il aura bientôt l'occasion de faire ses preuves et montera un spectacle avec Clémentine. La chance va lui sourire. Lors d'un accident de voiture sans gravité, il fait la connaissance d'un fonctionnaire du ministère de la Culture qui organise des tournées à l'étranger pour les jeunes artistes. Kamel et Clémentine partiront en tournée à travers le monde.

Quant à Nadia, elle aura eu le temps de comprendre que ses aspirations ne correspondaient pas à celles de Kamel.

▶ Exploitation de la page 45

Présenter l'objectif général de l'unité aux étudiants : « *Vous vous installez dans un pays francophone...* » Faire en commun la liste des situations pratiques auxquelles il faut se préparer à faire face.
Faire commenter les photos.

À savoir

Commentaires sur les photos de la page 45

• *Viens chez moi, j'habite chez une copine*, film comique de Patrice Leconte (1981). Les mésaventures d'un éternel perdant sans logement et sans travail qui ne cesse de poser des problèmes aux copains qui cherchent à l'aider.

• *Une fiche de paie* (voir l'encadré « À savoir » p. 00 de ce livre).

• *Une scannette.* Ceux qui font leurs courses au supermarché peuvent utiliser cet appareil qui permet de faire le compte de ses achats. On se présente ensuite à une caisse spéciale où on paie directement sans qu'une vendeuse soit obligée de scanner tous les produits.

• *Crevaison sur la route.* Personne pour l'aider !

Leçon 5 – À vos risques et périls !

Interactions, p. 46-47

▶ **Objectifs**

Savoir-faire
• Raconter une tentative sportive, professionnelle, etc. Savoir décrire un risque, un essai, une réussite ou un échec.

Vocabulaire
• *un aventurier, le bout, la cabane, le cercle, le collaborateur, le courant, le crabe, le crustacé, un échec, un essai, une expédition, le fauve, la fiction, la flore, un îlot, un inventaire, le mât, un objectif, une observation, un ouvrage, la péninsule, la planète, la rame, le risque, le/la scientifique, la tentative, la trace, le traîneau, le trappeur, la voile, la volonté*
• *dramatique, énergique, inconscient, médiatique, peuplé, polaire, rocheux, solitaire, volontaire*
• *arriver à, décourager, dépasser (se), dresser, échouer, encourir, enlever, faillir, filmer, indiquer, libérer, rejoindre, sauter, témoigner, tenter*
• *au-delà, probablement, uniquement*

Grammaire
• Raconter une suite d'événements.

Connaissances culturelles
• Personnalités des mondes scientifique, sportif, journalistique qui ont fait parler d'elles.

▶ **Lecture des articles**

On procédera de la manière suivante.

1. La classe se partage les quatre articles. Chaque groupe prend en charge un article et complète la grille de recherche d'informations proposée dans le livre. Pour la compréhension des mots difficiles, il peut faire appel à l'enseignant ou avoir recours au dictionnaire.

2. Présentation des informations à la classe. Cette présentation peut prendre la forme d'une reformulation du contenu de l'article, d'une description ou d'un commentaire de l'illustration. *Ici, vous voyez un explorateur, Nicolas Vanier, avec sa femme et ses enfants. Dès l'âge de 16 ans, il s'intéresse à l'exploration des régions polaires.*

3. Mise au point collective de la compréhension
Expliquer :

• *Texte « Explorer »*
– *rejoindre* : relier, partir d'un point pour aller à un autre.
– *cercle polaire, Grand Nord et autres lieux géographiques* : montrer sur une carte du monde.
– *traîneau, trappeur* : voir la photo.
– *cabane* : petite maison de bois.
– *faune* : l'ensemble des animaux.
– *flore* : l'ensemble des végétaux.
– *trace* : les marques visibles sur le sol d'une personne ou d'un animal. Suivre à la trace.

• *Texte « Se dépasser »*
– *se dépasser* : faire plus que ce que l'on est normalement capable de faire.
– *rame* : par le dessin et le mime.
– *voile, mât* : voir la photo.
– *solitaire* : seul.
– *le courant, à contre-courant* : citer une rivière où le courant est très fort.
– *échouer* : par opposition à réussir.
– *faillir* : Le train part à 8h10. Pierre arrive à la gare à 8h09. Il a failli rater le train.

• *Texte « Témoigner »*
– *témoigner* : un journaliste témoigne, il raconte ce qu'il a vu et entendu.
– *enlever, libérer* : prendre quelqu'un contre sa volonté ; un enfant a été enlevé ; libérer : rendre la liberté.
– *dramatique* : grave.
– *décourager* : après son enlèvement, F. Aubenas n'a pas perdu son courage.
– *encourir* : le coupable encourt une peine de 10 ans de prison ; encourir un risque (ou courir un risque).

• *Texte « Travailler pour la planète »*
– *médiatique* : qu'on voit à la télévision, dont on parle dans les médias.
– *collaborateur* : personne qui fait partie d'une équipe de travail.
– *îlot* : petite île.
– *peuplé* : habité.
– *crabe* : par le dessin ; crustacé : les crevettes, les crabes, les langoustes.
– *inventaire* : liste.
– *probablement* : peut-être.
– *espèce* : catégorie. Il y a beaucoup d'espèces d'insectes.

Noms	Profession ou activités	Exploit qui vient d'être réussi	Autres exploits passés	Autres activités
N. Vanier	Explorateur	Suivre les traces du trappeur Norman Winther, dans le Grand Nord canadien, et réaliser un film en 2004.	Traversée du Grand Nord, du Labrador, de l'Alaska et de la Sibérie. Un an passé avec sa femme et sa fille dans une cabane du Yukon.	Livres et films.
M. Fontenoy	Navigatrice	Tour du monde à la voile en solitaire à contre-courant, 14 mars 2007, malgré la perte du mât du bateau.	Traversée de l'Atlantique Nord à la rame.	
F. Aubenas	Journaliste	Victime d'un enlèvement et de 5 mois de détention en Irak, en 2005. Ne s'est pas découragée.	Elle a fait des reportages dans des régions à risques.	
J.-L. Étienne	Médecin, aventurier	Séjour de 4 mois sur l'îlot de Clipperton en 2005.	Expéditions polaires.	Création d'un centre d'observation de l'océan.

À savoir

- **Nicolas Vanier**. L'article donne quelques informations sur la biographie de l'explorateur. Né en 1962, il n'a cessé de multiplier les expéditions et les séjours dans le Grand Nord canadien, en Laponie ou en Sibérie. Son but est de témoigner de l'existence des derniers nomades du Grand Nord, d'un peuple et d'un écosystème menacés de disparaître et de l'urgence qu'il y a à protéger notre planète. Pour cela, il multiplie livres, films et conférences.

- **Maud Fontenoy**. Née en 1977, elle s'est illustrée aussi bien avec des exploits à la rame qu'à la voile. Elle anime aussi une émission de radio.

- **Florence Aubenas**. Née en 1961 à Bruxelles, elle a longtemps travaillé pour le quotidien *Libération*. L'article donne l'essentiel de sa biographie.

- **Jean-Louis Étienne**. Né en 1946, Jean-Louis Étienne est médecin et explorateur. En 1986, il est le premier à rejoindre le pôle Nord depuis le Nord canadien seul et à ski. Il s'illustrera aussi dans la traversée de l'Antarctique. En 2008, il prépare une expédition en ballon dirigeable au-dessus de la banquise pour en mesurer l'épaisseur.

- **Clipperton**. Îlot français inhabité de l'océan Pacifique. Situé à 1200 km des côtes mexicaines. Annexé par la France en 1858, il a été l'objet d'une rivalité avec le Mexique.

▶ Élection de la personnalité la plus aventurière (projet)

1. Présenter le tableau de vocabulaire « Réussites et échecs ». La plupart des mots ont été vus dans les textes.

2. Suivre le déroulement de l'activité tel qu'il est décrit dans le livre. On peut aider les étudiants à choisir leur personnalité en organisant une recherche collective de noms. Noter ces noms au tableau.

Après avoir lancé le projet, il est préférable de laisser aux étudiants le temps de se documenter. La préparation de ce projet doit donc être faite en dehors de la classe.

3. La présentation des projets se fait lors d'une séance ultérieure. Les étudiants peuvent utiliser des photos, des diaporamas, etc.

À la fin, on élit la personnalité la plus aventurière.

▶ Vos exploits

Présenter la tâche et laisser aux étudiants 5 minutes de préparation.

À faire ensuite sous forme de tour de table.

Ressources, p. 48-49

▶ Objectifs

Savoir-faire
- Exprimer la volonté, l'obligation et certains sentiments.
- Donner un ordre, un conseil.

Grammaire
- Le subjonctif présent :
  - forme des verbes en *-er* et des verbes irréguliers les plus fréquents ;
  - emploi après les verbes exprimant la volonté, l'obligation et certains sentiments.
- La construction des pronoms à l'impératif.

► Exprimer la volonté, l'obligation, les sentiments

1. Observation des phrases du dessin humoristique.
Pour chaque phrase compléter le tableau.
Faire observer :
– qu'il s'agit de phrases à deux verbes subordonnés par la conjonction *que* ;
– qu'après certains verbes, la forme du deuxième verbe n'est pas celle du présent ;
– que lorsque le sujet des deux verbes est le même, le deuxième verbe est à l'infinitif.

Verbe + verbe à l'infinitif	Verbe + verbe au subjonctif
... J'ai envie de faire ... J'ai peur d'oublier ... Je ne veux pas avoir le trac ...	Je propose qu'on fasse ... ... J'aimerais qu'on aille ... Il faut que tu l'apprennes ... Il faut que tu sois ... que tu saches ...

2. Exercice 2

... j'aimerais bien *sortir* ... Je voudrais bien que nous *allions* ... Paul veut toujours *rester* ... que les enfants *soient* seuls ... Il faudrait qu'on *prenne* ... Paul a peur qu'elle ne *soit* pas gentille ...
... je voudrais que des copains *viennent* à la maison et qu'on *fasse* ... que nos enfants *puissent* jouer ... Lise refuse de *recevoir* ... Elle ne m'interdit pas d'*inviter* ... qu'on *aille* au restaurant.

3. Exercice 3

a. Il faut que *j'aille* au Salon de l'auto.
b. Je voudrais que vous m'*accompagniez*.
c. J'aimerais que Mme Dupont *appelle* la gare.
d. Il faudrait que les nouvelles voitures *soient* ici demain.
e. Je souhaiterais que les vendeurs *fassent* une opération de promotion.

4. Exercice 4

a. Je regrette que tu ne *viennes* pas.
b. J'ai peur que sans toi la soirée *soit* triste.
c. J'espère que Jean-Philippe et Liza *mettront* de l'ambiance.
d. Je souhaite que tu *guérisses* vite et que tu *puisses* venir le week-end prochain.
e. Paul a envie que nous *allions* faire une balade en forêt.

5. Exercice 5

Présenter la situation. Le fils est resté seul à la maison pendant que les parents étaient en vacances. Les parents viennent de rentrer ...
Les étudiants imaginent la suite des débuts de phrases donnés dans le livre. Ils peuvent imaginer d'autres phrases en utilisant les verbes exprimant les sentiments, l'obligation, etc. (deuxième colonne du tableau).

Je suis content que nous soyons rentrés en avance. Je regrette que Paul ne soit pas là. Il faut qu'il nettoie et qu'il range. Il faudrait que tu mettes tout ça à la poubelle. Je voudrais que tu ranges tes chaussures ...

► Donner un ordre, un conseil

1. Observer le tableau. Montrer qu'à l'impératif le pronom se construit après le verbe uniquement à la forme affirmative.

2. Exercice
Faire la première phrase en commun.

Traverse-le... Vas-y à Noël ... Oui, prends-en ... Non, n'en bois pas ... Non, ne la quitte pas ... Oui, parle-leur ... Non, ne les prends pas en photo.

► La grammaire sans réfléchir

1. 🔊 **1-37 Exercice 1.** Différenciation des terminaisons de l'indicatif et du subjonctif.
Méthode Coué
• **Nous arrêtons de fumer !**
– **Il faut que nous nous arrêtions.**
• **Nous faisons du sport !**
– **Il faut que nous en fassions.**
• **Nous sortons !**
– **Il faut que nous sortions.**
• **Vous nous aidez !**
– **Il faut que vous nous aidiez.**
• **Vous nous encouragez !**
– **Il faut que vous nous encouragiez.**

2. 🔊 **1-38 Exercice 2.** Construction des pronoms à l'impératif.
Des jeunes préparent une fête dans l'appartement des parents.
• **On pourra décorer le salon ?**
– **Décorez-le.**
• **On pourra mettre la musique très fort ?**
– **Non, ne la mettez pas très fort.**
• **On pourra commander des pizzas ?**
– **Oui, commandez-en.**
• **On pourra acheter du Coca ?**
– **Oui, achetez-en.**
• **On pourra acheter de l'alcool ?**
– **Non, n'en achetez pas.**
• **On pourra inviter cinquante personnes ?**
– **Non, n'en invitez pas cinquante.**

Le présent du subjonctif

Le présent du subjonctif a déjà été introduit au niveau 1 car l'étudiant est amené très vite à rencontrer des formes comme « il faut que » + subjonctif.
Le subjonctif est une question importante qu'il est impossible de traiter en une seule leçon. On se l'appropriera progressivement de la manière suivante :

1. Dans cette leçon 5
• *Vue d'ensemble des formes du subjonctif* : on remarquera que le subjonctif a des formes qui ne se déduisent pas automatiquement de l'infinitif ou d'une forme du présent. Toutefois :

– la conjugaison des verbes en -er est très proche du présent ;

– pour les autres verbes, il suffit de connaître la 1re personne du singulier du présent pour en déduire les autres formes.

• Compréhension de l'idée que *le présent du subjonctif est un temps utilisé après certains verbes ou conjonctions*. Ce temps n'a pas de sens global compréhensible (comme le futur ou le passé). Dire, par exemple, que le subjonctif est le mode de la subjectivité ne permettrait pas de prédire son emploi. Par ailleurs, il n'y a pas d'explication (autre que tautologique) du fait qu'on dise : « Je souhaite qu'il vienne » mais « J'espère qu'il viendra ».

2. **Les verbes et les conjonctions qui conditionnent le subjonctif peuvent être répertoriés selon des orientations expressives.** Ce sont ces orientations qui détermineront la progression d'apprentissage de ce temps.

– Page 48 : emploi après certains verbes exprimant la volonté, l'obligation et certains sentiments.

– Page 67 : après les verbes exprimant une opinion négative.

– Page 104 : après *avant que*.

– Page 129 : après *à condition que* et *à moins que* (expression de la restriction).

– Page 131 : après *pour que* (expression du but).

– Page 145 : après *bien que* (expression de la concession).

– Page 144 : introduction du passé du subjonctif.

Simulations, p. 50-51

▶ Objectifs

Savoir-faire
• Donner des instructions.
• Exprimer l'inquiétude, la peur.
• Rassurer quelqu'un.
• Demander des précisions, s'expliquer (Qu'est-ce que tu veux dire par là ?).

Vocabulaire
• *un dingue, une électricité, une épreuve, la fenêtre, le garage, la mécanique, la panique, le port*
• *angoissé, bête, inquiet*
• *débrouiller (se), éloigner (s'), faire (s'en –), rassurer*
• *vraiment*

Grammaire
• Construction du pronom complément à l'impératif.
• Emploi du subjonctif dans les cas étudiés p. 48.

Connaissances culturelles
• Vie quotidienne de jeunes issus de l'immigration dans une banlieue de Saint-Étienne.

Prononciation
• Rythmes des constructions à l'impératif avec pronom.

L'histoire
Nous sommes à Montreynaud, une cité de la banlieue de Saint-Étienne (au sud-ouest de Lyon). Kamel et son amie Nadia, deux jeunes issus de l'immigration, font partie d'un club de théâtre et répètent la pièce de Marcel Pagnol, *Marius*, sous la direction de l'animateur Frédéric. Mais Kamel est pressé de partir car, à 19 h, il doit avoir sur Internet les résultats de son concours à l'Essec. Arrivé chez lui, Kamel apprend qu'il a échoué. Il s'ensuit une discussion avec ses parents où il leur annonce son désir d'abandonner ses études d'économie pour aller à Paris suivre des cours de théâtre. Les parents ne comprennent pas cette décision. Quelques jours plus tard, il met au courant son amie Nadia. Celle-ci est inquiète pour leur avenir mais il la rassure.

▶ Scène 1

1. Observation et description du dessin. *Où sont les personnages ? Que font-ils ?*

2. ⊕ 1-39 Écoute de l'introduction et des deux premières répliques. Préciser les informations relevées d'après le dessin. Raconter brièvement la pièce *Marius*. Faire appel aux éventuelles connaissances des étudiants.
Transcrire et expliquer les deux répliques de la pièce.
Expliquer :
– *une chose bête* : une chose stupide.

3. Écoute des conseils de Frédéric. Mimer en classe les déplacements et les gestes demandés par Frédéric.
Expliquer :
– *s'éloigner* : aller plus loin.

4. Écoute de la fin de la scène. Qu'apprend-on à propos de Kamel ? *Il a passé un concours. Il va avoir le résultat à 19 h. Il a raté deux épreuves. Il n'est pas optimiste.*
Expliquer :
– *épreuve* : dans un examen ou un concours, on passe plusieurs épreuves, l'épreuve de maths, l'épreuve d'histoire, etc.
– *ça va être chaud* : expression familière ; ce ne sera pas calme. Les parents risquent de se mettre en colère.

5. Répondre aux questions a et b du livre.
b. Nadia : on a arrêté plus tôt. Kamel est parti à 18h30. Ce soir, il a le résultat de son concours à l'Essec à 19 h sur Internet.

▶ Scène 2

1. ⊕ **1-40 Écoute de la partie transcrite de la scène.**
On peut procéder de la manière suivante :
a. Les étudiants cachent le dialogue sauf la première réplique. Après une observation de l'image, ils imaginent la réponse de Kamel à la question du père. Noter au tableau les différentes hypothèses.
b. Écouter la réponse de Kamel et s'assurer de sa compréhension.
c. Imaginer la phrase suivante. *Qui va parler ? Le père ou la mère ? Pour dire quoi ?*
Continuer le dévoilement progressif du texte et la formulation d'hypothèses.

2. Écoute et transcription de la fin du dialogue.
Tout au long des étapes 1 et 2, **expliquer :**
– *mécanique* : fonctionnement des machines.
– *se débrouiller* : savoir agir dans certaines circonstances (savoir se débrouiller en français).
– *électricité* : montrer l'installation électrique dans la classe.
– *pas de panique* : n'ayez pas peur.
– *dingue* (familier) : fou.
– *rassurer* : il a peur, on doit le rassurer.

3. Noter ce que l'on apprend sur Kamel et sa famille.
Kamel a 21 ans. Il n'aime pas ses études d'économie. Il veut être comédien, aller à Paris pour suivre des cours de théâtre. Il a appris le métier de garagiste. Il pourra gagner sa vie en attendant de vivre de son activité de comédien.
Le père (M. Benkaïd), issu de l'immigration, garagiste. Il a confiance dans les capacités de son fils mais ne pourra pas l'aider.
La mère a travaillé pour que son fils suive des études.

▶ Scène 3

1. Observer le dessin et lire les affirmations à discuter (exercice 3).

2. ⊕ **1-41 L'écoute du dialogue** aura pour but d'apporter des arguments à la discussion de chaque information.
Au cours de l'écoute, **expliquer :**
– *ne t'en fais pas* : ne t'inquiète pas, rassure-toi.
• Nadia et Kamel s'aiment. → Oui. Nadia est inquiète du départ de Kamel. Kamel lui propose de le rejoindre à Paris.
• Nadia ferait n'importe quoi ... → Non. Elle a les pieds sur terre : si elle quitte sa famille ses parents ne l'aideront plus. Elle aura des difficultés à payer ses études de médecine.

• Nadia est plus réaliste que Kamel. → Oui. Kamel pense surtout à lui.
• Kamel est optimiste et Nadia pessimiste. → Oui.

▶ Jeu de rôle

1. Présenter le vocabulaire du tableau.

2. Présenter la situation du jeu de rôle. À faire à deux, l'un est inquiet, l'autre le rassure.
On peut aussi faire tirer au sort d'autres situations semblables :
a. un comédien a le trac avant le spectacle ;
b. l'examen ne s'est pas très bien passé ;
c. on entend dire que l'entreprise va supprimer des postes.

▶ ⊕ 1-42 Prononciation

Rythme des phrases impératives avec pronom.
Faire imaginer aux étudiants ce que représentent les pronoms.
Ne **les** écoutez pas. → vos amis qui veulent vous donner des conseils

---

À savoir
• **Saint-Étienne.** Ville de 176 000 habitants (agglomération de 400 000 habitants). C'était une des grandes villes industrielles de France. Les constructions mécaniques, la sidérurgie et la fabrication d'armement restent des activités importantes.
• **Le parc du Pilat.** Parc naturel régional situé entre Saint-Étienne et Lyon, dans les montagnes du Vivarais.
• **Marcel Pagnol** (1895-1974). Écrivain, auteur de pièces de théâtre et cinéaste né à Aubagne, dans la région de Marseille. Dans ses pièces de théâtre comme dans ses souvenirs d'enfance, il peint des caractères universels dans le décor de la Provence de la première moitié du xxe siècle.
• *Marius.* Représentée en 1929 et adaptée au cinéma en 1931, c'est la première pièce d'une trilogie qui met en scène Fanny, une jeune vendeuse de poissons, amoureuse de Marius, le fils du cafetier César. Marius et Fanny ont une aventure mais le jeune homme, attiré par la mer et les voyages, finit par quitter la jeune fille sans savoir qu'elle est enceinte. Pour ne pas être déshonorée, elle épousera Panisse, un vieux et riche ami de la famille...
• **Essec.** Une des grandes écoles de commerce.

Écrits p. 52

▶ Objectifs

Savoir-faire
- Comprendre un article d'informations sur une compétition sportive.

Vocabulaire
- *le concurrent, le contingent, le dossard, une édition, le favori, un hippodrome, le marathon, un organisateur, la présence, le quai, la rive, la tonne*
- *principal*
- *annoncer, battre, dater, distribuer, élancer (s'), figurer, mener, prévoir, remonter, tracer*
- *entièrement, environ, largement, parmi*

Connaissances culturelles
- Le Marathon de Paris (manifestation et circuit).

▶ Lecture et compréhension de l'article

On abordera l'article à partir d'une des procédures suivantes.

1. L'activité proposée dans le livre. Dire si les affirmations sont vraies ou fausses. Cette activité peut se faire individuellement, par deux ou trois.

| **a** : V – **b** : F (c'est la 31e édition) – **c** : F (la course n'a pas encore eu lieu. Gashaw Melese est le vainqueur de la course 2006) – **d** : V – **e** : V (les organisateurs ont arrêté les dossards au numéro 35 000) – **f** : F (le marathon est une course de 42,195 km) – **g** : V (on part de l'Arc de triomphe et on y arrive) – **h** : V (87 pays participent) – **i** : F (les Français représentent 72 % des inscrits) – **j** : F (les fruits et les bouteilles d'eau sont distribués sur le circuit).

2. Lecture du titre et observation de la photo.
Formulation d'hypothèses sur le contenu de l'article.
Recherche dans l'article de tout ce qui est en relation avec les éléments du titre :
a. *35 000 concurrents* : les favoris (deuxième paragraphe), les favorites (quatrième paragraphe), les participants (cinquième paragraphe).
b. *le départ* : précision donnée dans le premier paragraphe.
c. *le Marathon de Paris* : précisions données dans les premier, troisième, sixième et septième paragraphes.

3. Préparation de l'interview d'un organisateur du Marathon de Paris par un journaliste : à faire par deux.
Au cours de cette activité, expliquer :
– *concurrent, dossard* : d'après la photo.

– *édition* : il y a eu déjà 31 Marathons de Paris. C'est la 31e édition.
– *contingent* : quantité de personnes ou d'objets autorisés. Ici, le groupe des étrangers.
– *la rive, le quai* : d'après une carte de Paris : les quais de la Seine, la rive droite, la rive gauche.
– *hippodrome* : endroit où ont lieu les courses de chevaux.
– *s'élancer* : démarrer une course.
– *figurer* : dans le texte être présent.
– *l'emporter* : gagner.
– *mener* : être le premier.
– *battre* : l'équipe de Liverpool a battu le PSG par deux buts à un.

Procédure de lecture

1. Le projet de lecture
Tout lecteur qui aborde un texte le fait, en général, avec un projet de lecture. On ouvre un journal pour rechercher des informations nouvelles ou bien une information précise (le programme des cinémas, les suites d'une affaire judiciaire, etc.), on feuillette une encyclopédie dans un but bien particulier. C'est à partir de ce projet de lecture qu'on sélectionne des informations ou qu'on fait des hypothèses sur le contenu du texte. Il est donc toujours efficace d'aborder un texte en se fixant un axe de recherche qui constituera un projet de lecture. Page 20, il s'agissait de réaliser une recette, page 28 de faire le script d'un film, ici on pourra proposer aux étudiants de rédiger une nouvelle brève à partir de l'article ou d'imaginer l'interview d'un participant.

2. Le processus d'hypothèses / vérifications
Ce processus consiste, à partir du titre puis de la première ligne du texte, à échafauder des hypothèses sur le contenu de l'information. Ces hypothèses s'appuient sur les connaissances du lecteur. La lecture procède ensuite selon une vérification de ces anticipations.
Hypothèse et anticipation permettent au lecteur de mobiliser dans sa mémoire des ensembles sémantiques et lexicaux préconstruits qui serviront à la compréhension du texte.
Ce processus d'hypothèses / vérifications a été mis en place lors de l'apprentissage de la lecture en langue maternelle. Il sera tout naturellement transposé à la lecture en langue étrangère.
On veillera à le stimuler en exploitant :
– l'iconographie ;
– le titre et le sous-titre quand ceux-ci donnent des informations sur le contenu du texte ;
– l'environnement des mots inconnus qui permet de faire des hypothèses sur le sens de ce mot.

► Rédigez un bref article

1. Observation de la photo et de sa légende. Expliquer ce qu'est le Téléthon. À rapprocher d'une manifestation semblable dans le pays de l'étudiant.

2. ⊙ 1-43 Écoute progressive du document. Noter la date de la manifestation. Faire remplir la grille ci-dessous.

Noms	Activités	Heures	Lieux	Caractéristiques
Aurélien	Démonstration de rollers	De 14 à 16 h	Boulevard Victor Hugo	En musique et figures spectaculaires
Bérengère	Jogging	De samedi midi à dimanche midi	Tour du centre-ville	50 personnes vont se relayer toutes les trente minutes
M. Renaud	Promenades en voitures anciennes	Le samedi de 10 à 18 h	En ville	Voitures des années 1930 et 1940
Julien	Descente en rappel	Samedi de 14 à 16 h	La tour du château	Pour tout public

Expliquer :
– *myopathie* : maladie génétique des muscles.
– *se relayer* : se remplacer à intervalle régulier.
– *escalade* : sport. Expliquer par le dessin.
– *descente en rappel* : sport. Descendre une falaise avec une corde.

3. À partir des notes qu'ils ont prises les étudiants rédigent un bref article pour annoncer le programme du Téléthon.

Civilisation, p. 53

► Objectifs

Savoir-faire
• Parler d'activités sportives.

Vocabulaire
• *la célébrité, le championnat, la compétition, le/la cycliste, le dopage, une équitation, le footing, la malhonnêteté, le match, un média, la minceur, la nation, le patinage, la planche, la plongée, le téléspectateur, le tournoi, la violence*
• *déclarer, marquer, pratiquer*
• *la plupart*

Connaissances culturelles
• Les sports pratiqués en France.
• Les sports spectacles en France.
• Quelques sportifs célèbres.

► Les sports en France

1. Lecture de l'article « Les sports les plus regardés » Faites la liste de ces sports ainsi que des manifestations et des sportifs qui y sont associés.

Pour chacun de ces sports, les étudiants expriment leur éventuel intérêt.

S'ils avaient à écrire un article sur les sports les plus regardés dans leur pays, lesquels choisiraient-ils ? Selon quel ordre d'importance ?

2. Lecture du document « Les sports les plus pratiqués »

a. Classer les différents sports. Compléter avec d'autres sports (voir exercice dans le livre).
(1) le ski, la randonnée, l'escalade, la descente en rappel
(2) la natation, la plongée, la voile, la planche à voile
(3) le basket-ball, le volley-ball, le handball, le tennis de table, le badminton, le squash
(4) les sports qui ne sont pas en salle
(5) le vélo, la natation, le footing, etc.
(6) le tennis, le tennis de table, le squash, le badminton
(7) le football, le basket-ball, le rugby, etc.
(8) la randonnée, la natation, le footing, etc.
(9) le golf, la voile, l'équitation, etc.

b. Quels sont les sports les plus pratiqués dans le pays des étudiants ?

► Les valeurs du sport

1. Les étudiants lisent l'enquête et cochent les mots qui selon eux peuvent être associés au sport.

2. Faire un tour de table. Chaque étudiant donne son opinion sur le mot qui lui échoit.

Leçon 6 - La vie est dure

Interactions, p. 54-55

► Objectifs

Savoir-faire

• Parler des tâches domestiques quotidiennes.

• Savoir donner une instruction à propos de l'entretien ou de la maintenance du logement. L'objectif de cette double page est d'introduire de manière interactive un vocabulaire qui se rencontre peu dans les textes de manière organisée mais qui doit être disponible dans la mémoire de l'étudiant.

Vocabulaire

• Le vocabulaire des tâches ménagères et des petits travaux de la maison.

• *une ampoule, un appareil, un aspirateur, la baignoire, le bouton, le bricolage, le bricoleur, le couvert, une égalité, un entretien, un évier, le four, un intérieur, le kit, le lavabo, le lave-linge, le lave-vaisselle, la lessive, le linge, le lit, le ménage, le meuble, le miroir, la poubelle, la poussière, le réfrigérateur, le repassage, le sol, le sondage, la tâche, la vaisselle*

• *complémentaire, dur, idéal, rare, sale, surgelé*

• *accrocher, coudre, débarrasser, éplucher, étendre, imposer, nettoyer, ranger, repasser, résoudre, tirer, vider*

Grammaire

• Préciser la fréquence d'une action.

Connaissances culturelles

• Les Français et les tâches ménagères.

► Faites le sondage

1. Les étudiants se mettent par deux. Ils examinent chaque activité quotidienne, mettent en commun leurs connaissances pour résoudre les problèmes de compréhension, ont recours au dictionnaire ou font appel au professeur. Puis ils cochent la fréquence correspondant à leur habitude.

Cette activité peut se faire individuellement.

2. Guider les étudiants dans le comptage des points. Ils doivent reporter dans le tableau du bas de la page 54 le nombre de fois où ils ont coché chaque type de fréquence. Ils comptent ensuite leurs points en fonction

de la valeur de chaque type de fréquence puis lisent en haut de la page 55 le commentaire correspondant à leur nombre de points. Ils se préparent à donner leur opinion sur ce commentaire.

3. Faire un tour de table. Chaque étudiant présente le résultat du test et son opinion personnelle sur ce résultat.

Expliquer. D'une manière générale, expliquer les mots concrets par le dessin (exemple, *un lit, un aspirateur*) et les activités qui y sont liées par le mime (*faire le lit, passer l'aspirateur*). On pourra aussi répartir les objets selon les pièces de la maison (la cuisine : *lave-vaisselle, réfrigérateur, évier* ; la salle de bains : *baignoire, douche, lavabo*, etc.).

– *sale* : On a porté très longtemps ce vêtement. Il est sale.

– *plat surgelé* : plat préparé et conservé par le froid.

– *résoudre* : apporter une solution (résoudre un problème).

– *tirer* : imprimer.

► Les Français et les tâches ménagères

Lecture collective du texte par fragments. À chaque information, résoudre les problèmes de vocabulaire et faire comparer avec les comportements dans le pays des étudiants.

Expliquer :

– *bricolage, bricoleur* : le bricoleur est une personne qui fait des petits travaux (peinture, électricité, menuiserie) sans avoir appris à les faire.

► Les actions

Recherche des noms correspondant à chaque verbe. Attention ! Dans certains cas :

– le mot dérivé du verbe a un sens particulier. Par exemple, l'étendage (construction avec des fils de fer qui permet d'étendre le linge) ;

– le mot dérivé du verbe ne peut pas décrire l'action. On ne dira pas « le passage de l'aspirateur » ;

– le mot dérivé n'existe pas : *le débarrassage.

-age	Repassage (repasser) – étendage (étendre ; désigne les fils qui permettent d'étendre le linge) – lavage (laver) – nettoyage (nettoyer) – vidage (vider) – épluchage (éplucher) – accrochage (accrocher) – montage (monter) – tirage (tirer)
-tion	Préparation (préparer) – résolution (résoudre) – installation (installer)
-ure	Peinture (peindre)
-(e)ment	Rangement (ranger) – changement (changer)

participe passé	Sortie (sortir) – mise (mettre)
autres	Cuisson (cuire)

► Débat : comment partager les tâches de la maison ?

Discussion collective ou en petits groupes. Chaque étudiant ou chaque groupe choisit une des trois opinions et la défend.

À savoir

Les Français et les travaux domestiques

La génération des femmes nées dans les années 1960 portait un idéal d'égalité des sexes. Être une femme au foyer était une condition qu'elles refusaient de vivre. Avoir une activité professionnelle était la condition indispensable de l'autonomie financière et par conséquent de l'égalité dans tous les domaines. Aujourd'hui, on peut dire que cet idéal n'est pas encore atteint.

- *Dans le domaine professionnel*, les femmes représentent 50 % de la population active. La plupart sont aujourd'hui *financièrement autonomes*. Mais les postes de responsabilité sont occupés en majorité par des hommes et la moyenne des salaires des femmes est inférieure à celle des hommes (14 % dans le privé et 20 % dans le public).
- Dans les couples, *les grandes décisions sont prises en commun*. Ce n'est plus l'homme qui décide seul de l'achat du lieu d'habitation, de la voiture ou du lieu de vacances.
- *Les hommes s'impliquent davantage dans les tâches ménagères mais on est loin d'une répartition égalitaire*. D'après une enquête réalisée par l'Insee, les hommes ont augmenté de 11 minutes leur temps de travail domestique alors que les femmes l'ont réduit de 4 minutes. Mais les femmes consacrent 16 heures par semaine aux tâches ménagères contre 6 heures pour les hommes. 88 % d'entre elles font la lessive, 83 % le repassage*.
- On voit certes des hommes conduire leurs enfants au square ou à l'école mais d'une manière générale, *ils s'occupent moins des enfants que les femmes*.
- De nouveaux modèles se mettent en place depuis quelque temps :
  - les grands-parents assistent le couple pour la garde des enfants et pour certaines tâches domestiques ;
  - les femmes qui travaillent ont recours aux crèches, aux garderies, aux nounous (femmes qui gardent un ou plusieurs enfants). Mais certaines regrettent de ne pas voir suffisamment leurs enfants.

* Voir Francoscopie 2007 par Gérard Mermet, Larousse, 2006 (p. 113).

Ressources p. 56-57

► Objectifs

Savoir-faire
- Exprimer l'appartenance.
- Indiquer un degré d'importance approximatif.

Vocabulaire
- *le banc*
- *appartenir, saluer*
- *aucun, n'importe...*

Grammaire
- Les pronoms possessifs.
- Les adjectifs et pronoms indéfinis.

► Exprimer l'appartenance

1. Observation des phrases du dessin humoristique.
Classement des formes qui expriment la possession.
a. Adjectifs possessifs : votre santé ... votre banc
Revoir le système des adjectifs possessifs étudié au niveau 1. Le tableau complet se trouve à la page 167 du niveau 2.
b. La forme « être à » + nom ou pronom :
Il est à Roger ... à moi
Faire remarquer que cette forme n'est pas interchangeable avec la précédente. L'adjectif possessif est un déterminant qui indique une relation de possession entre deux noms (*Il a pris ses affaires. Il est monté dans sa voiture*). La forme « être à ... » permet de désigner la personne qui possède (*Ces affaires sont à lui*).
c. Les pronoms possessifs : la vôtre ... le sien ... le nôtre ... la mienne ... les miennes
Ils indiquent eux aussi la personne qui possède et peuvent occuper toutes les fonctions dans la phrase (*Ce n'est pas ma voiture. La mienne est rouge. Tu connais la sienne ?*).
d. Les verbes : je possède ... ce chien vous appartient.
Noter que le sujet de « posséder » est le possesseur et que le sujet d'« appartenir » est l'objet possédé.

2. Exercice 2
a. Observer le tableau des pronoms possessifs.
b. Faire trouver le pronom qui correspond à chaque adjectif possessif.
C'est mon livre → C'est le mien.

3. Exercice 3. Faire pratiquer l'ensemble des formes qui expriment la possession grâce à de petits jeux de rôles. Voici quelques propositions :
- Le salon est en désordre. On ne sait plus à qui appartient le magazine, le portable, la montre, etc.. La mère convoque tout le monde pour faire du rangement.
- Un couple se sépare. Chacun reprend ses affaires.

• Une famille déménage pour aller dans un appartement plus petit. Que va-t-on emporter, vendre, jeter ?
On aura par ailleurs l'occasion de travailler ces formes dans les pages Simulations.

▶ Nommer sans préciser (adjectifs et pronoms indéfinis)

1. Observation des phrases du dessin humoristique. Classer les mots en gras.
a. Distinguer les mots qui ont un sens quantitatif (*beaucoup de*) et ceux qui n'en ont pas (*n'importe quoi*).
b. Classer les mots qui ont un sens quantitatif par ordre d'importance et selon qu'ils sont adjectifs ou pronoms. Utiliser le tableau de l'exercice 1.

Adjectifs	Pronoms
Beaucoup de gens	Beaucoup
Tous les gens	Tous
Chaque ami	Chacun d'eux
Quelques amis	Quelques-uns
Plusieurs amis	Plusieurs d'entre eux
Certains amis	Certains
Peu d'ennemis	Peu
La plupart des gens	La plupart
Aucun ami	Aucun d'entre eux

2. Vérifier et compléter les observations ci-dessus dans le tableau de la page 57.

3. Exercice 2

Tous écoutent de la musique au réveil. *La plupart* en prenant leur douche. *Beaucoup* en prenant leur petit déjeuner. *Quelques-uns* dans le métro ou en travaillant chez eux. *Très peu* écoutent de la musique pour s'endormir. *Aucun* n'écoute de la musique au bureau ou en dormant.

4. Exercice 3

Attention à l'utilisation du pronom.

... Oui, j'*en* connais *certains* ... Oui, *la plupart* sont français ... Oui, mais il y *en* a *peu* ... Oui, je *les* ai *tous* pris ... Oui, j'*en* emporte *quelques-uns* ... Non, je n'*en* prends *aucun*.

5. Pratique des expressions qui expriment l'indifférence (*n'importe qui*, etc.)
a. Observer ces expressions dans le dessin humoristique et dans le tableau.
b. Par deux, les étudiants imaginent un dialogue sur l'un des sujets suivants en employant les expressions de l'indifférence.
• Un routard part à l'aventure sans but précis. Un ami l'interroge : *Où vas-tu ? Avec qui ?* etc. – *Je vais n'importe où... Je pars avec n'importe qui...*
• Une personne se retrouve au chômage et sans argent. Un membre de la famille l'interroge. *Que vas-tu faire ? Où vas-tu habiter ?* etc.

▶ La grammaire sans réfléchir

1. 🔊 **1-44 Exercice 1.** Prononciation de [jɛ̃] et [jɛn] dans les pronoms possessifs (un possesseur).
Partage
Ces livres sont les miens, Julien,
Ça me revient.
Ces étagères sont les miennes, Fabienne,
Elles m'appartiennent.
Mais alors, mes biens sans les tiens
Ce n'est plus rien.
Alors reviens !

2. 🔊 **1-45 Exercice 2.** Emploi des pronoms possessifs.
Au commissariat de police on interroge un suspect. Répondez pour lui.
• Cette veste est à vous ?
– Non, ce n'est pas la mienne.
• Alors, elle est à Roger ?
– Oui, c'est la sienne.
• Ce portefeuille est à vous ?
– Non, ce n'est pas le mien.
• Alors, il est à Roger ?
– Oui, c'est le sien.
• Ces clés sont à vous ?
– Non, ce ne sont pas les miennes.
• Alors, elles sont à vos voisins ?
– Oui, ce sont les leurs.

3. 🔊 **1-46 Exercice 3.** Construction du pronom personnel avec un verbe au passé composé.
La mère a été absente quelques jours. Elle rentre à la maison. Répondez pour le père et les enfants.
• Vous avez lavé les assiettes ?
– Oui, on les a lavées.
• Tu as passé l'aspirateur ?
– Oui, je l'ai passé.
• Tu as fait la lessive ?
– Oui, je l'ai faite.
• Les enfants, vous avez fait vos devoirs ?
– Oui, nous les avons faits.
• Mais vous n'avez pas rangé votre chambre ?
– Non, nous ne l'avons pas rangée.
• Et Pierre, tu n'as pas fait les courses ?
– Non, je ne les ai pas faites.

Simulations, p. 58-59

▶ Objectifs

Savoir-faire
• Se présenter (scène 1).
• Participer à un entretien d'embauche.

- Exprimer la méfiance ou la confiance. Rassurer, donner confiance.
- Exprimer l'appartenance.

Vocabulaire
- *le/la colocataire, la confiance, le domicile, le/la locataire, la réparation*
- *avertir, compter sur, fier à (se), méfier (se – de), sentir*
- *tout à l'heure*

Grammaire
- Emploi des adjectifs et pronoms possessifs.

Prononciation
- Les sons [v] et [f].

L'histoire

Kamel est maintenant à Paris. Il cherche un logement et visite un appartement en colocation dans le quartier de Montmartre. Les autres colocataires et lui-même sont un peu méfiants. On le retrouve ensuite dans une agence d'intérim. Il cherche du travail et se dit prêt à travailler pour une entreprise de petits travaux à domicile.

Un mois plus tard, il est installé dans l'appartement de Montmartre mais la cohabitation avec Arthur et Loïc n'est pas toujours facile.

▶ Scène 1

1. Observation de l'image de la photo et de la petite annonce. À partir de ces éléments, les étudiants racontent ce qui s'est passé.
Kamel a quitté Montreynaud. Il est à Paris. Il cherche un logement.
Expliquer :
– *colocation, colocataire* : à partir de locataire. Quand plusieurs locataires partagent le même appartement.

2. ⊕ 1-47 Écoute du dialogue jusqu'à « OK, je descends ». *À qui parle Kamel ? Où sont les deux personnages ? Kamel a-t-il téléphoné ? À qui ?*
Expliquer :
– *tout à l'heure* : peut signifier il y a un petit moment (Je suis venu tout à l'heure) ou dans un petit moment (On se verra tout à l'heure).
– *être au courant* : connaître la situation.

3. Suite de l'écoute jusqu'à « On est arrivés ».
a. Noter les informations données sur :
– *Loïc* : *un des colocataires, fils du propriétaire.*
– *la chambre à louer* : *au 3e étage, 400 €.*
b. Expliquer la fin du dialogue.
– *compter sur* : avoir confiance. Loïc demande à Kamel s'il pourra payer. Kamel le rassure.
Kamel dit-il la vérité ? Non. Il dit que son père a un grand garage et que ses parents l'aident.

4. Écoute et transcription de la partie non transcrite.
Qu'apprend-on sur les deux colocataires ? (Le deuxième s'appelle Arthur. Ils ne fument pas. Les soirées ne sont pas toujours studieuses.)

▶ Scène 2

1. ⊕ 1-48 Faire préciser les éléments de la situation de communication. Faire ensuite découvrir le dialogue selon la procédure du dévoilement progressif :
– écoute et compréhension de la première phrase de l'employée de l'agence ;
– formulation d'hypothèses sur la réponse de Kamel ;
– écoute de la réponse et vérification de la compréhension ;
– écoute et compréhension de la phrase de l'employée ;
– etc.

2. Répondre aux questions du livre. *Kamel recherche un emploi. C'est difficile car il n'y a pas d'emploi pour des personnes ayant fait des études d'économie. Heureusement il a des qualifications manuelles. On lui propose un poste chez OK Services, une entreprise de petits travaux à domicile.*
Expliquer :
– *réparation* : la voiture a eu un accident. On doit la faire réparer. La réparation va coûter 500 €.
– *domicile* : lieu d'habitation d'une personne.
– *avertir* : informer quelqu'un pour qu'il fasse attention.

3. Relever les formes qui expriment l'indifférence : *n'importe quoi*, etc.

▶ Scène 3

⊕ 1-49 Procéder à deux ou trois écoutes du dialogue sans donner d'explication.
Les étudiants se mettent par deux et doivent imaginer une mise en scène du dialogue. Ils jouent ensuite la scène. Au cours de cette présentation, **expliquer** :
– *sentir* : par la gestuelle.

▶ Scène 4

1. Faire observer et décrire la situation. *C'est le matin. Kamel rentre du travail et trouve l'appartement en désordre. Les colocataires ont fait la fête très tard.*

2. Par deux les étudiants imaginent un dialogue entre Kamel et Loïc. *Qu'est-ce que vous avez fait ? À qui est cette chaussure ? etc.*
Utiliser les mots qui expriment l'appartenance.

▶ Jeu de rôle

1. Lecture et compréhension de l'encadré « Confiance et méfiance ». On retrouve des mots qui ont déjà été vus.

Expliquer :

– *se fier à* : Pierre connaît bien la région. Pour faire une randonnée avec lui, on peut se fier à lui (on peut lui faire confiance).

– *se méfier de* : ce garagiste n'est pas compétent. Il fait payer très cher ses réparations. Il faut se méfier de lui.

2. Présenter le jeu de rôle. Par deux, les étudiants imaginent un dialogue en utilisant le vocabulaire du tableau.

C'est qui ce cousin ? Tu le connais bien ? Il a quel âge ? On peut se fier à lui ? Est-ce qu'il pourra arroser les plantes ? Je peux compter sur lui ? ...

▶ 🌐 1-50 Prononciation

Il s'agit de différencier la consonne sonore [v] (vibration des cordes vocales) de la consonne sourde [f] (prononcée en avant des lèvres, sans vibrations des cordes vocales).

À savoir

La butte Montmartre. Le quartier de Montmartre à Paris est situé sur une colline appelée la Butte. Au sommet de cette butte se trouvent l'église du Sacré-Cœur et la place du Tertre entourée de petites rues pittoresques avec des cafés et des cabarets. Certaines rues qui permettent d'y accéder sont en escaliers. Ce quartier plein de charme a de tout temps inspiré les poètes, les chanteurs et les peintres. C'est aujourd'hui un grand lieu touristique de Paris.

Écrits et civilisation, p. 60-61

▶ Objectifs

Savoir-faire

• Rechercher des informations dans un texte à caractère socio-économique.
• Comprendre une chanson évoquant la vie dans les banlieues.
• Comprendre un dialogue de film sur un entretien d'embauche.
• Comprendre l'histoire d'un film sur le thème de l'emploi.

Vocabulaire

• *un arc-en-ciel, la candidature, la carrière, le conformisme, la délocalisation, une élite, une embauche, une étiquette, la fusion, une injustice, une innovation, le manuel,*
le modèle, le montant, le pharmacien, la précarité, la restructuration, le revenu, la sécurité, le souhait, le synonyme, le système, une usine, la vedette
• *alimentaire, dépourvu, insatisfait, perfectible, qualifié, satisfait, spécialiste*
• *cohabiter, contenter (se), craindre, dégoûter, déplacer (se), efforcer (s' – de), estimer, examiner, licencier, limiter, mentir, pourvoir, réconcilier (se), requérir*
• *le cas échéant*

Connaissances culturelles

• Les catégories socio-professionnelles en France.
• Diam's, une chanteuse qui témoigne de la réalité sociale.
• *Le Couperet*, un film à résonance politique.

La double page comporte quatre documents : un extrait d'ouvrage général sur la société française, un extrait de chanson, une scène du film *Le Couperet* et un document sonore présentant ce film. On peut traiter les documents dans n'importe quel ordre à l'exception du document sonore qu'il est préférable d'écouter après avoir lu la scène du film.

▶ La France insatisfaite

1. On peut aborder ce document en petits groupes. Chaque petit groupe recherche les catégories sociales satisfaites et celles qui sont insatisfaites. Pour ces dernières, on recherche les causes des insatisfactions et on propose des solutions.

Les catégories satisfaites :

– *les fonctionnaires* : sécurité de l'emploi.

– *les professions sans risque* (médecins, pharmaciens, banquiers).

– *les élites* (chefs de grandes entreprises, vedettes de cinéma, etc.).

Les catégories insatisfaites :

– *les jeunes* : difficultés pour trouver du travail, ne trouvent que des stages ou des CDD – <u>causes</u> : manque de formation, pas de travail correspondant à leur souhait – <u>solutions</u> : améliorer l'orientation et la formation ;

– *les enfants d'immigrés* : même problème que les autres jeunes – <u>causes</u> : même cause avec en plus la connaissance insuffisante de la langue française et une culture différente – <u>solutions</u> : enseignement spécial intensif de la langue, apprentissage de la tolérance culturelle ;

– *les salariés des entreprises privées* (employés ou cadres) : peur du chômage – <u>causes</u> : fusion et délocalisation – <u>solutions</u> : formation à la mobilité ;

– *les bas salaires* (14 % des actifs) ne gagnent que le Smic : nécessité d'aides sociales – <u>solutions</u> : augmentation des bas salaires, possibilité de travailler plus.

2. Les étudiants soulignent ou notent les phrases qui ne correspondent pas à la situation dans leur pays. Ils peuvent réécrire ces phrases pour qu'elles correspondent à la situation locale.

Expliquer :

– *précarité* : situation professionnelle instable.

– *fusion* : quand une entreprise achète une autre entreprise, une partie du personnel est renvoyée.

– *délocalisation* : quand une entreprise installe une partie de sa production à l'étranger.

– *revenu* : ce que gagne une personne.

– *élite* : les personnes qui occupent le sommet de la société et qui ont les plus gros revenus.

– *vedette* : les personnes célèbres.

– *injustice* : expliquer à partir de *juste. Pierre et Marie font le même travail. Pierre gagne 20 % de plus. C'est injuste.*

▶ La chanson de Diam's

À faire collectivement ou en petits groupes. Au fur et à mesure de la lecture, relever les expressions familières.

1. Rechercher les images de la France évoquées par Diam's. Pour chaque expression, les étudiants formulent les images qui leur viennent à l'esprit.

Exemple : « Ma France ... elle parle fort » : *des étudiants manifestent, un élève provoque un professeur, un fils provoque son père, etc.*

2. Classer ensuite ces images selon qu'elles paraissent positives, négatives, etc.

Elle vit à bout de rêves : des jeunes de condition modeste rêvent devant des publicités ou des vitrines de magasins.

Elle vit en groupes, parle de bled : image d'immigrés adultes qui parlent du pays.

Elle déteste les règles, sèche les cours : les jeunes s'opposent à l'autorité, n'aiment pas les règles, certains ratent les cours.

Elle joue au foot ... du Coca dans la gourde : Diam's réunit en une image deux mots clés positifs pour les jeunes, le foot, le Coca.

Elle parle en SMS ... : image de la jeunesse qui utilise les nouvelles technologies pour communiquer.

Elle se déplace en skate ... : autre image de la modernité et du désir de mobilité et de modernité.

Basile Boli, Zinedine [Zidane] : joueurs de football admirés par les jeunes.

Elle, y faut pas croire ... : les images précédentes sont aussi celles du mensonge. Une France moderne en cache une autre, celle de la pauvreté et de la précarité.

Ma France à moi se mélange : image d'une France multiculturelle.

Elle te dérange ... : la chanteuse s'adresse à un Français qui n'a pas intégré les valeurs d'une France multiculturelle.

▶ L'entretien d'embauche (extrait du film *Le Couperet*)

1. Découverte et compréhension collective de l'introduction qui permet de comprendre la situation.

2. Les étudiants travaillent en petits groupes et répondent aux questions posées dans le livre.

(1) Bruno Davert passe un entretien dans une entreprise qui fabrique des étiquettes alimentaires.

(2) *Les qualités de Bruno* : il a de l'expérience (15 ans dans la même société à un poste important) ; il est courageux ; il a de l'humour.

Les défauts de Bruno : son humour qui peut mettre mal à l'aise la DRH. Il se moque des femmes (ses phrases du haut de la 2ᵉ colonne) ; son anticonformisme.

(3) Elle a jugé Bruno trop moqueur, trop fier et trop anticonformiste.

Expliquer :

– *usine* : lieu où l'on fabrique des voitures, ici du papier.

– *licencier un employé* : le renvoyer.

– *la carrière* : l'expérience professionnelle.

– *une étiquette* : faire un dessin.

– *perfectible* : qu'on peut améliorer.

– *innovation technique* : les nouvelles techniques.

– *limité* : dans cette entreprise, on ne cherche pas à innover.

– *estimer* : penser.

– *un poste à pourvoir* : un poste qui n'est pas occupé.

– *requérir* : nécessiter.

– *s'efforcer de* : essayer.

– *conformisme* : qui suit les règles habituelles, sans originalité.

– *le cas échéant* : si le cas se présente.

▶ 🌐 1-51 L'histoire du film *Le Couperet*

Écrire les noms propres au tableau.

Faire une écoute complète puis une écoute par fragments. Les étudiants résument chaque fragment après l'avoir écouté.

(a) Du début à « ses deux enfants » : *Bruno Davert, cadre supérieur, est très heureux avec sa femme et ses deux enfants.*

(b) « Mais un jour ... toujours sans emploi » : *Un jour, il est licencié et n'arrive pas à trouver un emploi.*

(c) « C'est alors que naît ... pour le remplacer » : *Il décide alors de tuer la personne qui occupe le poste qu'il veut et tous les autres candidats à ce poste.*

(d) Jusqu'à la fin : *Il devra tuer six fois. Sera-t-il découvert par la police ?*

Leçon 7 - Que choisir ?

Interactions, p. 62-63

▶ Objectifs

Savoir-faire
- Décrire l'intérieur d'un logement (meubles et ustensiles).
- Décrire un objet dans le cadre d'un achat ou d'une vente. Rédaction d'une annonce de mise en vente sur un site Internet.

Vocabulaire
- La matière
- Les dimensions
- *le balai, le béton, le bois, la brosse à dents, le bureau (meuble), la cafetière, le canapé, le carré, la chaîne hi-fi, la chaise, le champion, le chevet, la commode, le congélateur, le coton, la couette, le coussin, le cube, la cuisinière (à gaz), le drap, une enchère, une étagère, le gant, une hauteur, une illustration, le marqueur, le matelas, la matière, le micro-ondes, un oreiller, la pelle, le recueil, le rideau, le robot, le savon, le traversin*
- *allongé, halogène, précieux*
- *embarrasser, recouvrir*

▶ Installez-vous

Le document proposé est la page accueil d'un site de vente sur Internet. L'activité proposée doit permettre l'enrichissement du vocabulaire des meubles et des ustensiles de la maison ainsi que la pratique des démonstratifs et des comparatifs.

1. Lancement de l'activité. Les étudiants se mettent par deux. Présenter l'activité. *Vous êtes colocataire et vous emménagez dans un appartement vide. Vous allez d'abord imaginer cet appartement puis vous allez le meubler en achetant vos meubles sur le site « Tout pour tous ».*

2. Les étudiants imaginent leur logement. Ils en font le plan et indiquent le nom des pièces. Chaque couple présente son logement à la classe. Revoir à cette occasion le vocabulaire du logement.

3. Choix des meubles et des ustensiles
a. Présentation rapide du site. Faire remarquer que les objets sont classés selon les pièces de la maison. À cette étape, ne pas expliquer tous les mots.

b. Les étudiants se fixent un budget (environ 1500 €).
c. Les étudiants font leur choix. Pour chaque pièce, ils explorent la liste des objets, mettent en commun leurs connaissances, cherchent dans le dictionnaire les mots inconnus et, s'ils ne le trouvent pas, interrogent le professeur. Ils se mettent d'accord sur les objets à acheter en fonction du budget qu'ils se sont fixé.
d. Chaque couple présente brièvement ses options à la classe : *Quelle pièce ont-ils choisi de meubler totalement ? Quelle autre a moins d'importance pour eux ? Pourquoi n'ont-ils pas choisi un congélateur ou un four électrique ?* Etc.
À cette occasion, préciser le vocabulaire, donner les précisions lexicales nécessaires.

▶ Rédigez des annonces de vente (projet)

1. Lecture collective des annonces « Les introuvables ». Observer les indications sur la matière, les dimensions, la forme, l'origine, l'état et la fonction.
Noter les mots au tableau par catégories.

2. Compléter les listes à l'aide du tableau « Pour décrire un objet ».
Pour pratiquer ce vocabulaire, on peut organiser un jeu de devinettes : *Elle est en bois, elle est ronde et au milieu de la cuisine, qu'est-ce que c'est ?*

3. Les étudiants rédigent une ou plusieurs annonces pour des objets qu'ils souhaitent vendre. Il est souhaitable que ces objets soient un peu originaux comme ceux qui sont présentés dans la rubrique « Les introuvables ». Pour chaque objet, ils doivent donner le plus possible d'informations, sans oublier le nom du propriétaire. Chaque annonce est copiée sur un petit morceau de papier.

4. Afficher les annonces sur le tableau. Les étudiants viennent lire les annonces et négocient avec le propriétaire les objets qui les intéressent.

5. Faire un tour de table. Chaque acquéreur présente l'objet qu'il a acheté.

À savoir
- **Objets quotidiens.** Les étrangers qui arrivent en France pour la première fois peuvent être surpris par :
  - *le traversin* : bien que certains Français préfèrent l'oreiller, c'est souvent le seul repose-tête qu'on trouve sur le lit. On le trouvera dans les hôtels modestes.

– *le gant de toilette* : certains l'utilisent pour se savonner. Lorsqu'on reçoit un invité, on lui remet une serviette et un gant.

- **Madame de Sévigné** : femme très cultivée de la cour de Louis XIV. Les lettres qu'elle a écrites à sa fille et à ses amis sont d'une grande qualité littéraire et fournissent de nombreuses anecdotes sur les événements et les personnalités de la cour.

- **Chantal Mansion** : artiste vivant dans le sud de la France. Auteur de créations très éclectiques (peintures, sculptures, poèmes).

- **Jules Verne** (1828-1905) : écrivain français célèbre pour ses nombreux romans d'anticipation scientifique (*20 000 Lieues sous les mers*, *Le Tour du monde en 80 jours*, etc.). Ces ouvrages ont été publiés à l'origine par l'éditeur Hetzel. Les anciennes éditions sont très recherchées.

La pédagogie du projet

Régulièrement, *Écho 2* propose aux étudiants des réalisations pouvant comporter des tâches individuelles mais qui ont toujours une finalité collective.

Page 15, il s'agissait de faire un projet de nouvelle fête importée du pays de l'étudiant, page 47 d'élire la personnalité la plus aventurière, ici (p. 63), de rédiger des annonces pour un site de vente sur Internet.

Ces réalisations comportent plusieurs avantages.

- *Elles motivent et valorisent l'étudiant* en lui donnant une tâche ambitieuse, concrète et souvent pratique.

- *Le projet crée une émulation au sein de la classe.* Lancé pendant l'heure de cours, il pourra être poursuivi à la maison.

- *Les apports linguistiques sont justifiés* par l'objectif à atteindre. Il ne s'agit plus de mettre en pratique du vocabulaire ou de la grammaire qu'on vient d'apprendre mais de rechercher les éléments linguistiques nécessaires à la réalisation du projet. La mémorisation de ces éléments sera d'autant plus efficace qu'ils correspondent à des besoins immédiats.

- *La gestion collective des étapes du projet entraînera de nombreuses interactions.*

La pédagogie du projet sera mise en œuvre dans les pages Évasion ainsi qu'aux pages 87 (les dix meilleures années), 103 (sauver un témoin du passé), 109 (film historique), 111 (forum Internet), 151 (idée pour votre ville), 157 (mini-guide touristique).

Ressources, p. 64-65

▶ Objectifs

Savoir-faire
- Faire un choix en comparant et en désignant des choses.

Grammaire
- Les adjectifs interrogatifs.
- Les adjectifs démonstratifs.
- Les constructions relatives avec *ce qui...*, *ce que...*
- Les constructions comparatives.
- L'expression de la progression et de l'approximation.

Vocabulaire
- *le collier*

▶ Montrer – Choisir

1. Observation des phrases du dessin humoristique. Retrouver l'ordre du dialogue. Rechercher ce que remplacent les mots en gras. Classer ces mots selon qu'ils sont utilisés pour interroger ou pour désigner.

Compléter les formes de chaque catégorie en donnant d'autres exemples.

- Pour interroger : *laquelle* (la cravate) – *lequel* (le collier). Autres formes : *lesquelles* (Quelles photos ...?) – *lesquels* (Quels livres ... ?).
- Pour désigner : *celui-ci, celui-là* (ce collier) – *celles que* (les cravates) – *ceux qui* (les colliers).

2. Lecture commentée du tableau. Après l'étude de chaque forme, faire l'exercice correspondant.

a. Noter l'opposition *celui-ci / celui-là*.

b. Présenter les constructions avec *celui* (*celle*, etc.) :
- *celui de*
- *celui* + pronom relatif

c. Expliquer la forme « *ce* + pronom relatif ». « Ce » désigne un objet ou une activité qui n'ont pas été nommés précédemment.

3. Exercice 2

Laquelle ? ... Quel café ? ... Lequel ? ... Lesquels ? ... Quelle chorale ? ... je ne sais plus laquelle.

4. Exercice 3

... ce dimanche où nous avons fait une randonnée ... Celle que nous avons faite dans la forêt ... ceux qui habitent Montreuil ...Estelle, celle qui est née au Maroc, et Sylvain, celui qui raconte des blagues. Il nous a raconté celle du joueur de foot ... Ah oui, celle où nous avons trouvé des champignons. Ceux que nous avons mangés ...

5. Exercice 4

b. Ce que j'aimerais, c'est visiter La Rochelle – **c.** Ce qui est très intéressant, c'est la vieille ville de La Rochelle. – **d.** Ce qui me plairait beaucoup, c'est une promenade en bateau. – **e.** Ce qu'on pourrait faire aussi, c'est aller sur l'île de Ré.

6. Exercice 5

Ce que tu veux … Tu fais *ce qui* te plaît … mais *ce qui* m'ennuie … tout *ce que* je dois payer … Même avec *ce que* tes parents te donnent … C'est *ce que* je cherche.

▶ Comparer

1. Observation des phrases du dessin

a. Au fur et à mesure de la découverte, classer les différentes formes selon les catégories suivantes :

– *phrases superlatives* : c'est elle qui gagne le plus d'argent … la mieux habillée … le plus drôle.
– *idée de progression* : de plus en plus … de moins en moins.
– *idée d'approximation* : plus ou moins … au moins.

b. Faire la deuxième partie de l'exercice 1.

Écrire au tableau trois noms de sportifs. Les étudiants imaginent des phrases pour les comparer. À cette occasion, réviser les formes qui permettent de comparer :

– avec des adjectifs et des adverbes : *Marie court plus vite que Léa. Elle saute aussi haut.*
– avec des noms : *Elle a plus de volonté, elle a de meilleurs résultats.*
– avec des verbes : *Elle réussit mieux.* Dans ce cas, remarquer que le superlatif se construit avec une proposition relative. *C'est elle qui réussit le mieux.*

2. Exercice 2

… depuis *au moins* 6 mois … il comprend *de mieux en mieux.* Il hésite *de moins en moins* à prendre la parole. *Plus* il fréquente des Français, *plus* il prend de l'assurance et *moins* il a peur de faire des fautes.

3. Exercice 3

Sabine voyage *moins que* Cédric.
Mélanie a *autant de* jours de voyage que Cédric.
Sabine gagne *autant que* Cédric. Mélanie gagne *moins que* lui.
Des trois, c'est Mélanie qui a *le moins* bon salaire.
C'est Mélanie qui a *le plus de* congé.
C'est Sabine qui en a *le moins.*

▶ La grammaire sans réfléchir

1. ⊕ 2-1 Exercice 1. Pratique de l'expression de l'indifférence et des constructions avec pronoms démonstratifs.

Elle n'a pas de préférence. Répondez pour elle.

• Quel est le spectacle que tu voudrais voir ?
– N'importe lequel. Celui que tu veux voir.
• Quels sont les acteurs qui te plaisent ?
– N'importe lesquels. Ceux qui te plaisent.
• Quelle est la pièce que tu préfères ?
– N'importe laquelle. Celle que tu préfères.
• Quel est le type de film que tu aimes ?
– N'importe lequel. Celui que tu aimes.
• Quelles sont les comédies qui te font rire ?
– N'importe lesquelles. Celles qui te font rire.

2. ⊕ 2-2 Exercice 2. Pratique des constructions superlatives.

C'est le meilleur téléphone mobile du marché. Confirmez-le.

• Il a beaucoup de mémoire ?
– C'est celui qui en a le plus.
• Il est léger ?
– C'est celui qui est le plus léger.
• Il coûte cher ?
– Non, c'est celui qui coûte le moins cher.
• Son écran est beau ?
– C'est celui qui est le plus beau.
• Il a beaucoup de fonctions ?
– C'est celui qui en a le plus.

Simulations, p. 66-67

▶ Objectifs

Savoir-faire

• Choisir en comparant et en désignant.
• Exprimer une opinion.
• Comprendre des instructions préenregistrées au téléphone.

Vocabulaire

• *la billetterie, le cabaret, le fric, la sélection, la tâche*
• *publicitaire*
• *consulter, sélectionner, taper*

Grammaire

• Emploi des formes grammaticales introduites dans les pages Ressources (p. 64 et 65).

Prononciation

• Différenciation [s] et [z].

L'histoire

Kamel participe à des castings. Il est sélectionné avec Clémentine, une autre jeune comédienne, pour tourner dans une publicité. Les deux jeunes gens fêtent l'événement au restaurant. À cette occasion, Kamel fait connaissance avec la jeune fille, plus confirmée que lui et qui joue déjà dans un cabaret de Montmartre. Elle va présenter Kamel au directeur du cabaret qui sera séduit par son numéro.

► Scène 1

1. Observation de l'image et lecture de la phrase d'introduction. Les étudiants formulent des hypothèses sur le contenu du dialogue.

2. 🎧 2-3 **Écoute du début du dialogue (jusqu'à « exactement »).** *Qui sont les personnages ? Que font-ils ? Qu'est-ce que le produit Klinor ? Que sait-on de la publicité de ce produit ?*

3. Écoute de la deuxième partie du dialogue. Les étudiants doivent trouver combien de photos sont étudiées (5 en tout) et qui est sélectionné.

Expliquer :

– *sélectionner (sélection)* : choisir.

► Jouez la scène

1. Écrire des noms d'objets sur des petits papiers : un téléphone portable, un vêtement, un tableau, une sculpture, un vélo, une voiture, etc. Par deux, les étudiants tirent au sort un objet. Ils préparent ensuite la situation suivante. Ils se rendent dans un magasin qui vend ces objets et doivent faire un choix entre plusieurs modèles. Ils regardent, commentent et choisissent.

2. Les étudiants jouent la scène ou la rédigent.

► Scène 2

🎧 2-4 Observation du dessin et écoute du dialogue. Répondre aux questions posées dans le livre.

a. Kamel et Clémentine ont été sélectionnés pour jouer dans la pub Klinor. – **b.** Ils ne se connaissaient pas avant. – **c.** Dans un bon restaurant. – **d.** Non, il n'a pas d'argent en espèces et le distributeur de billets refuse sa carte.

Expliquer :

– *une billetterie* : montrer sur le dessin.

– *le fric* : (familier) l'argent.

► Scène 3

1. 🎧 2-5 **Écoute de la première partie du dialogue.**

a. Noter la commande de Clémentine et de Kamel. Clémentine : un kébab, des frites, une salade verte et des tomates, de la sauce blanche, une bière. Kamel : même commande.

b. Transcrire le dialogue avec le serveur.

2. Écoute de la fin du dialogue (partie transcrite dans le livre). Noter ce qu'on apprend sur Clémentine.

► Scène 4

1. 🎧 2-6 **Faire une première écoute pour préciser la situation.**

2. Faire une écoute fragmentée. Notez les résultats de chaque appel.

(1) Faux numéro.

(2) Consultation du compte de Kamel. Il est débiteur de 50,54 euros.

(3) Tentative pour avoir le poste du conseiller. Tous les conseillers sont occupés.

(4) Béatrice Duval répond mais M. Guibert, le conseiller de Kamel, est absent jusqu'à lundi. Kamel rappellera. Notez les expressions propres au guidage préenregistré.

► Scène 5

1. 🎧 2-7 Observer le dessin et écouter la scène. *Où sont les personnages ? Que fait Kamel ? De quoi parlent Clémentine et le patron du cabaret ?*

2. Reformuler les paroles du patron du cabaret.

3. Imaginer la suite. *Que vont faire Clémentine et Kamel ?*

► 🎧 2-8 Prononciation

Opposition entre la consonne sonore [z] et la sourde [s]. Faire lire sous forme dialoguée.

Écrits et Civilisation, p. 68-69

► Objectifs

Savoir-faire
- Faire des opérations bancaires courantes.
- Retirer de l'argent dans une billetterie.

Vocabulaire
- *un abonnement, un abri, une allocation, le carnet, la charge, le chauffeur, le clavier, la dépense, un impôt, une ouvreuse, le plombier, le pourboire, la remise, le renouvellement, la taxe, la taxe foncière, la touche, le traitement (salaire), la vignette*
- *brut, confidentiel, mobile*
- *appuyer, calculer, comparer, désirer, économiser, insérer, obtenir, recharger, récupérer, toucher*
- *en principe*

Connaissances culturelles
- Comportements des Français en matière d'argent (dépenses, pourboires, etc.).

► Comprendre les messages des distributeurs

1. Identifier les trois distributeurs (argent, affranchissement du courrier à la poste, billetterie de train).

2. Remettre dans l'ordre les écrans du distributeur de billets.

Écran « Bienvenue » → Menu choix des opérations, solde, solde et relevé, retrait, etc. → Composer votre code → Composer votre montant → Désirez-vous un ticket ? → Écran des montants (50 €, 100 €) → Pour obtenir vos billets → Prenez vos billet → Retirez votre carte

3. Remettre dans l'ordre les écrans de la machine à affranchir.

| Menu principal « Bonjour, appuyez sur le bouton de votre choix … » → Vous désirez envoyer … → Vous voulez …

4. Lire l'écran d'accueil du distributeur de billets de train. Les étudiants imaginent ce qui est écrit sur les écrans suivants.

Voici ce qu'on peut lire sur les écrans des distributeurs de gares :

Appuyez sur la touche de votre choix – Saisissez votre destination – Choisissez le jour du départ – Choisissez votre horaire – Indiquez le nombre de voyageurs – Choisissez votre place – Validez – Veuillez insérer votre carte bancaire

▶ Imaginer et rédiger le menu d'un distributeur

À faire en petits groupes. Chaque groupe choisit un distributeur original : livres, repas, voyages, bouquets de fleurs, cadeaux de dernière minute, etc.

Ils rédigent les instructions à suivre pour l'utiliser.

Exemple : *cadeaux de dernière minute*

(1) Vous voulez faire un cadeau à une personne de … Cochez la tranche d'âge.
(2) Indiquez le sexe : masculin – féminin
(3) Indiquez votre tranche de prix
(4) Cochez le type de cadeau : chocolats – jouets – bijoux fantaisie – accessoires vestimentaires – montres fantaisie – livres – posters

▶ Les opérations bancaires

1. Présenter le vocabulaire de la partie « À la banque » dans l'encadré page 68.

2. ⊙ 2-9 Écoute fragmentée du document. Identifier chaque opération bancaire ainsi que la demande de l'employé de banque.

	Opérations bancaires	Demandes de l'employé
a	Dépôt de chèque	Remplir un formulaire
b	Compte à découvert (dans le rouge)	Numéro de compte
c	Ouverture de compte	Demande de nationalité
d	Demande de prêt	Type de prêt
e	Retrait depuis un compte à l'étranger	Nom de la banque

▶ Les Français et l'argent

1. Lecture des informations de la rubrique « À savoir ».

La classe se partage les six paragraphes. Chaque groupe lit le paragraphe qu'il a choisi et rapporte son contenu à la classe. Le groupe fait ensuite des comparaisons avec les habitudes de son pays ou d'autres pays connus. Au fur et à mesure, résoudre les problèmes de vocabulaire. L'encadré

« Prélèvements… » ci-après permettra à l'enseignant de répondre à certaines interrogations de ses étudiants.

2. Lecture et commentaires du tableau « Les dépenses ». Ce tableau permettra de réutiliser les constructions comparatives. On remarquera que les Espagnols et les Polonais dépensent plus que les Français pour leur alimentation, que ce sont les Anglais qui dépensent le plus pour leur habillement et pour leurs loisirs, etc. Les étudiants donnent leur sentiment sur l'importance des dépenses dans leur famille.

3. Lecture et commentaires du tableau « Ce qu'ils gagnent ».

Prélèvements obligatoires, impôts et aides sociales en France

• Les prélèvements sur la feuille de paye

Du salaire brut (souvent annoncé quand on cherche un emploi) sont déduites des cotisations obligatoires pour déterminer le salaire net que touchera le salarié :
– *les contributions sociales* (CSG, etc.), environ 8 %, pour s'assurer en cas de maladie, maternité, etc. ;
– *l'assurance vieillesse*, 7 %, permettra de toucher une retraite de base ;
– *les cotisations pour retraites complémentaires* permettront d'améliorer la retraite de base (entre 3 et 8 %) ;
– *l'assurance chômage*, 2,5 %.
Entre le salaire brut et le salaire net, il y a donc entre 20 et 25 % de différence.

• Les impôts

Les Français doivent payer les impôts suivants :
– *l'impôt sur le revenu*. Il est calculé sur les revenus de la famille. On n'en paie pas si l'on a un salaire très bas. Le taux est progressif selon le montant des revenus. L'impôt n'est pas retenu sur la fiche de paie. On le règle en trois fois (février, mai et septembre) ;
– *la taxe d'habitation*. Elle est due, en novembre, pour tout logement habité. Elle varie selon la valeur du logement et les revenus ;
– *la taxe foncière* est payée, en octobre, par ceux qui sont propriétaires d'un logement ;
– *l'ISF* (impôt de solidarité sur la fortune). Il est payé, en juin, par ceux qui ont un patrimoine (ensemble des biens possédés) de plus de 800 000 euros ;
– *la redevance audiovisuelle* est payée par tous ceux qui possèdent au moins un poste de télévision. Elle est rajoutée à l'avis de taxe d'habitation.

• Les aides sociales

Elles dépendent de la situation du demandeur : revenus bas, sans revenu, chômeur, famille, parent isolé, étudiant, etc.
Les principales sont *l'allocation familiale* (le montant dépend du nombre d'enfants et des revenus de la famille) et *l'aide au logement*.

Leçon 8 - Je sais faire

Interactions, p. 70-71

▶ Objectifs

Savoir-faire

• Parler des professions. Dire ses avantages et ses inconvénients.

Vocabulaire

• noms de métiers (voir liste p. 71)
• *un attaché, le chantier, le concepteur, un environnement, le marketing, le moyen, le multimédia, le puzzle*
• *efficace, entreprenant, honnête, terre à terre*
• *agir, cliquer, entraîner, profiter*

Grammaire

• Suffixes pour la formation des noms de professions.

▶ Faites le test

Le document est un test qui permet à celui qui le passe de déterminer le métier qui lui convient le mieux.

1. Le professeur lit chaque question, s'assure de sa compréhension. Les étudiants cochent le symbole qui leur convient.

Expliquer :

– *agir* : être actif, faire des choses.
– *efficace* : un employé efficace fait son travail bien et rapidement.
– *entraîner* : pousser quelqu'un à faire quelque chose.
– *terre à terre* : qui s'occupe seulement des questions quotidiennes.
– *entreprenant* : qui aime entreprendre, faire des choses.
– *profiter* : pendant 15 jours il a plu. Aujourd'hui, il fait beau. On va profiter du soleil.
– *cliquer* : vocabulaire de l'informatique. Faire le geste.
– *honnête* : qui dit la vérité, qui agit selon le droit.

2. Les étudiants comptent les symboles qu'ils ont obtenus, déterminent leur(s) symbole(s) dominant(s). Ils lisent la liste des métiers correspondant à leur symbole dominant et préparent un bref commentaire.

3. Tour de table. Chaque étudiant présente son symbole dominant, les métiers qui lui conviennent, ceux qui ne lui conviennent pas et explique brièvement pourquoi. Cette activité interactive peut se combiner avec le travail prévu dans la deuxième activité (le vocabulaire des métiers).

▶ Le vocabulaire des métiers

Présenter la tâche. Les étudiants pourront utiliser le tableau pour parler des professions.

La classe se partage les six listes de métiers. Pour chaque nom de métier, les étudiants doivent trouver la forme du féminin (s'il y en a une) ainsi que quelques qualités nécessaires pour pratiquer ce métier. Ils peuvent aussi compléter la liste avec d'autres noms correspondant au même type de métier.

Nous mentionnons dans ce corrigé les noms de métier qui ont un féminin par suffixe ou par déterminant. La situation est en train d'évoluer assez vite. On dit aujourd'hui *une ingénieur(e)*, *une diplomate* mais pas encore *une médecin*. Mais cela peut changer dans les années qui viennent.

• *métiers techniques* : une ingénieur(e), une technicienne, une peintre, une garagiste, une réparatrice, une sportive, une restauratrice.
Qualités requises : attention, concentration, précision, esprit logique.
• *métiers de réflexion* : une architecte, une conceptrice de produit, une chercheuse, une économiste, une psychologue, une sociologue, une musicienne, une journaliste, une archéologue, une météorologue.
Qualités : goût de l'étude, de la recherche, esprit de synthèse et capacité d'abstraction.
• *métiers d'imagination* : une écrivain(e), une comédienne, une dessinatrice, une artiste, une styliste, une responsable, une organisatrice, une coiffeuse.
Qualités : imagination, fantaisie, capacité de création.
• *métiers de la coopération* : une professeur(e), une bibliothécaire, une attachée, une diplomate, une infirmière, une responsable, une conseillère.
Qualités : sens des contacts, sens de l'écoute et du contact, capacité à convaincre.
• *métiers de l'action* : une animatrice, une agent immobilier, une chef de chantier, une consultante, une policière, une militaire, une guide.
Qualités : autorité, goût de la mobilité, sens de l'organisation.
• *métiers de méthode* : une comptable, une cadre, une informaticienne, une jardinière, une commerçante, une boulangère, une pâtissière, une bouchère, une épicière, une agricultrice.
Qualités : sens de l'organisation, précision, méthode.

▶ Présentez le métiers de vos rêves

Peut se faire oralement ou par écrit. C'est l'occasion de réutiliser le conditionnel.

Ressources, p. 72-73

▶ ## Objectifs

Savoir-faire
- Apprécier l'importance des choses.
- Opposer des idées.

Vocabulaire
- *le délinquant, un officier*
- *malgré, malheureusement, tellement*

Grammaire
- Les formes appréciatives : *trop (de) ... pour ; assez (de) ; si (tant, tellement) ... que...*
- Les constructions « verbe + verbe ».
- L'expression de l'opposition (*pourtant, malgré, au contraire, en revanche*, etc.).

▶ ## Apprécier l'importance des choses

1. Observation des phrases du dessin humoristique
a. Présenter la situation. Deux jeunes sont devant un panneau les incitant à devenir officiers de police. Le garçon hésite. Il présente les inconvénients du métier. La fille est plus intéressée, elle présente les avantages.

b. Relever les avantages et les inconvénients. Expliquer les formes en gras.

2. Exercice 1, deuxième partie
Utiliser les constructions qui viennent d'être étudiées pour présenter les avantages et les inconvénients des trois professions.

Exemple : bibliothécaire. J'aimerais faire ce métier. On y fait des rencontres tellement intéressantes que ce doit être passionnant – Moi, ça ne me plairait pas. On ne sort pas assez. On est trop enfermé et on n'est pas assez bien payé.

3. Exercice 2
Il y a *tellement (tant)* de bruit *qu*'on ne peut jamais ouvrir les fenêtres.

C'est *tellement (si)* éloigné de son lieu de travail *qu*'elle a deux heures de trajet par jour.

Les voisins crient *tant (tellement)* *qu*'elle ne s'endort pas avant minuit.

L'ascenseur est *si* souvent en panne *qu*'il faut prendre l'escalier.

Il y a *si* peu (*tellement* peu) de placards *que* ses affaires ...

▶ ## Présentez le métiers de vos rêves

Peut se faire oralement ou par écrit. C'est l'occasion de réutiliser le conditionnel.

Trop, très, etc.
• Trop, très
Les étudiants confondent souvent ces deux mots.
« Très » marque l'intensité générale. *Il est très fatigué.*
« Trop » marque une limite, implique un élément de comparaison qui sera formulé, qui a été formulé avant ou qui est implicite.
Il est trop fatigué pour faire la randonnée avec nous.
Il ne fera pas la randonnée avec nous car il est trop fatigué.

• Assez
« Assez » peu avoir deux sens :
(1) Il marque une intensité moyenne. *Le film est assez intéressant (moyennement intéressant).*
(2) Il peut marquer une adéquation à une situation. *Ce film est assez intéressant pour que vous y trouviez du plaisir.*

• Si
« Si » est utilisé avant un adjectif ou un adverbe. Il implique une conséquence formulée ou implicite.
Sortons. Il fait si beau !
Il fait si beau que nous devrions sortir !

• Tellement
« Tellement » marque une intensité et implique une conséquence. Il est utilisé :
(1) avec un adjectif ou un adverbe (il peut se substituer à « si »). *Il fait tellement beau que nous devrions sortir !*
(2) avec un nom. *Il y avait tellement de monde à cette soirée que je n'ai pas vu Pierre.*
(3) avec un verbe. *Il a tellement parlé qu'il n'a plus de voix.*

• Tant
« Tant » a le même sens que « tellement ». Il s'utilise avec un nom ou avec un verbe. *Il y avait tant de monde à cette soirée que je n'ai pas vu Pierre.*
Il a tant parlé qu'il n'a plus de voix.

▶ ## Maîtriser les constructions « verbe + verbe »

Tableau de synthèse sur ces constructions.

1. Lecture commentée du tableau par le professeur.
Toutes les constructions ont déjà été vues. Il s'agit ici de synthétiser et de conceptualiser.

2. Exercice 1
a : Oui, je veux venir – **b** : je sais nager – **c** : j'apprends à plonger – **d** : je me prépare à le passer – **e** : je me suis arrêté d'en faire – **f** : je continue à en faire – **g** : je l'ai vue jouer – **h** : on les emmène faire un tennis.

► Opposer des idées

1. Observation des phrases du dessin humoristique.

a. Pour chaque mot en gras relever les deux idées qui sont opposées.

b. Noter les différences de sens et de construction. Voir le tableau « Expression de l'opposition ».

Pourtant → quelqu'un est entré / la porte était fermée.
En revanche → la porte était fermée / la fenêtre est ouverte.
Au lieu de → passer par la porte / entrer par la fenêtre.
Au contraire → vous avez dû trouver des traces / il n'y a rien.
Malgré → nous avons cherché / nous n'avons rien trouvé.
Malheureusement → nous n'avons rien trouvé / le voleur est un grand professionnel.

2. Lire l'encadré « L'expression de l'opposition ». Pratiquer les différentes expressions à partir des mêmes débuts de phrases.

Exemple : *Il pleut malgré un coin de ciel bleu. Hier, au contraire, il a fait beau. En revanche, hier, il a fait beau. Au lieu de pleuvoir comme la météo l'avait indiqué, il fait beau. Etc.*

3. Exercice 2

... *pourtant* il est allé voir le film *Le Couperet*.
Marie, *au contraire*, adore les films policiers.
Au lieu d'aller au cinéma elle est restée ...
Elle avait mal à la tête *malgré* l'aspirine ...
En revanche (par contre), sur la deuxième chaîne, il y avait un reportage ...
Malheureusement, il y a eu une coupure d'électricité.

► La grammaire sans réfléchir

1. ⏱ **2-10 Exercice 1.** Construction avec « trop (de) ».
Il a participé à une fête. Il n'a pas été raisonnable. Critiquez-le.

• J'ai bu du vin.
– Tu en as trop bu.
• J'ai mal à la gorge. J'ai beaucoup chanté.
– Tu as trop chanté.
• Je ne me sens pas bien. J'ai mangé beaucoup de foie gras.
– Tu en as trop mangé.
• J'ai mal aux pieds. J'ai beaucoup dansé.
– Tu as trop dansé.
• Je suis fatigué. Je me suis couché tard.
– Tu t'es couché trop tard.

2. ⏱ **2-11 Exercice 2.** Construction avec « ne ... pas assez (de) ».
Son ami l'a quittée. Elle a des regrets. Critiquez-la.

• Je n'ai pas beaucoup écrit à Florent.
– Tu ne lui as pas assez écrit.
• Je n'ai pas beaucoup appelé Florent.
– Tu ne l'as pas assez appelé.
• Je n'ai pas fait beaucoup de cadeaux à Florent.
– Tu ne lui as pas fait assez de cadeaux.
• Je n'ai pas beaucoup invité ses amis.

– Tu ne les as pas assez invités.
• Je n'ai pas été très gentille avec Florent.
– Tu n'as pas été assez gentille avec lui.

Simulations, p. 74-75

► Objectifs

Savoir-faire

• Accuser quelqu'un d'avoir commis une faute. S'accuser. Dire sa responsabilité.
• Se défendre. S'excuser d'avoir commis une faute.

Vocabulaire

• *une aile, un ambassadeur, une batterie, une bêtise, la communication, le constat, la maladresse, la tournée*
• *avouer, bloquer, deviner, embêter, enfoncer, faire exprès, heurter, jurer, reprocher, tarder, valoir la peine*

Grammaire

• Formes grammaticales étudiées dans les pages Ressources.

Prononciation

• Le son [R].

L'histoire

Nadia est venue à Paris rendre visite à Kamel. Lors d'une promenade à Barbizon, non loin de Paris, elle lui reproche son manque d'attention et lui fait comprendre qu'elle se sent très différente de lui. En repartant vers Paris, Kamel a un accident de voiture sans gravité avec un automobiliste (Alain). En remplissant le constat d'accident, les deux hommes bavardent et Alain se dit très intéressé par le spectacle que Kamel a monté avec Clémentine. Il se trouve qu'Alain organise des tournées à l'étranger pour de jeunes artistes français.

Dans la dernière scène, on voit Kamel et Clémentine visitant la Casbah d'Alger. Ils sont en tournée. Kamel en a profité pour voir la maison natale de son père à qui il téléphone.

► Scène 1

1. Observer le dessin. Les étudiants imaginent ce qui s'est passé et formulent des hypothèses sur ce que se disent Kamel et Nadia.

2. ⏱ **2-12 Écoute du document par dévoilement progressif.** Les étudiants écoutent la première phrase de Nadia, imaginent la réponse de Kamel. Puis ils écoutent cette réponse, etc.

Expliquer :

– *valoir la peine* : l'exposition est très intéressante. Ça vaut la peine d'y aller.

– *jurer* : par la gestuelle.

– *tarder* : d'après « tard ». Différencier « tarder », prendre du temps, et « retarder », être ou se mettre en retard.

3. Faire la liste des accusations de Nadia et les justifications de Kamel.

Elle pense qu'il a rencontré une autre fille, il a changé.

Il ne l'a contactée qu'une fois par semaine.

Kamel se justifie en disant qu'il a beaucoup d'activités, etc.

4. Discussion.

Nadia et Kamel vont-ils se séparer ? Qui a le plus de torts ?

▶ Scène 2

1. Observation du premier dessin. Faire formuler ce qui s'est passé. Introduire le vocabulaire des parties de la voiture (une aile, une roue).

2. ⊙ **2-13 Écoute de la partie transcrite du dialogue.**

Noter le vocabulaire en relation avec l'idée de faute et d'excuses.

Expliquer :

– *enfoncer (enfoncé)* : d'après le dessin. La voiture a enfoncé l'aile de l'autre voiture.

– *bloquer* : la roue bloquée ne peut pas tourner.

– *constat* : voir p. 76.

3. Écoute et transcription de la partie non transcrite du dialogue.

Expliquer :

– *heurter* : par le dessin ou le geste.

▶ Jeu de rôle

1. Lecture du tableau de vocabulaire « Exprimer la responsabilité ».

2. Présentation de la situation du jeu de rôle.

Par deux, les étudiants imaginent un dialogue en utilisant le vocabulaire qui a été vu.

• *Ce fauteuil n'était pas cassé ! C'est toi qui as fait ça ?*

– *Non, c'est le fils de mes amis. Mais ne t'inquiète pas, je le réparerai.*

▶ Scène 3 et 4

1. ⊙ **2-14** et ⊙ **2-15 Faire plusieurs écoutes des deux scènes.** À chaque écoute noter les informations comprises par les étudiants.

Faire raconter l'histoire.

Expliquer :

– *tournée* : l'artiste présente son spectacle dans plusieurs villes. Il fait une tournée.

– *deviner* : essayer de trouver ce que l'on ne sait pas.

– *batterie* : montrer la batterie d'un téléphone portable.

2. Faire imaginer la suite de l'histoire.

⊙ 2-16 Prononciation

Éviter les défauts suivants :

– quand le [ʀ] est en finale, certains étudiants ont tendance à le prononcer raclé sur le voile du palais ;

– quand il est en début ou en milieu de mot, certains étudiants ont tendance à le prononcer roulé.

> **À savoir**
>
> • **Barbizon** : village en bordure de la forêt de Fontainebleau. Lieu de séjour des peintres paysagistes de la deuxième moitié du XIXe siècle (Corot, Millet, Daubigny), membres de l'école de Barbizon.
>
> • **La Casbah** : vieux quartier populaire d'Alger.

Écrits et Civilisation, p. 76-77

▶ Objectifs

Savoir-faire

• Comprendre et faire le récit d'un accident ou d'un incident.

• Remplir un constat d'accident de véhicule.

• Comprendre un document relatif à l'assurance.

• Faire une déclaration de vol, d'incendie ou d'accident.

Vocabulaire

• Vocabulaire des accidents et des incidents (voir encadré p. 77).

• *un angle, une assurance, le conducteur, la contribution, le dégât, un incendie, la maternité, le pare-brise, le permis (de conduire), la serrure, le véhicule, la vieillesse, le vol (cambriolage)*

• *corporel, matériel*

• *bénéficier, cambrioler, causer, constater, couvrir, souscrire*

• *ci-joint, violemment*

Connaissances culturelles

• Le système des assurances en France.

▶ Remplir un constat d'accident automobile

1. Compréhension du document

a. Observer le schéma de l'accident. Lire les circonstances de l'accident. Repérer le vocabulaire des lieux et des déplacements des véhicules.

b. Remplir la partie gauche du document jusqu'à la rubrique 9 avec les étudiants en imaginant les détails (date, marque du véhicule, etc.).

c. Lire et expliquer les options de la rubrique 12. La compléter pour les véhicules A et B.
B cochera la case 8 et A ne cochera rien.

2. Rédiger la description des circonstances de l'accident pour le véhicule B.

3. Les étudiants peuvent faire un récit d'accident, oral ou écrit, avec un croquis à l'appui.

▶ Récits d'incidents

1. 🔊 **2-17** Écoutes séparées des trois récits. Après chaque écoute, compléter le tableau.

	1	2	3
Types d'incidents	Voiture endommagée	Circulation bloquée sur l'autoroute	Racket
Victimes	Conductrice	Passagers des voitures	Enfant
Lieux	Devant la médiathèque	Autoroute Paris-Lyon, dans le Morvan	Rue sur le chemin de l'école
Causes	Jeune sur un skate qui saute sur la voiture	Tempête de neige	Grands adolescents
Conséquences	Capot enfoncé, pare-brise cassé	Voitures immobilisées ; attente toute la nuit ; passagers frigorifiés	Perte de chaussures Adidas à 200 €

2. Lecture et compréhension de l'encadré « Accidents... » de la page 77.

▶ Rédigez une déclaration pour une compagnie d'assurances

1. Lecture de la lettre à Alpha Assurances page 77.
Qui écrit ? Pour quelle raison ?
Repérer les détails des circonstances de l'incident : type d'incident, lieu, date, dommages, etc. Les noter au tableau.

Relever les formules de la lettre de déclaration de sinistres : *je vous informe, j'ai constaté*, etc.

2. Sur le modèle de la lettre précédente, les étudiants rédigent une déclaration de sinistre à une compagnie d'assurances.

▶ Le document « Soyez bien assurés »

Ce document est à l'attention des étudiants qui souhaitent une information sur les différents systèmes d'assurances en France. Il y a plusieurs façons de l'aborder.

a. Lecture collective en classe. Comparaison avec les réalités des pays de l'étudiant.

b. Recherche dans le document de réponses à des questions posées par le professeur. Par exemple : en France, quand on va chez le médecin, est-ce qu'on doit payer ? Est-ce qu'on est remboursé ? Est-ce que la Sécurité sociale s'occupe simplement des frais de maladie ? Etc.

c. Lecture à la maison et vérification de la compréhension en classe.

À savoir

Compléments d'informations

• Quand on consulte un médecin, qu'il s'agisse de son médecin référent ou d'un autre médecin, on doit payer la consultation. Le remboursement est presque complet s'il s'agit du médecin référent mais son taux est inférieur dans le cas d'un autre médecin.

• Généralement, on est inscrit dans une pharmacie qu'on a choisie. Quand on apporte une ordonnance dans cette pharmacie et qu'il s'agit de médicaments remboursables, on ne paie rien.

• Le document en photo en haut à gauche de la page 77 représente une feuille de soins. Elle est utilisée dans le cas où l'on consulte un médecin autre que son médecin référent et où l'on achète ses médicaments dans une pharmacie autre que celle où l'on est inscrit.

• Quand on est hospitalisé, on n'a rien à payer sauf pour certains services comme la chambre individuelle.

• Le système de Sécurité sociale est en déficit depuis longtemps. Pour limiter ce déficit, la tendance est de ne plus rembourser certains médicaments et de limiter le remboursement des consultations.

Unité 2 - Bilan et pages Évasion

▶ Évaluez-vous, p. 78-81

▶ Test 1

Le professeur présente chaque phrase en donnant le cas échéant une explication. Les étudiants peuvent demander des précisions, ensuite ils notent « oui » s'ils pensent qu'ils sont capables de se débrouiller dans la situation présentée.

▶ Test 2

a : infirmières – b : plombiers – c : électroménager (SAV) – d : serruriers – e : leçons particulières – f : menuisiers – g : garagistes – h : informatique – i : peintres – j : bibliothèques.

▶ ⊕ 2-18 Test 3

Préciser la consigne. Les étudiants vont entendre des ordres. Ils devront associer l'ordre avec le dessin. Le dessin représente souvent l'ordre exécuté.
1 : b – 2 : i – 3 : d – 4 : g – 5 : f – 6 : h – 7 : c – 8 : a – 9 : j – 10 : e.

▶ Test 4

a. À la photo du milieu, l'homme escaladant un immeuble. – b. Alain Robert, surnommé le Spiderman français. – c. Il a escaladé le pilier d'un pont. – d. À Lisbonne (Portugal). – e. Le 6 août. – f. Sans corde, à mains nues. – g. Oui, il a mis 20 minutes pour atteindre le sommet à 190 mètres. – h. Non, à sa descente il a été arrêté par la police. – i. Oui, il a escaladé une cinquantaine de tours. – j. Non, en 1982 il a fait une chute.
Mots correspondant aux définitions
(1) cordes et mousquetons – (2) escalader – (3) pilier – (4) enjamber – (5) être interpellé – (6) s'acquitter de – (7) atteindre – (8) édifice – (9) ascension – (10) invalide – (11) s'adonner à.

▶ Test 5

Image 1 : on jugera de la maîtrise de l'expression de la possession. *Ceux sont les miens ou les vôtres ? Ils vous appartiennent ?*
Image 2 : on évaluera la maîtrise de l'expression de la peur et de la capacité à rassurer quelqu'un. *J'ai peur. C'est une piste noire. – Ne t'inquiète pas. Elle n'est pas difficile.*
Image 3 : évaluer l'expression de l'état physique et de la responsabilité. *Comment tu te sens ? Tu as mal ? C'est de ma faute. – Mais non, tu ne l'as pas fait exprès. C'est moi qui ai voulu faire cette piste. C'est moi le seul responsable.*

▶ ⊕ 2-19 Test 6

Bien préciser aux étudiants que toutes les rubriques de la fiche ne pourront pas être complétées.
Le travail sur ce document permettra de compléter les informations sur le budget quotidien d'une personne.

Nom : ARCHAMBAUD   Prénom : Clément
Âge : NR (non renseigné)

• **Habitation**
Type de quartier : 12ᵉ arrondissement
Logement : location : oui   nombre de pièces : 2
    étage : 5   ascenseur : non
    État de l'immeuble : vieux, pas très propre
    État du logement : NR
    Loyer : 500 €   Charges : 100 €

• **Travail** :   Profession : boulanger   Fonction : employé
    Horaires par semaine : 35 h
    Horaires quotidiens : de 5 h du matin à midi
    Salaire mensuel : 1 400 € / 1 600 €
    Ambiance générale dans l'entreprise : NR
    Trajet habitation / lieu de travail :
    durée : 20 minutes
    moyen : scooter

• **Ressources** :
    Salaire : 1 400 € / 1 600 €
    Autres ressources : allocation logement : NR
    allocations familiales : NR
    autres : NR

• **Dépenses** :
    Logement (tout compris) : 800 €
    Nourriture : 100 €
    Trajets : NR
    Autres : 200 €

• **Somme restant pour les loisirs** : 300 / 400 €

▶ Test 7

Madame, Monsieur,
Le 15 décembre, je vous ai commandé une lampe de bureau, modèle Orsay, de couleur rouge. Je viens de recevoir ma commande et elle ne correspond pas à ce que j'ai demandé. Il s'agit d'une lampe halogène de 2 mètres de hauteur, métallique, de couleur noire.
Celle que j'ai commandée fait 30 centimètres, elle est en bois et de couleur rouge. Je vous prie de m'indiquer ce que je dois faire. Dois-je vous renvoyer la lampe que j'ai reçue et cet envoi me sera-t-il remboursé ?
J'espère, par ailleurs, recevoir ma commande.
Je vous prie d'agréer mes salutations distinguées.

▶ Test 8

a.

Madame, Monsieur,

Je déclare avoir perdu ma carte bancaire. Je me suis rendu compte de sa disparition ce jour, le 7 juin, à 14 heures.

b.

Jacques VERDIER

N° d'assurance : L 612 456

Madame, Monsieur,

Je vous informe que ma voiture a été cambriolée le 16 mars, entre 10 heures et 14 heures. Les voleurs ont cassé la vitre. Vous trouverez ci-joint la liste des objets qui ont disparu.

▶ Test 9

a. ... vous *êtes* en vacances ... que vous nous *aidiez* un peu ... que vous *fassiez* votre lit ... que vous *rangiez* votre chambre ... que j'*aille* faire les courses ... que tout *soit* parfait ... nous *allons* faire une randonnée ... que nous *partions* à 10 heures ... il *fait* froid ... que vous *preniez* des vêtements chauds ... que tu ne *puisses* pas venir.

b. Tony : *la mienne* fait du 180 km / h

Léo : .... *La sienne* fait du 200 ....

Léo : *Le mien* est champion de judo ... Je crois que *le nôtre* fait 2 mètres.

Tony : ... *Le leur* couvre tout le mur.

c. ... *Lesquelles* vous préférez ? ... *Lequel* vous me conseillez ? ... *Lesquels* vous choisissez ? ... *Quelle* grosseur ? ... *Laquelle* vous préférez ?

d. ... *Ce que* tu veux ... *Celui que* tu as envie de voir. Moi, *ce qu'*il me faut ...*Celui qui* joue dans « Un gars, une fille »... *Celle de* « Un gars, une fille » ... *celles que* je préfère ...

e. ... C'était *trop* difficile pour moi. J'avais *tellement* de travail que ... J'étais *si* stressé que ... Mon salaire n'est pas *très* élevé ... Mais j'ai beaucoup *plus de* temps libre.

f. ... *pourtant* il a acheté une Renault Safrane ... *Au lieu de* chercher du travail ... *Malgré* mes sourires ... *En revanche* il ne dit pas un mot de plus.

Évasion dans la publicité, p. 82-84

▶ Objectifs

Savoir-faire

- Compréhension de textes et de slogans publicitaires.
- Décrire et mettre en valeur un objet ou un produit.
- Écriture créative : rédaction de textes à caractère publicitaire.

Connaissances culturelles

- Les aspirations des Français.
- Les arguments publicitaires auxquels les Français sont sensibles.

Présentation du projet

Tout au long de ces pages Évasion, les étudiants découvriront des publicités françaises. Au fur et à mesure, ils réaliseront une opération publicitaire pour un produit de leur pays à l'intention d'un pays francophone. Ils peuvent travailler seuls ou en petits groupes.

Ce projet se déroulera selon les étapes suivantes.

1. Lancement du projet. Il peut se faire à partir de la lecture du texte d'introduction en haut de la page 82, mais l'enseignant peut aussi présenter le contenu de ce texte. *Il y a de plus en plus de publicités. Quelles sont les publicités que vous aimez ? Pensez-vous qu'une publicité faite pour votre pays puisse intéresser des Français ? Vous allez découvrir des publicités françaises, etc.*

Commenter les deux citations qui se trouvent après l'introduction.

2. Choix du produit

3. Création d'un slogan

4. Rédaction d'un texte publicitaire

5. Projet d'affiche

6. Création d'un spot publicitaire en forme de scène

▶ Choix du produit et création d'un slogan

1. Choix du produit. Recherche de types de produits (en commun). Les noter au tableau, classés par catégories : produits alimentaires, vestimentaires, culturels, etc.

2. Lecture de l'encadré « Les aspirations des Français ». Faire des hypothèses sur les raisons pour lesquelles les Français considèrent ces mots comme positifs.

Faire des comparaisons avec le pays de l'étudiant, notamment en ce qui concerne les priorités. Dans le document, les aspirations sont classées par ordre de priorité. La sécurité venant en premier, la convivialité et la proximité arrivant en dernière position.

3. Lire les slogans. Rechercher quelles aspirations chacun d'eux tente de satisfaire.

Air France : évasion, plaisir, beauté – *Velours noir* : plaisir, sensualité – *Renault* : originalité, évasion, réalisation personnelle – *Auchan* : naturel, authentique – *Bic* : efficacité, facilité – *Belin* : convivialité – *SNCF* : efficacité, plaisir, temps libre – *Lacoste* : réalisation personnelle, authentique – *Ushuaïa* : naturel et authentique, progrès – *Castorama* : réalisation personnelle, autonomie – *L'Oréal* : réalisation personnelle – *Évian* : santé – *Adidas* : réalisation personnelle.

4. Les étudiants imaginent un slogan pour leur produit. Lecture des slogans.

▶ Rédaction d'un texte publicitaire

La classe peut se partager les deux textes.

1. Texte Quézac

Faire raconter la légende. *Lors d'un terrible orage, les eaux ont pénétré dans la terre en prenant les qualités de la pierre (la force, etc.) et en se chargeant de bulles miraculeuses. Cette eau rejaillit à la source Quézac et elle apporte gaieté et longue vie.*

La publicité utilise le ressort de la légende, de la magie, l'idée que la nature est source de bien-être

et de vie agréable. Cette publicité satisfait plusieurs aspirations : le naturel, l'authentique, l'évasion (dans le mystère), la durabilité, la santé, le plaisir et la convivialité.

2. Chypre de cœur

Situer l'île de Chypre dans la Méditerranée.

Faire la liste des activités que l'on peut faire à Chypre et ce que l'on peut voir.

Noter les arguments publicitaires : l'été éternel, les plaisirs, la beauté, etc. La publicité utilise ici le ressort de la description poétique.

3. Les étudiants rédigent un bref texte publicitaire pour leur produit.

▶ Projet d'affiche

1. La classe travaille en petits groupes et se partage les trois affiches : aspirateur Electrolux, parc d'entreprises de Saint-Quentin, Chypre au cœur. Donner la grille d'analyse ci-dessous.

Décrire et caractériser...	Electrolux	Parc de Saint-Quentin	Chypre
Le produit	Un aspirateur	Un parc pour les entreprises	Séjour dans l'île de Chypre
L'image	L'aspirateur prend la forme d'un domestique (idée d'efficacité, de facilité).	Une fourmi (symbole du travail constant et efficace) porte sur son dos une entreprise. Elle grimpe (idée de développement et de progrès) dans un environnement végétal (idée de nature, de calme).	Famille idéale (parents jeunes et beaux, un fils et une fille), paysage méditerranéen (pureté du ciel, verdure, fleurs). Le massif de fleurs a la forme d'un cœur.
Les couleurs	Gris (machine robuste, produit sérieux) et rouge de l'aspirateur (gaieté).	Vert (nature, croissance), le bleu de l'entreprise (monde de la réflexion et des idées).	Les couleurs du paysage méditerranéen évoquent chaleur et douceur.
Le slogan	Idée de proximité (l'entreprise pense à ses clients), de rapidité (en un clin d'œil), de facilité (être servi).	Idée d'entreprise dans un parc florissant (travail agréable et développement).	Idée de retrouver l'été pendant l'hiver.
Le reste du texte	Informations sur le produit (sans fil, sans sac, aspirateur d'appoint).	Informations pratiques (lieu, dimensions etc.).	Voir l'analyse faite plus haut.

2. Les étudiants imaginent un projet d'affiche. Donner deux ou trois minutes de réflexion pendant lesquelles ils peuvent faire une esquisse de dessin. Puis faire un tour de table. Chacun présente brièvement son projet avec ou sans dessin.

▶ Spot publicitaire

1. Spot Orangina

Observer la photo, faire lire le texte en imaginant la gestuelle du personnage. Faire remarquer :

– l'originalité de la publicité : l'explication étymologique par les qualités du produit ;

– le fait que cette publicité est la parodie d'une scène de la pièce de Molière, *Le Bourgeois Gentilhomme*. Mon-

sieur Jourdain qui veut se cultiver décide d'apprendre l'alphabet avec un maître de philosophie. Celui-ci lui nomme les lettres en décrivant la manière de les prononcer.

Expliquer :

– *prolongement naturel* : par la gestuelle.

2. Spot MAAF

MAAF est le sigle d'une compagnie d'assurances, la Mutuelle Assurance Artisanale de France.

Le spot publicitaire donné dans le livre fait partie d'une série de sketches qui mettent en scène les deux mêmes personnages : le directeur de la compagnie et Marcel, un client difficile qui cherche tout le temps à prendre la compagnie en défaut. Il est chaque fois surpris par les avantages offerts par l'assurance. Les scènes se terminent toutes par les deux mêmes répliques : « Je peux » du directeur (« Je peux vous laisser pour retourner à mes occupations ») et « Je l'aurai » rageur de Marcel.

Lire le dialogue. Rechercher :

– la critique de Marcel : les jeunes paient leur assurance plus cher ;

– la réponse du directeur : à la MAAF, les filles, qui ont statistiquement moins d'accidents que les garçons, ne sont pas pénalisées.

Expliquer :

– *ravissante* : très jolie.

– *ça vous échappe* : vous n'y pensez pas.

– *surprime* : l'assuré paie une « prime » pour être assuré. Les catégories à risque (jeunes, personnes qui ont eu beaucoup d'accidents) paient un supplément (surprime).

3. Les étudiants imaginent une scène à caractère publicitaire pour leur produit.

▶ **Objectifs généraux de l'unité**

• Dans cette unité, les étudiants apprendront à utiliser et à comprendre les moyens d'information écrits qu'ils seront susceptibles de rencontrer lors d'un séjour dans un pays francophone (presse, guides touristiques, guides de loisirs, affiches, panneaux d'information).

• Ils apprendront également à demander et à comprendre des informations oralement et par écrit.

• À la fin de l'unité, ils seront capables de comprendre les informations courantes d'un journal ou d'un site d'information Internet, de donner leur opinion sur la vérité des faits, de commenter ces informations et d'exprimer des sentiments à leurs propos.

▶ **L'histoire des pages Simulations**
Le dossier Vinci

Zoé Duquesne est journaliste au quotidien *Le Matin* de Bruxelles. Elle est brouillonne, désordonnée, colérique mais c'est une excellente professionnelle qui a un carnet d'adresses bien rempli et qui est très influente. Grâce à un de ses articles, la délocalisation de l'usine Fibrasport sera repoussée. Pour la remercier, le député Arnaud Bossard lui communique une information secrète. La Commission européenne travaillerait sur une loi selon laquelle les différents pays d'où sont originaires les œuvres d'art exposées dans les grands musées du monde seraient en droit de réclamer ces œuvres. C'est un scoop. Zoé rédige son article dans le plus grand secret mais celui-ci disparaît mystérieusement de son ordinateur. On pense à une vengeance interne ou au piratage de la concurrence. En fait, il s'agissait d'une opération du service de sécurité qui voulait montrer aux journalistes et en particulier à Zoé que leurs fichiers n'étaient pas sécurisés.

▶ **Exploitation de la page 85**

Lecture des objectifs de l'unité et commentaires des photos.

À savoir

La Bibliothèque nationale François-Mitterrand (la BNF : la Bibliothèque nationale de France) : initiée par le président de la République Mitterrand, elle a été achevée en 1994. Située au bord de la Seine, dans un quartier du sud-est de Paris, elle remplace la bibliothèque du quartier de l'Opéra construite au XVIIe siècle. On y trouve tous les livres imprimés en France. Elle a été construite par l'architecte Dominique Perrault. Ses tours sont en forme de livres ouverts dominant un jardin.

Le portail d'accueil Orange : portail d'accès à Internet d'origine française.

Les magazines *Marianne* et *Le Point*. Ils sont, avec *Le Nouvel Observateur* et *L'Express*, les magazines d'informations générales les plus lus en France. Les trois exemplaires présentés page 85 insistent sur le fait que l'information donnée par les grands médias, et en particulier la télévision, est souvent incomplète ou déformée. C'est particulièrement le cas de ce qui a été dit sur les événements dans les banlieues (voir la dernière nouvelle brève de la page 87) et de la couverture de la campagne électorale.

Leçon 9 – Que s'est-il passé ?

Interactions, p. 86-87

▶ ### Objectifs

Savoir-faire
- Comprendre et présenter un événement important : événement politique, social, culturel ou catastrophe naturelle.

Vocabulaire
- Vocabulaire des événements et des catastrophes (voir tableau p. 87).
- *la canicule, le chef-d'œuvre, le citoyen, la conscription, le décalage (horaire), la décennie, le décès, la destruction, le dirigeant, le discours, le fiancé, le millénaire, un orfèvre, une origine, la paix, le passage, le peuple*

- *accidentel, actuel, antique, excessif, gigantesque, natal, terrible*
- *adopter, adresser (s'), considérer, illuminer, justifier, poursuivre, subsister, supprimer*
- *sein (au – de)*

Grammaire
- Comprendre une phrase à la forme passive.

Connaissances culturelles
- Événements nationaux ou internationaux qui ont marqué la mémoire des Français.

▶ ### Que s'est-il passé ?

Le document est un dossier tel que l'on en trouve dans les magazines au début de chaque année. Il présente les meilleurs et les pires événements des dix dernières années. Ce dossier a été constitué d'après un sondage Sofres.

1. Découverte des articles selon une procédure maintenant bien éprouvée. La classe se partage les différents articles, par exemple une bonne et une mauvaise nouvelle par groupe. Chaque groupe étudie l'article à l'aide de la grille proposée et rapporte l'information à la classe. La classe demande des compléments d'informations et fait des commentaires.

	Que s'est-il passé ?	Où ?	Quand ?	Acteurs de l'événement	Conséquences
1	Suppression du service militaire	En France	Le 28 mai 1996	Le président de la République	Plus de service militaire à partir de 1997
2	L'équipe de France de football gagne la Coupe du monde	Stade de France	Le 12 juillet 1998	Équipes du Brésil et de France	
3	Passage en l'an 2000	Australie puis Égypte	31 décembre à minuit (15 h à Paris)	Le monde entier	Feux d'artifices à Sydney, nombreux mariages, illumination des pyramides
4	Bon résultat pour le cinéma		2001	Les gens du cinéma	Films considérés comme des chefs-d'œuvre
5	Passage à l'euro	Europe	1er janvier 2002	Les Européens (les habitants de la Réunion ont été les premiers)	Tony Blair salue l'événement
6	Rejet de la guerre en Irak	ONU (New York)	Le 14 février 2003	Dominique de Villepin, ministre français des Affaires étrangères	
7	Ouverture des jeux Olympiques	À Athènes	Le 13 août 2004		72 000 spectateurs, des millions de téléspectateurs

	Que s'est-il passé ?	Où ?	Quand ?	Acteurs de l'événement	Conséquences
8	Attentat	À New York	Le 11 septembre 2001	Quatre avions s'écrasent sur les tours du World Trade Center, sur le Pentagone et dans la campagne	3 000 victimes
9	Canicule	France	Août 2003	La chaleur	Décès de milliers de personnes âgées
10	Tsunami	Pays de l'océan Indien	26 décembre 2004	Le tsunami	200 000 victimes, surtout en Indonésie
11	Violences dans les banlieues	Banlieues parisiennes	31 octobre 2005	Jeunes et police	Voitures incendiées

2. Au cours de la mise en commun

a. Observer les phrases à la forme passive. Les mettre à la forme active et étudier la transformation.

b. Expliquer :

– *conscription* : convocation des jeunes de 18 ans à faire leur service militaire.

– *gigantesque* : de « géant ». Très important.

– *embraser* : mettre le feu. L'emploi est figuré pour le feu d'artifice de Sydney. Le verbe est au sens propre dans l'article sur les événements de la banlieue parisienne.

– *fiancé(e)* : jeunes gens qui se sont fait la promesse de se marier.

– *millénaire* : qui a mille ans. Le mot est adjectif ou nom.

– *illuminer* : de « lumière ». Éclairer.

– *orfèvre* : artisan qui fabrique des bijoux.

– *décalage horaire* : différence horaire entre certains pays. Le décalage horaire entre Paris et Mexico est de 7 heures. On dit « souffrir du décalage horaire ».

– *adopter* : prendre. Expliquer dans le contexte. On dit aussi : *le Parlement a adopté une loi. Pierre et Marie ont adopté un enfant.*

– *terre natale* : terre où on est né.

– *antique* : ancien.

– *s'écraser* : tomber au sol. Expliquer dans le contexte.

– *attentat* : attaque criminelle contre des personnes. Attentat à la bombe.

– *victimes* : personne qui a souffert d'un événement négatif. Victime d'un vol, d'un attentat, etc.

– *canicule* : période de chaleur très forte et inhabituelle.

– *dévaster* : détruire.

3. Présenter le vocabulaire de l'encadré « Événements et catastrophes ».

À savoir

• **Le rendez-vous citoyen :** ce rendez-vous est devenu depuis la Journée d'appel de préparation à la défense. Elle concerne les filles et les garçons de plus de 18 ans.

• **La canicule de l'été 2003 :** longue période de chaleur excessive qui a surpris les régions peu habituées à de fortes chaleurs en été. Elle s'est produite en août au moment où toute la France est en vacances et où beaucoup de personnes âgées restent seules chez elles. Les pouvoirs publics ont mis plusieurs jours à se rendre compte de l'importance de l'événement et à intervenir.

Cet événement est resté dans les mémoires et a servi de déclencheur à des actions de prévention en faveur des personnes âgées isolées et malades.

► **Les meilleures nouvelles de ces dix dernières années (projet)**

1. Les étudiants se mettent par groupes de quatre étudiants, si possible de même nationalité. Ils se mettent d'accord sur une liste de dix événements positifs. Ces événements peuvent être de tous types nationaux ou internationaux, politiques ou culturels, etc.

Ils se partagent la rédaction de ces événements.

2. Les étudiants recherchent les informations relatives à ces événements et rédigent un bref article sur chacun d'eux. Il est préférable que ce travail se fasse en partie à la maison.

3. Les étudiants mettent au point leur projet sous forme de dossiers dactylographiés. Ils peuvent y inclure des photos.

4. Chaque groupe affiche son travail ou le fait circuler dans la classe et le présente oralement.

Ressources, p. 88-89

▶ Objectifs

Savoir-faire
- Mettre en valeur les acteurs d'un événement.
- Annoncer un événement.
  Donner des précisions temporelles.

Grammaire
- Les constructions passives avec et sans complément.
- Les autres formes à sens passif : formes « faire » + verbe (révision) et forme pronominale.
- Les indicateurs de temps en relation avec le moment présent et un autre moment.

Vocabulaire
- *la grue, la veille*
- *précédent, suivant*
- *reproduire*

▶ Mettre en valeur

1. Observation des phrases du dessin

a. Comparer les deux premières phrases. Mettre en valeur la transformation : le sujet actif « l'entreprise Batico » devient complément.
Le complément « médiathèque » devient un sujet passif.
b. Transformer les autres phrases et mettre en valeur la transformation passive selon le temps du verbe.
Le maire m'a informé – Notre entreprise construira le futur stade – Notre entreprise a construit tous les bâtiments ...
c. Lire les rubriques 1 et 2 du tableau.

2. Exercice 2

Faire remarquer qu'avec la transformation, les circonstances de l'action sont placées à la fin de la phrase.
a. Des chefs d'entreprises accompagneront le Président...
b. Bordeaux a gagné le match.
c. Des pêcheurs ont trouvé un bateau du xvie siècle ...
d. Les députés votent aujourd'hui la loi anti-fumeur.
e. « J'ai été volée par mes enfants », déclare Brigitte Delubac.

3. Exercice 3

a. Les comédiens ont été choisis par le metteur en scène ?
b. Vous avez été sélectionnés comment ? (Comment avez-vous été sélectionnés ?)
c. Tu as été recrutée ?
d. Je serai informée la semaine prochaine.
e. Le rôle principal sera joué par Daniel Auteuil.

4. Exercice 4

Lire la rubrique 5 du tableau de grammaire. Montrer que dans les phrases de la rubrique 5, la forme pronominale a un sens passif.
a. On boit ce champagne très frais.
b. En France, on achète les timbres ...
c. Cette année, les gens portent des pantalons larges.
d. On voit la tour Montparnasse de très loin.
e. On a cassé deux assiettes.
f. D'ici, on entend les bruits de la fête.

5. Exercice 5

Lire la rubrique 4 du tableau de grammaire. Rappeler la construction à sens passif « *(se) faire* » + verbe (voir page 33).
a. Il nous a fait lire. Il nous a fait faire une dictée. Il nous a fait écouter un CD ...
b. On me fait faire des stages. On me fait apprendre des langues étrangères ...
c. Je me fais construire une belle maison ...

▶ Préciser le moment d'une action

1. Observation des phrases du dessin humoristique.
a. Faire la chronologie des événements en mettant en relation les jours de la semaine et les indicateurs de temps. Faire remarquer que ces indicateurs sont en relation avec une date qui n'est pas le moment présent.
Lundi → montage de la grue
Mardi (le lendemain) → pluie
Mercredi (le surlendemain) → tempête
Samedi (trois jours après) → chute de la grue
b. Repérer les verbes utilisés pour annoncer l'événement (*avoir lieu, se produire*).

2. Imaginer une chronologie antérieure à la date de lundi. Introduire les indicateurs de temps appropriés.
Dimanche (la veille) → Les ouvriers se sont reposés.
Samedi (l'avant-veille) → On a apporté la grue.
Jeudi (Deux jours avant) → Les ouvriers sont arrivés sur le chantier.

3. Lecture du tableau « Les moments d'une action ».

4. Exercice 2
semaine du 1 au 7 mars : séjour au Portugal
8 mars : début du séjour à Madrid
13 mars : Madrid
14 mars : Barcelone
15 mars : retour en France
16 mars : aujourd'hui
17 mars : Rome
18 mars : Florence
19 mars : Venise
jusqu'au 28 mars : Venise
semaine du 29 mars : Turquie

► La grammaire sans réfléchir

1. ⊙ **2-21** **Exercice 1.** Confirmation qu'une action est achevée.

Le professeur contrôle votre travail. Répondez-lui comme dans l'exemple.

• Vous avez fait votre travail ?
– Oui, il est fait.
• Vous avez appris votre poésie ?
– Oui, elle est apprise.
• Vous avez écrit votre projet ?
– Oui, il est écrit.
• Vous corrigerez ces fautes ?
– Oui, elles seront corrigées.
• Vous avez préparé votre exposé ?
– Oui, il est préparé.
• Vous le présenterez lundi ?
– Oui, il sera présenté lundi

2. ⊙ **2-21** **Exercice 2.** Pratique des constructions passives.

Votre amie a passé deux ans à l'étranger. Mais depuis rien n'a changé.

Répondez-lui comme dans l'exemple.

• On a construit le nouveau lycée ?
– Non, il n'a pas été construit.
• On a rénové les vieilles maisons ?
– Non, elles n'ont pas été rénovées.
• On a mis un feu rouge au croisement ?
– Non, il n'a pas été mis.
• L'entreprise Sodev t'a recrutée ?
– Non, je n'ai pas été recrutée.
• Tu as changé les fauteuils de ton salon ?
– Non, ils n'ont pas été changés.

Simulations, p. 90-91

► Objectifs

Savoir-faire
• Faire un choix.
• Exprimer l'intérêt ou l'indifférence pour quelque chose.
• Manifester sa réprobation.

Vocabulaire
• *le bénéfice, la conférence, le désordre, la mobilisation, la rédaction, la vente*
• *ennuyeux, indifférent*
• *délocaliser, engueuler, passer (se – de)*
• *effectivement*

Prononciation
• Distinction entre [k] et [g].

L'histoire

Nous sommes au journal *Le Matin* à Bruxelles. Une employée du service de nettoyage s'étonne du désordre qui règne dans le bureau de la journaliste Zoé Duquesne. Un peu plus tard, à la conférence de rédaction du journal, on cherche des idées pour le dossier du dimanche. Zoé réussit à imposer une enquête sur la délocalisation de l'usine Fibrasport. À la pause déjeuner, la journaliste responsable du service culture fait part de son irritation à un stagiaire : c'est toujours les articles de Zoé qui sont choisis.

L'après-midi, au milieu des manifestants contre le projet de délocalisation, Zoé rencontre le député Arnaud Bossard. Ils décident de joindre leurs efforts pour éviter des suppressions d'emplois.

► Scène 1

1. Observation et description du dessin. Faire remarquer les personnages et le désordre qui règne dans le bureau.

2. ⊙ **2-22** **Écoute du dialogue.** Noter tout ce qu'on apprend sur la personne qui travaille dans le bureau (Zoé Duquesne, la star de la maison, une originale, désordonnée, n'aime pas qu'on touche à ses affaires).
Expliquer :
– *désordre* : voir le dessin.
– *engueuler* : (familier) faire des reproches avec colère. L'employé est arrivé avec deux heures de retard. Son chef l'a engueulé.

► Scène 2

1. ⊙ **2-23** **Faire une première écoute en observant le dessin**. Présenter la situation et les différents personnages.

2. Faire une écoute fragmentée. Noter les différentes propositions, leurs auteurs et les réactions du rédacteur en chef.
(1) Eudes : article sur le squat du quartier des Marolles → Rien de nouveau. Ça ne sert à rien d'en parler.
(2) Eudes : fête du quartier Marconi → On en parle chaque année.
(3) Julie : exposition Léonard de Vinci → C'est intéressant.
(4) Zoé : délocalisation chez Fibrasport.

3. Relever les expressions qui marquent l'intérêt et l'indifférence.
Expliquer :
– *conférence de rédaction* : dans un journal, réunion au cours de laquelle on choisit les sujets des articles.
– *délocaliser* : d'après *délocalisation*, introduit p. 61.
– *se passer de* : ne pas utiliser. Expliquer en contexte.
– *mobilisation* : regroupement de personnes pour défendre une cause.

▶ Jeu de rôle

1. Lecture et présentation du vocabulaire de l'encadré p. 91.

2. Présentation de la situation du jeu de rôles.
À faire à trois :

– l'organisateur du programme de visites. Il fait des propositions d'activités. *On pourrait aller voir ... Ça vous intéresserait de faire une excursion ... Ça vous plairait d'aller au musée ...*

– une personne intéressée par ses propositions. *Ça paraît intéressant... Ça me plaît beaucoup... Ça vaut la peine ...*

– une personne indifférente à ses propositions. *On peut s'en passer... Ça me laisse indifférent...*

Utiliser le vocabulaire de l'encadré.

▶ Scène 3

1. ⊙ 2-24 Transcrire la scène.

2. Caractériser les personnages.

Julie, en colère, jalouse de Zoé.

Grégory, indifférent, ne semble pas avoir envie de travailler.

▶ Scène 4

1. Observation du dessin. Faire décrire la situation et faire des hypothèses sur l'identité du personnage que Zoé interroge.

2. ⊙ 2-25 Écouter le dialogue selon la procédure du dévoilement progressif.

3. Répondre aux questions posées dans le livre.

Zoé est allée à l'usine Fibrasport parce qu'il y a une manifestation des ouvriers.

Les ouvriers, les syndicats sont présents. Ils protestent contre le projet de délocalisation. Un député, A. Bossard, est aussi présent.

La mobilisation est justifiée parce que l'usine a annoncé des bénéfices.

Zoé interroge le député. Elle va rencontrer les syndicats puis la direction.

Expliquer :

– *bénéfice* : quand les recettes d'une entreprise sont plus importantes que les dépenses

– *effectivement* : synonyme de « oui ». Utilisé pour approuver comme *absolument*, *c'est vrai*, etc.

▶ ⊙ 2-26 Prononciation

Faire prendre conscience de la différence de prononciation entre [k] et [g], consonne sonore prononcée plus en arrière dans la bouche.

À savoir

- **Bruxelles** : capitale de la Belgique, en grande partie francophone (près de 1 million d'habitants avec son agglomération).

- **Quartier des Marolles** : quartier populaire de Bruxelles où vivent encore beaucoup d'artisans et de personnes âgées.

- **Quartier Marconi** : situé au sud de Bruxelles

- **Basilique de Koekelberg** (voir p. 98) : construite au début du XXe siècle, elle ressemble au Sacré-Cœur de Paris. On y a organisé en 2008 une grande exposition des œuvres de Léonard de Vinci.

Écrits et Civilisation, p. 92-93

▶ Objectifs

Savoir-faire

- Comprendre la rubrique des faits divers dans la presse.
- Rédiger une brève relation d'un fait divers.
- Donner un avis sur l'objectivité de la presse.

Vocabulaire

- Vocabulaire des crimes et des délits (voir tableau p. 92).
- *une aube, une cagoule, le crâne, une ébriété, la façon, une impression, un intermédiaire, le loup, la mirabelle, le mouton, une ombre, le propos, la résurrection, une séquence, le sifflet, le témoin, le tribunal, le troupeau*
- *ridicule*
- *célébrer, circuler, échapper (s'), éclater, emparer (s'), entraîner, exagérer, ignorer, interpeller, mordre, ravager*
- *aux alentours de, grièvement, vraisemblablement*

Connaissances culturelles

- Opinion des Français sur la presse.

▶ Lecture des faits divers

La classe se partage les sept faits divers. Chaque groupe rapporte le contenu du texte qu'il a choisi, propose un titre et présente le problème de société lié au fait divers.

(1) *Un retraité de 62 ans ...* Titre : Un retraité de 62 ans gravement mordu par un chien – *Commentaires* : certaines personnes prennent comme animal de compagnie des chiens dangereux. C'est peut-être le résultat d'un sentiment d'insécurité. L'agressivité du propriétaire envers les journalistes explique le choix de l'animal. C'est aussi le signe d'un développement inquiétant de l'agressivité des gens.

(2) *Les pâtissiers ...* Titre : La plus grande tarte du monde pour célébrer le TGV – *Commentaires* : c'est le signe du dynamisme de certaines personnes. Ils ont voulu eux aussi pulvériser un record du monde.

(3) *Un important incendie ...* Titre : Un incendie allumé par des jeunes fait sept blessés graves – *Commentaires* : c'est le signe de l'irresponsabilité de certains jeunes et le résultat de l'effet de groupe.

(4) *Des bagarres ont éclaté ...* Titre : Bagarre entre jeunes et gendarmes à Ecquevilly – *Commentaires* : certains jeunes considèrent leur cité comme leur territoire et n'acceptent pas que la police y vienne pour faire respecter la loi.

(5) *Plusieurs hommes cagoulés ...* Titre : Vol de tableau au musée des Beaux-Arts de Nice – *Commentaires* : les voleurs deviennent de plus en plus audacieux et dangereux.

(6) *Des loups ont attaqué ...* Titre : Une dizaine de moutons tués par des loups – *Commentaires* : la réintroduction des loups et leur protection est-elle une bonne chose ?

(7) *Le tribunal correctionnel ...* Titre : 28 personnes impliquées dans des mariages blancs – *Commentaires* : pour obtenir la nationalité française, certaines personnes utilisent un moyen illégal.

▶ Rédigez une nouvelle brève

Entraînement à la prise de notes. Les étudiants devront rédiger un commentaire des deux photos de la page 92 en utilisant les informations enregistrées.

🎧 **2-27** Faire plusieurs écoutes pour chaque document. Poser des questions pour dégager les informations essentielles.

a. Photo spectacle Bartabas

Le spectacle équestre de Bartabas présenté à l'ouverture du Festival d'Avignon a eu un très grand succès. Le public l'a applaudi pendant plus d'une heure, touché par la poésie et la beauté du spectacle, inspiré du folklore des Balkans.

b. Grève au journal *France-Soir*

Le personnel du quotidien *France-Soir* refuse la proposition de rachat du concurrent, entraînant des suppressions de postes et se met en grève.

▶ Opinions sur la qualité de l'information

1. Lecture et commentaire du sondage « Les Français et les médias ».

a. Faire formuler les résultats chiffrés en utilisant les adjectifs et les pronoms indéfinis.

Peu de Français pensent que les médias disent exactement la vérité. Un peu moins de la moitié pense qu'ils disent à peu près la vérité mais très peu pensent que c'est le cas sur Internet. La radio serait le moyen d'informations le plus fiable. La télévision déformerait beaucoup l'information. En ce qui concerne Internet, beaucoup sont sans opinion.

b. Organiser le sondage en classe.

2. Lecture et commentaire du forum « Pensez-vous être bien informés ? ». À faire sous forme de tour de table.

a. Faire dégager l'opinion principale formulée dans chaque message.

Cormoran. Beaucoup d'informations mais toujours les mêmes. Peu d'explications ou d'opinions. C'est ce qu'on appelle la pensée unique.

Tiki 2 répond à Cormoran. Il trouvera ce qu'il cherche dans les journaux ou dans des émissions comme « C dans l'air ».

Enzym. Informations caricaturées et généralisation excessive.

Phosphore. Certaines personnes s'intéressent plus au présentateur qu'à l'information.

Vanille. L'information est scénarisée. On ne fait plus la différence avec un film de fiction.

b. Les étudiants ajoutent leurs messages au forum.

3. Lecture et commentaire de l'article « Internet, le cinquième pouvoir ? ».

a. Rappeler le contexte historique. En avril 2007 a eu lieu l'élection présidentielle. Nicolas Sarkozy était le candidat principal de la droite, Ségolène Royal de la gauche. Elle était en tête dans les sondages mais était critiquée au sein de son parti. Elle est alors attaquée sur Internet.

b. Faire la liste des attaques contre Ségolène Royal.

(1) La vidéo du sociologue Pierre Bourdieu qui critique Mme Royal.

(2) Un meeting où elle est sifflée par les militants de son parti. Ce meeting n'était pas public.

(3) Un extrait de conversation où elle dit que les enseignants devraient travailler plus.

Ces attaques sont-elles normales ? Un homme ou une femme politique ne peut-elle pas avoir de vie privée au cours de laquelle elle exprime des idées personnelles ? Une information est-elle toujours vraie quand elle est coupée de son contexte ? Une déclaration ancienne peut-elle prouver que ce qu'on dit aujourd'hui n'est pas sincère ?

c. Débat sur la question « Internet est-il un bon moyen d'informations ? »

À savoir

- **Le journal télévisé de 20 heures**. Il est regardé par une majorité de Français qui ont le choix entre celui de TF1, animé par Patrick Poivre d'Arvor (remplacé en 2008 par Laurence Ferrari) et Claire Chazal, et celui de France 2 animé par David Pujadas. On y traite une dizaine de sujets de manière superficielle et imagée.

- **Les émissions politiques**. Elles sont nombreuses : invitation d'un homme politique qui répond à des journalistes, débat entre spécialistes, etc.

- **Pierre Bourdieu (1930-2002).** Sociologue et intellectuel engagé. Il a marqué la sociologie par sa théorie de la reproduction des hiérarchies sociales : on naît dans une « classe culturelle » qui nous marque pour la vie et dont il est très difficile de sortir même si on change de statut social.

- **Ségolène Royal.** Femme politique née en 1953. A été ministre de François Mitterrand, députée du département des Deux-Sèvres, présidente du Conseil régional de Poitou-Charentes et candidate battue à l'élection présidentielle de 2007. Elle avait été désignée comme candidate du parti socialiste par 60 % des militants. La rencontre à Angers dont il est question dans l'article était un échange de vue informel avec des militants.

Leçon 10 - Vous y croyez ?

Interactions, p. 94-95

▶ Objectifs

Savoir-faire
- Comprendre et raconter une anecdote étrange.
- Donner son opinion sur la vérité d'un fait.

Vocabulaire
- Vocabulaire des croyances, mensonges, vérités.
- *le bonheur, la boule, la caméra, la cime, une crotte, une échelle, un écran, un effet, une épave, une étoile filante, une existence, le geste, le lapin, le manuscrit, le parapluie, la patte, le poignet, le relax, la reprise, la salière, la silhouette, la surveillance, la terrasse, la théorie, le tournage, le trèfle, le végétal, le virage*
- *humain, incroyable, lumineux, transparent, vertigineux*
- *apercevoir, bousculer, charger, confronter, décéder, disparaître, tromper*
- *bord (à – de), cours (au – de), tantôt*

Connaissances culturelles
- Croyances et superstitions en France.

La double page 94-95 se présente comme un dossier comportant trois documents :
– un extrait du programme de la chaîne de télévision TF1 présentant une émission intitulée « Les trente histoires les plus mystérieuses » ;
– un extrait du site Internet « Photovni » qui recueille des témoignages de personnes ayant observé des ovnis (objets volants non identifiés) ;
– un bref article sur le retour des porte-bonheur.

▶ Trouvez des idées pour l'émission

1. Observation et identification du premier document.
Lecture collective de l'introduction. *De quelle émission s'agit-il ? Que pourra-t-on y voir ?*

2. La classe se partage les quatre sujets de l'émission présentés dans le livre.
Présentation à la classe et vérification de la compréhension.

Expliquer :
- *La dame blanche*
– *un virage* : tournant sur une route.
– *une silhouette* : une forme qu'on ne peut pas voir avec précision.
– *apercevoir* : voir de loin ou avec difficulté.
– *disparaître* : quand une personne ou une chose n'est plus là.
– *au bord de* : par le dessin.
- *Fantôme ...*
– *fantôme* : dans les châteaux en Écosse, il y a des fantômes.
– *effets spéciaux* : citer les effets spéciaux d'un film comme *Le Seigneur des anneaux*.
– *caméra de surveillance* : faire un dessin. Il y en a dans les banques, dans les musées, dans les rues...
– *transparent* : quand on peut voir au travers.
– *épave* : se dit d'une voiture, d'un bateau inutilisable.
– *décéder* : mourir. Rappeler « décès », vu à la leçon 9.
- *Poltergeist, le film maudit*
– *maudit, malédiction* : maudire quelqu'un, c'est prononcer des paroles par lesquelles on lui veut du mal. C'est une malédiction. La personne est maudite.
– *incroyable* : qu'on ne peut pas croire.
– *confronter* : opposer.
– *tournage d'un film* : sa réalisation.
- *L'homme pongoïde :*
– *existence* : à partir d'« exister », vu au niveau 1.
– *bousculer* : faire bouger.
– *théorie* : explication scientifique.

2. Travail en petits groupes. Recherche d'autres sujets pour l'émission. Pour chaque sujet rédiger une brève présentation.

3. Présentation des projets de reportage.

4. Observer les constructions avec « dont » :
– dont la conductrice est décédée (2e reportage) ;
– dont le tournage a été marqué (3e reportage) ;
– dont l'écriture est inconnue ... (manuscrit de Voy-nich).

▶ Racontez un phénomène étrange

1. Lecture du document « Objets venus d'ailleurs »
a. Identification du document. D'où est-il extrait ?
b. Lecture silencieuse par les étudiants.

c. Reconstitution collective du contenu du texte. Cette reconstitution peut se faire en plusieurs étapes :
– dessin au tableau du décor de la scène ;
– dessin du mouvement de la boule orange ;
– questions permettant de trouver les autres éléments de la situation : *Qui écrit ? Où habitent-ils ? Etc.*
Expliquer :
– *à plusieurs reprises* : plusieurs fois.
– *la terrasse* : la terrasse du café (voir photo p. 91), la terrasse d'une maison.
– *le relax* : fauteuil pour se relaxer (chaise longue).
– *la cime* : le sommet.
– *la boule* : par le dessin.
– *lumineux* : qui produit de la lumière.
– *vitesse vertigineuse* : qui donne le vertige.

2. Les étudiants donnent leur opinion sur ce témoignage. Le professeur peut à cette occasion introduire les expressions de la p. 96.
Il est possible que ce soit un avion ou les phares d'un tracteur dans la montagne, etc.

3. Présentation du vocabulaire du tableau « Croyances, mensonges, vérités ».

4. Les étudiants racontent un phénomène étrange dont ils ont été témoins ou qu'ils ont entendu raconter.

▶ Êtes-vous superstitieux ?

1. Lecture collective du paragraphe « Les Français sont-ils superstitieux ? ».
Expliquer :
– *superstitieux* : l'explication du mot est donnée dans le texte.
– *horoscope* : montrer un horoscope. Prédiction de l'avenir d'après la date de naissance.
– *porter malheur / porter bonheur* : porter chance ou malchance.
– *croyance* : à partir de « croire ».

2. Faire un tour de table au cours duquel les étudiants donnent leur opinion sur les porte-bonheur et les porte-malheur. Discussion sur les superstitions dans les pays des étudiants.

Ressources, p. 96-97

▶ Objectifs

Savoir-faire
• Exprimer le doute et la certitude à propos d'un fait.
• Caractériser une personne ou une chose.

Grammaire
• Les formes impersonnelles.
• L'expression de la possibilité et de l'impossibilité.
• L'expression de la probabilité et de l'improbabilité.
• L'expression de l'apparence, de la certitude, du doute.
• La proposition relative introduite par « dont ».

Vocabulaire
• *la certitude, une écriture, la plaisanterie*
• *probable, fier*
• *avoir l'air, douter, rêver, risquer, sembler*

▶ Exprimer le doute ou la certitude

1. Observation des phrases du dessin humoristique.
a. S'assurer de la compréhension de la situation. Des archéologues viennent de découvrir des inscriptions. Ils essaient de les identifier. Relever toutes les hypothèses d'identification qu'ils font (*écriture d'anciens Égyptiens, vieux chinois, une plaisanterie*).
b. Tracer au tableau une ligne horizontale. Écrire « Je ne suis pas sûr » à gauche et « Je suis sûr » à droite. Au fur et à mesure de la lecture des phrases du dessin, placer les expressions selon le degré de certitude ou de doute qu'elle exprime.
De gauche à droite : *J'en doute – Il est possible que – Il se peut que – On dirait que – Ça risque d'être – Il est probable que – il me semble que*.

2. Lecture du tableau de grammaire.
a. Présenter les verbes impersonnels. Les étudiants ont déjà rencontré quelques-uns de ces verbes : *Il faut, il pleut*, etc. Indiquer que le pronom « il » ne représente ni une personne ni une chose, d'où le terme « verbe impersonnel ».
b. Présenter la forme « Il est » + adjectif à partir de la transformation :
Nous partirons ce week-end, c'est possible. → Il est possible que nous partions ce week-end.
N.B. Les constructions impersonnelles seront vues plus en détail au niveau 3. On se contentera, à ce niveau, de celles qui introduisent la certitude et le doute.
c. Présenter les autres formes. Montrer que l'incertitude conditionne souvent le subjonctif.

3. Exercice 2
• Il est probable que ce sont les voisins.
– Il est impossible que ce soient les voisins. Je suis sûre que les voisins sont en voyage.
• Il est possible qu'il y ait des rats...
– Il se peut que quelqu'un fasse du bruit ... Je suis certaine que quelqu'un frappe à la porte.
• Je ne suis pas sûr que le bruit vienne de la porte.

4. Exercice 3

Présenter chaque situation aux étudiants. Ils rédigent des phrases d'après les indications en variant les formes.

a. • Il est possible qu'ils aient eu un accident.

– Moi, je suis sûre qu'ils ont oublié l'invitation.

• Il se peut aussi qu'il y ait des embouteillages sur la route.

– Etc.

b. C'est peut-être une bouteille de gaz qui explose... J'ai l'impression que c'est le feu d'artifice qui commence...

▶ Comprendre les constructions avec « dont »

1. Observation des phrases du dessin. Pour chaque phrase :

– chercher ce que caractérise le groupe en gras ;

– réécrire la phrase en supprimant « dont ». Trouver la fonction grammaticale du mot caractérisé.

Je vous ai parlé de cette *maison* (complément du verbe introduit par « de »).

Nous rêvions depuis longtemps de cette *découverte* (complément du verbe introduit par « de »).

Nous sommes très fiers de cette *découverte* (complément de l'adjectif introduit par « de »).

Les pièces de cette *maison* sont décorées (complément du nom « pièce »).

Les inscriptions de ces *murs*... (complément du nom « inscriptions »).

2. Rechercher toutes les constructions qui permettent de rajouter une information à un nom.

La maison *spacieuse* (adjectif)

... *de François* (complément du nom)

... *qui est sur la colline* (proposition relative)

... *que je connais* (proposition relative)

... *dont le toit est rouge* (proposition relative)

3. Exercice 2

a. ... une fille sympa *dont* le frère est musicien.

b. ... ce frère *dont* la femme est bonne cuisinière.

c. ... une maison *dont* la cuisine est immense.

d. ... un salon *dont* les murs sont couverts d'affiches.

e. ... un repas *dont* les légumes et les fruits venaient du jardin.

f. ... un morceau de musique *dont* le rythme m'a endormi.

4. Exercice 3

a. ... d'une entreprise *dont* le comptable a pris sa retraite.

b. ... un bon comptable *dont* je me suis souvenu.

c. ... ce comptable *dont* je connaissais le nom.

d. ... ce comptable *dont* elle avait besoin.

e. C'est un bon employé *dont* elle est très contente.

f. ... c'est un beau garçon *dont* elle risque de tomber amoureuse.

5. Exercice 4

Voici un masque *que* j'ai rapporté ... un dessin *qui* a été fait ... ce tableau *dont* les couleurs ... une sculpture *que* j'aime beaucoup et *dont* le bois ... un collier *que* j'ai acheté et *dont* les pierres ...

6. Exercice 5

Exercice d'imitation de l'exercice précédent.

Voici John *qui* habite Londres, Anne *dont* vous connaissez les parents, Paul *que* vous avez déjà rencontré, etc.

▶ La grammaire sans réfléchir

1. ⊕ **2-28 Exercice 1.** Construction de la proposition relative avec « dont ».

Elle présente sa bibliothèque. Combinez les deux phrases comme dans l'exemple.

• Voici un roman policier. Je t'en ai parlé.

– Voici le roman policier dont je t'ai parlé.

• Je te prête cette BD. Je l'ai lue.

– Je te prête cette BD que j'ai lue.

• Admire ce livre. Ses illustrations sont magnifiques.

– Admire ce livre dont les illustrations sont magnifiques.

• Tu connais ce roman ? Son auteur habite la région.

– Tu connais ce roman dont l'auteur habite la région ?

• J'ai plusieurs livres anciens. Un de ces livres date du XVIIe siècle.

– J'ai plusieurs livres anciens dont un date du XVIIe siècle.

2. ⊕ **2-29 Exercice 2.** Construction des formes impersonnelles exprimant le doute ou la certitude.

Claudia a de mauvaises notes à l'école. Confirmez comme dans l'exemple.

• Elle ne travaille pas assez. C'est probable.

– Il est probable qu'elle ne travaille pas assez.

• Elle n'est pas assez attentive. C'est possible.

– Il est possible qu'elle ne soit pas assez attentive.

• Elle n'apprend pas ses leçons. C'est dommage.

– Il est dommage qu'elle n'apprenne pas ses leçons.

• Elle n'aime pas les maths. On le dirait.

– On dirait qu'elle n'aime pas les maths.

• Elle ne prend pas de cours particuliers. C'est dommage.

– Il est dommage qu'elle ne prenne pas de cours particuliers.

Simulations p. 98-99

▶ Objectifs

Savoir-faire

• Exprimer une opinion sur la vérité ou la réalité d'un fait : doute, possibilité, certitude, etc.

• Promettre, donner des assurances, jurer.

Vocabulaire

- la basilique, le vernissage, le bijou, la maîtrise, le rédacteur, la commission, le coup, le front, la photographie, la révélation, la vérification
- banal
- exiler, reprendre, rendre compte, vérifier
- absolument, bref

Prononciation

- Distinction entre [b], [v] et [p].

L'histoire

Zoé rencontre à nouveau le député Arnaud Bossard au vernissage de l'exposition Léonard de Vinci à la basilique de Koekelberg. Ils admirent un instant un des tableaux du maître, *La Belle Ferronnière*. Puis, pour remercier Zoé de son article de soutien aux ouvriers de Fibrasport, il lui révèle une information encore tenue secrète. La Commission européenne travaillerait sur une loi selon laquelle les différents pays d'où sont originaires les œuvres d'art exposées dans les grands musées du monde seraient en droit de réclamer ces œuvres. Zoé est dubitative mais Bossard lui donne le numéro de portable d'un membre de la Commission en charge du dossier.

Le soir, elle révèle l'information à son rédacteur en chef qui lui demande de travailler dans le plus grand secret. Le nom de code de l'enquête sera « Le dossier Vinci ».

Le lendemain, Julie et le stagiaire Grégory déjeunent ensemble. Grégory se plaint de Zoé qui l'ignore complètement. Il a surpris une conversation à propos du dossier Vinci et promet à Julie de chercher à en savoir davantage.

▶ Scène 1

1. Observation du dessin et de la photo et écoute de la partie transcrite du dialogue. *Où est Zoé ? Que regarde-t-elle ? Qui l'aborde ?*

2. ⏏ **2-30 Écoute de la suite du dialogue.** Transcription des passages qui permettent de répondre aux questions du livre.

a. Zoé et Arnaud parlent d'un tableau de Léonard de Vinci, *La Belle Ferronnière*.

b. Selon Zoé, la Belle Ferronnière est une Française, maîtresse de François Ier dont le mari s'appelait Ferron. Selon Arnaud, c'est une Italienne, la femme ou la maîtresse du duc de Milan.

c. Il s'agit du bijou que les femmes portaient sur le front (voir la photo du tableau).

Expliquer :

– *vernissage* : inauguration d'une exposition.

– *bijou* : une bague, un collier, etc.

– *maîtresse* : Louis XIV était marié à Marie-Thérèse d'Espagne mais il a eu de nombreuses maîtresses.

– *exilé* : être obligé de vivre dans un pays étranger.

▶ Scène 2

1. ⏏ **2-31 Écoute du dialogue.** Rédiger l'information donnée par Bossard sous forme d'un titre de presse.
Le retour des œuvres d'art dans leur pays d'origine.
Une loi de la Commission européenne autorise les pays où les œuvres d'art ont été produites à les réclamer aux musées où elles sont exposées.
Noter les exemples donnés par Zoé et Arnaud.

2. Relever les marques du doute et ce qui prouve que l'information donnée par Bossard est vraie.
Expliquer :

– *révélation* : information nouvelle et extraordinaire.

– *banal* : sans originalité.

– *absolument* : synonyme de « oui ».

– *Commission européenne* : une des institutions de l'Union européenne, chargée de proposer et de faire exécuter les lois de la politique européenne.

▶ Débat : pour ou contre le projet de loi ?

Suivre la consigne donnée dans le livre.

• Arguments pour

Certains pays ont produit dans le passé beaucoup d'œuvres d'art qui ont été pillées ou vendues. Il serait normal que les plus grands chefs-d'œuvre retournent dans leur pays.

Dans certains pays, les régions deviennent plus autonomes. Il serait normal que chaque région puisse montrer les œuvres qu'elle a produites dans le passé.

• Arguments contre

Certaines œuvres étaient privées et ont été achetées par des musées étrangers.

Le transport des œuvres hors de leur pays d'origine a permis de les sauvegarder.

Il y a plus de visiteurs au Louvre ou au British Museum que dans certains pays du Moyen-Orient ou d'Asie.

▶ Scène 3

⏏ **2-32** Écouter la scène et dire si les affirmations du livre sont vraies ou fausses.

a. Vrai car si l'information est fausse, le journal sera accusé de mensonge et les auteurs seront renvoyés. – **b.** Vrai car c'est un scoop (une information sensationnelle) qui fera monter les ventes du journal. – **c.** Vrai car un autre journaliste peut vendre l'information à un concurrent. – **d.** Faux. Zoé a confiance en Bossard et en son informateur qui doit être quelqu'un d'important.

Expliquer :

– *se rendre compte* : comprendre, mesurer, réaliser toutes les conséquences d'un fait. *Après son doctorat, il a voulu prendre 2 ans pour faire le tour du monde. Après il n'a pas trouvé de travail. Il s'est rendu compte de son erreur.*

▶ **Scène 4**

🌐 **2-33** Écouter le dialogue et noter toutes les nouvelles informations : *Grégory fait son stage avec Zoé Duquesne. Elle ne lui parle pas de son travail. Grégory a découvert… Etc.*

▶ 🌐 **2-34 Prononciation**

Opposition entre la consonne sourde [p], sa correspondante sonore [b] et la consonne [v].

> **À savoir**
>
> • ***La Belle Ferronnière.*** Tableau attribué à Léonard de Vinci, peint entre 1495 et 1497. On pense que le tableau a été peint en Italie et qu'il représente une personnalité importante de la société milanaise. Il fait partie des collections du Louvre. Le nom *La Belle Ferronnière*, qui n'a été donné que plus tard, est à l'origine de la confusion sur la personne représentée sur le tableau.
>
> • **Turner** (1775-1851). Peintre britannique considéré comme le précurseur de l'impressionnisme.
>
> • **Van Eyck** (1390-1441). Peintre flamand célèbre pour ses portraits précis et réalistes, notamment le portrait des époux Arnolfini.

Écrits et Civilisation, p. 100-101

▶ **Objectifs**

Savoir-faire
• comprendre des informations sur l'art dans un guide touristique ou dans un musée.

Vocabulaire
• Vocabulaire des arts plastiques (p. 101).
• *une asperge, la botte, la cataracte, le collectionneur, la consommation, la couche, le désir, un expert, un infrarouge, le motif, la nature morte, le nymphéa, une obsession, un/une ophtalmologue, la provocation, le refuge, le représentant, la représentation, le respect, la restauration, la révolte, le tulle*
• *antérieur, comblé, enceinte, flou, multiple, répétitif, typique*
• *abandonner, accoucher, atteindre, commémorer, convenir, déformer, évoquer, exécuter, fixer, inaugurer, opérer, oser, pénétrer, perfectionner, surprendre*
• *distinctement, occurrence (en l'–)*

> **Connaissances culturelles**
> • Quelques peintres et mouvements artistiques de la fin du XIXᵉ siècle à aujourd'hui.
> • Le Musée national d'art moderne de Paris.

La double page propose deux documents :
– p. 100, un dossier, « L'art et ses mystères », composé de trois petits articles ;
– p. 101, un extrait de guide touristique sur le Musée national d'art moderne de Paris.

▶ **L'art et ses mystères**

1. Lecture silencieuse de l'introduction. Quelle est la phrase la plus importante ?

2. Découverte des trois articles. La classe se partage les trois textes. Donner comme projet de lecture la recherche du mystère caché dans chaque tableau.

3. Mise en commun. Reformulation orale du contenu de chaque article.
a. L'Asperge de Manet. *Pourquoi ce tableau est-il surprenant ?* (Il est petit, il ne représente qu'une asperge sur le coin d'une table.) *Quelle est l'explication ?* (Manet a réalisé une botte d'asperges pour le collectionneur Charles Ephrussi. Il demande 800 francs mais Ephrussi lui en donne 1 000. Manet peint alors l'asperge unique pour le remercier.)
Expliquer :
– *surprendre* : à partir de « surpris ».
– *représenter* : ce tableau représente une asperge…
– *grosse légume* : expression imagée signifiant « personnage important » (≠ un légume, masculin).
– *botte* : botte d'asperges, botte de radis. Plusieurs légumes attachés ensemble.
– *en l'occurrence* : dans le cas présent.
– *exécuter un tableau, une tâche* : faire.
b. Monet, quand l'œil droit … *De quelles œuvres parle cet article ?* (Les Nymphéas que Monet peint à 70 ans dans son jardin de Giverny.) *Quelle est l'évolution des peintures des Nymphéas ?* (Formes plus floues, couleurs plus variées.) *Quelle est l'explication ?* (La maladie de Monet dont les yeux ne voient pas les mêmes couleurs.)
Expliquer :
– *nymphéas* : nénuphars, par le dessin.
– *flou* : qui n'est pas clair, pas précis, qu'on ne voit pas distinctement.
– *ophtalmologue* : médecin spécialisé dans les maladies des yeux.
– *cataracte* : maladie des yeux.
c. Révélation : la Joconde sourit … *Quel est le mystère de la Joconde ?* (Son sourire.) *Qui a une réponse à la question ?* (Des scientifiques canadiens.) *Qu'ont-ils découvert ?* (Par-dessus sa robe, elle porte un vêtement de tulle qui était caractéristique au XVIᵉ siècle des femmes enceintes ou qui venaient d'accoucher.)

Expliquer :

– *comblée* : satisfaite.

– *percer un secret* : découvrir.

– *caméra à infrarouge, imagerie tridimensionnelle* : sorte de scanner.

– *enceinte, accoucher* : une femme enceinte attend un enfant. Au bout de 9 mois, elle accouche.

– *pénétrer* : entrer.

– *couche de peinture* : par la gestuelle.

– *tulle* : tissu fin utilisé pour se protéger des moustiques.

▶ Découverte du Musée d'art moderne

1. Lecture de la présentation du musée. Plusieurs procédures possibles.

a. L'idéal serait que cette présentation soit faite par un étudiant intéressé par l'art moderne. Il aurait préparé un exposé à partir d'illustrations représentatives des artistes cités dans l'article.

b. L'enseignant peut aussi écrire les noms des artistes sur des petits papiers qui sont tirés au sort par les étudiants. Ceux-ci doivent chercher dans l'article l'information relative à l'artiste dont ils ont tiré le nom.

c. L'enseignant montre des tableaux ou des sculptures. Les étudiants essaient de trouver leur auteur d'après les informations de l'article.

2. Présentation du vocabulaire du tableau « Les arts plastiques »

3. ⏱ 2-35 **Écoute du guide du musée.** Le guide présente les deux œuvres de la page 101. Les étudiants complètent le tableau.

Artiste et nom de l'œuvre	Braque : *Paysage de l'Estaque*	Marcel Duchamp : *Roue de bicyclette*
Date et courant artistique	1906 – Période fauviste	1913 – Mouvement Dada
Matériaux	Peinture à l'huile sur toile	Roue de métal, tabouret de bois peint
Description	Forêt méditerranéenne près du village de l'Estaque (près de Marseille). À droite, entrée d'une propriété.	Roue de bicyclette fixée sur un tabouret
Explications	Couleurs vives différentes de la réalité. Les feuillages sont mauves et bleus. Les traits sont épais. Les formes harmonieuses. Il n'y a pas de souci de représentation fidèle de la réalité.	Rejet de l'art officiel. Goût du jeu, de la plaisanterie et de la provocation.

À savoir

- **Manet** (1832-1883), peintre naturaliste aux sujets souvent audacieux (*Olympia*, *Le Déjeuner sur l'herbe*).
- **Le musée d'Orsay,** créé en 1986 dans l'ancienne gare d'Orsay et présentant les œuvres de la fin du XIXᵉ siècle et du début du XXᵉ.
- **Monet** (1840-1926). Le titre d'un de ses tableaux, *Impression soleil levant*, a donné son nom au courant impressionniste. Il peint des paysages et des scènes d'extérieur, quelquefois à différents moments de la journée ou de l'année (*La Cathédrale de Rouen*, *Les Nymphéas*, *Les Meules*, *La Gare Saint-Lazare*).
- **La Joconde.** Léonard de Vinci a commencé à peindre ce tableau en Italie en 1503 puis l'a emporté en France, avec lui, quand il a été invité par François Iᵉʳ au château d'Amboise. Rappelons que Léonard de Vinci est décédé en France et qu'il est enterré près d'Amboise. Depuis longtemps, ce tableau a suscité la fascination à cause des mystères qui l'entourent.

– L'identité de la jeune femme. *Il s'agirait de Lisa Maria Gherardini, épouse du marchand de soie Del Giocondo. Le nom du tableau viendrait de* Ma Dona *(madame en italien), abrégé en* Mona *d'où* Mona Lisa, Madame Lisa.

– Les sourcils épilés. *Certains pensent que c'est une mode de l'époque, d'autres que c'était un signe distinctif des prostituées. C'est pour cette raison que le mari de Mona Lisa aurait refusé d'acheter le tableau.*

– Le regard et le sourire. *En italien*, giocondo *signifie* « serein». *On pense que Léonard de Vinci a cherché à peindre l'image de la sérénité. L'étude exposée dans l'article irait dans ce sens. Mona Lisa vient d'accoucher. Elle est heureuse.*

– La technique du « sfumato ». *C'est un effet de flou obtenu par la superposition de couches de peinture inventé par Léonard de Vinci et utilisé par les peintres de la Renaissance pour donner une impression de profondeur.*

- **Les écoles de peinture au début du xxᵉ siècle** (voir ce livre du professeur, p. 40).

- **Le Centre Georges-Pompidou.** Centre culturel construit en 1977 par les architectes Piano et Rogers. Son architecture originale qui montre les éléments techniques du bâtiment a été au début très controversée puis a fini par faire son succès. Il contient une bibliothèque publique d'information, des salles d'exposition, un centre de recherche musicale et le Musée national d'art moderne.

- **Dada ou dadaïsme.** Mouvement intellectuel, littéraire et artistique qui remet en cause les conventions. Il débute après la guerre de 1914-1918 et il est à l'origine du surréalisme. Le mot « Dada » a été choisi en ouvrant au hasard un dictionnaire.

- **Les courants artistiques après la guerre de 1939-1945**

  – **les Nouveaux Réalistes.** Courant artistique des années 1960 qui rejette l'art traditionnel (en particulier la représentation des choses) et utilise pour ses créations les objets du quotidien. Le peintre César compresse des voitures, Armand expose des morceaux de violons fracassés, Villeglé expose des panneaux d'affiches lacérées... Yves Klein (voir photo p. 30 du livre) a fait partie de ce courant.

  – **la Nouvelle Figuration.** Ce courant réintroduit la représentation et en particulier le dessin dans l'art en s'inspirant de la bande dessinée, du cinéma, de la photographie et de la publicité. Adami, Arroyo, Monory en sont les principaux représentants.

  – **Support-surface**. Courant qui refuse la représentation et l'expression. La peinture ne représente qu'elle-même et le support du tableau est aussi important que la forme peinte. Représentants : Viallat, Bernard Pagès.

  – Avec l'Allemand Josef **Beuys**, c'est l'artiste lui-même qui met en scène sa vie et ses souvenirs dans des installations et des performances. Les sculptures de Thomas **Schütte** suscitent des réflexions sur l'humanité et le monde contemporain.

Leçon 11 - C'est toute une histoire !

Interactions, p. 102-103

▶ Objectifs

Savoir-faire
- Parler d'une construction, d'un bâtiment (origine, histoire, état).
- Mettre en valeur un objet.
- Faire un projet.

Vocabulaire
- Vocabulaire de la construction et de la rénovation (tableau p. 103).
- *une annexe, le/la bénévole, la biscuiterie, la bordure, le canal, la chapelle, le chemin de fer, le cirque, la défense, la dynastie, un empire, une empreinte, le genre, une imagination, le migrant, un oubli, le plongeur, la proximité, la revue, le tombeau*
- *atypique, glorieux, identique, industriel, prestigieux*
- *baptiser, classer, consacrer, convoiter, éclairer, ériger, inspirer, mériter, ramasser, remettre, sauver, vouer*

Grammaire
- Compréhension du plus-que-parfait (antériorité).
- Compréhension du passé simple et du passé antérieur.

▶ Lecture du tract

1. Lecture silencieuse. Les étudiants répondent aux questions du livre.
Correction collective

– Qui a écrit ce document ? *L'association « Écho Patrimoine ».*

– À quelle occasion ? *Les Journées européennes du Patrimoine.*

– Pour qui ? *Les futurs visiteurs des lieux du patrimoine. Les personnes qui connaissent un témoin du passé qui mériterait d'être sauvé de l'oubli.*

– Dans quel but ? *Sauver ce témoin de l'oubli et de la destruction. Aider ceux qui le rénovent.*

– Que se passe-t-il pour les Journées du Patrimoine ? *Les monuments et les musées sont gratuits. Des lieux généralement fermés sont ouverts au public.*

– Quel est le but de cette manifestation ? *Faire connaître les lieux du patrimoine. Sensibiliser les gens. Sauvegarder le patrimoine.*

Expliquer :
– *chapelle* : petite église.
– *sauver* : éviter un danger ou une destruction.
– *rénover* : remettre en état.
– *bénévole* : qui travaille gratuitement.

2. Présentation du vocabulaire de l'encadré « Constructions et rénovation » p. 103.

▶ Lecture des articles

1. La classe se partage les quatre articles. Chaque groupe prépare une présentation orale à partir des notes qu'il a prises.

Bâtiment	Palais idéal	Biscuiterie Lu	Phare du Planier	Gare du Champ-de-Mars
Type et lieu	Construction d'un palais imaginaire par un facteur de Hauterives (Drôme).	Bâtiment industriel, biscuiterie Lu, à Nantes.	Phare au large de Marseille.	Gare qui se trouvait au pied de la tour Eiffel.
Origine	À partir de 1879 jusqu'en 1912.	1886. Construite par des pâtissiers, les Lefèvre-Utile.	Non précisée. Il a au moins 80 ans.	Début du chemin de fer.
Histoire	Au cours de ses tournées, le facteur ramasse des pierres qui lui servent à construire son palais.	Fonctionne pendant tout le xxᵉ siècle. Restaurée en 1998.	Progressivement abandonné jusqu'en 2007.	À la construction du métro, elle a été transportée à Bois-Colombes au nord-ouest de Paris. A servi d'atelier jusqu'en 1937. Menacée de démolition en 1983.
État actuel	Il est classé monument historique depuis 1970.	Aujourd'hui centre d'art et de culture.	Toujours à l'abandon malgré un projet de musée.	À l'abandon. Échec d'un projet d'installation d'une école du cirque.

2. **Chaque groupe présente le lieu et son histoire. Au cours de la mise au point expliquer :**

• **Le Palais idéal**

– *ramasser* : prendre quelque chose qui est à terre.

– *inspirer* : pour écrire *Les Trois Mousquetaires*, Alexandre Dumas s'est inspiré d'un épisode de l'histoire de France.

– *une revue* : un magazine.

– *un tombeau* : construction pour les morts.

• **La biscuiterie Lu**

– *en bordure de* : au bord de.

– *un canal* : rivière créée par l'homme. Le canal de Suez.

– *à proximité* : près de.

– *une annexe* : construction réalisée pour agrandir un lieu.

– *un empire* : ensemble de pays gouvernés par un empereur.

– *une empreinte* : trace. Ici, la biscuiterie est une trace de l'architecture des anciennes usines.

– *ériger* : construire.

– *vouer, consacrer* : est utilisé pour.

– *prestigieux* : qui séduit et impressionne.

– *identique* : qui est pareil.

– *atypique* : qui est original.

• **Le phare**

– *convoité* : désiré.

– *plongeur* : de « plonger », sauter dans l'eau.

– *baptisé* : ici, nommé.

– *éclairer* : produire de la lumière.

• **L'ancienne gare**

– *glorieux* : célèbre.

– *chemin de fer* : ancienne dénomination du train.

– *cirque* : citer un cirque célèbre.

3. Observer l'emploi des temps du passé dans le texte « Le Palais idéal ». Ce travail peut servir d'introduction aux pages Ressouces.

▶ Projet : sauver un témoin du passé

Le projet sera lancé en classe et se poursuivra en travail personnel.

Les documents qu'on vient d'étudier permettront de motiver les étudiants au projet. En classe, on peut faire une recherche collective d'idées de lieux à sauvegarder.

Ressources, p. 104-105

▶ Objectifs

Savoir-faire
• Faire un récit en précisant la chronologie des événements.
• Comprendre un récit au passé simple et au passé antérieur.

Grammaire
• Le plus-que-parfait.
• Les formes exprimant l'antériorité et la postériorité.
• Le passé simple et le passé antérieur (seulement en compréhension écrite).

Vocabulaire
• *le gang, un pas*
• *soudain*

▶ Faire un récit courant

1. Observation du texte du dessin humoristique. Poser des questions sur la situation. *Un homme a été blessé à la sortie d'un restaurant. La police enquête.*

Noter sur le schéma la succession des événements.

19 h : arrivée de M. Paul → dîner avec des amis, partie de cartes → 23 h : sortie du restaurant

Observer :

– le temps de la première information : *M. Paul a quitté* (passé composé) ;

– le temps des circonstances : *La nuit était tombée. Il semblait inquiet* (imparfait) ;

– le temps des actions qui se passent avant : *Il était arrivé …* (introduire le plus-que-parfait)

2. Lecture de l'encadré « Exprimer l'antériorité »

a. Observer la formation du plus-que-parfait et ses emplois (dans des phrases indépendantes ou dans des propositions subordonnées).

b. Observer les constructions avec « avant de », « avant que » / « après » … (« après que » sera introduit au niveau 3).

Noter que la construction avec « avant que » nécessite des propositions avec des sujets différents.

Faire construire des phrases avec d'autres exemples.

Nous tirons les rideaux puis nous partons en vacances. → Nous avons tiré les rideaux avant de partir en vacances. – Après avoir tiré les rideaux, nous sommes partis en vacances.

Pierre est rentré à 7 h, je suis arrivée à 8 h. → Pierre est rentré avant que j'arrive.

3. Exercice 2

a. ... Je n'avais pas travaillé et j'étais allé(e) faire un stage ...

b. ... Ils avaient appris par cœur ...

c. ... il avait suivi les cours ... Il avait fait tous les devoirs. Il avait pris des cours ...

4. Exercice 3

a. ... avant qu'on le démolisse ...

b. ... Mme Delamare avait vu une photo du château.

c. ... avant de le visiter.

d. ... avant de l'habiter.

e. ... avant que la rénovation soit finie.

▶ Comprendre un récit au passé simple

1. Lecture du texte « M. Paul et le gang des cartes bleues ». Dans la première phrase faire trouver le sens de « fit ». Observer comment s'organisent :

– l'action principale : *M. Paul fit* ... (passé simple)

– les actions antérieures : *quand il eut dîné* ... (passé antérieur) – *il était arrivé, il avait pris* ... (plus-que-parfait)

Remarquer que le passé antérieur s'utilise pour une action antérieure à une action au passé simple et subordonnée à celle-ci.

Procéder de la même manière pour les autres phrases.

2. Repérer les verbes au passé simple dans les textes « Le Palais idéal », p. 102, et « L'ancienne gare du Champ-de-Mars », p. 103.

3. Lecture commentée du tableau de grammaire
Remarquer :

– dans quels types de textes on emploie le passé simple et le passé antérieur ;

– la formation de ces temps. On la rapprochera de la formation de temps simples du passé dans d'autres langues (espagnol, italien, anglais) en insistant sur l'emploi très particulier du passé simple en français.

4. Exercice 2 (Vérification de la compréhension de phrases au passé simple)

a. ... Louis XIV a décidé ...

b. Les travaux ont commencé ...

c. Le roi a pris ...

d. Il est venu ...

e. Il a fait aménager ...

f. Il y a eu de gros problèmes ...

g. De nombreux artistes ont travaillé ...

h. Bientôt les courtisans se sont installés ...

i. Louis XIV est mort...

5. Exercice 3 (Reformulation de l'écrit vers l'oral)

« En mai, j'ai reçu une invitation d'Aurélien. J'ai été surpris car je ne l'avais pas vu depuis longtemps. Mais j'y suis allé.

Nous étions installés dans le salon et j'avais déjà pris un verre quand une fille est arrivée. Elle était très belle. Aurélien me l'a présentée. À table, j'ai été placé à côté d'elle. Nous avons bavardé. Elle adorait les voyages. Nous avions beaucoup de points communs. Après le dessert, quelques personnes ont allumé une cigarette. Céline m'a proposé d'aller sur la terrasse. »

Les deux systèmes du passé

Il est d'ores et déjà important que les étudiants comprennent qu'il y a en français deux systèmes pour faire un récit au passé.

1. Le système le plus fréquent s'organise autour du passé composé. **Le passé composé** traduit les événements principaux. **L'imparfait** traduit les états, les commentaires de ces actions ainsi que les actions habituelles. Les actions antérieures sont traduites soit par **le plus-que-parfait** soit par **le passé composé**. Dans ce dernier cas, il y a un adverbe ou une conjonction qui traduit la chronologie.

Ainsi, si on met le texte « M. Paul et le gang des cartes bleues » dans le système au passé composé, la première phrase deviendra :

« M. Paul a dîné puis il a fait une partie de cartes. » ou bien « Après avoir dîné, M. Paul a fait une partie de cartes ».

2. Le deuxième système est construit autour du passé simple. Il ne s'utilise qu'à l'écrit dans les récits historiques, biographiques ou littéraires. On peut le trouver dans la presse mais jamais dans des écrits familiers ou administratifs (comme les CV). Dans ce système, les actions principales sont au **passé simple**, **l'imparfait** et **le plus-que-parfait** jouent le même rôle que dans le système précédent. Le **passé antérieur** traduit une action antérieure à l'action principale et subordonnée à celle-ci.

Les deux systèmes sont normalement séparés mais il est possible que dans un texte l'auteur passe de l'un à l'autre pour des raisons stylistiques.

▶ La grammaire sans réfléchir

1. ⊙ **2-36 Exercice 1.** Emploi du plus-que-parfait. Justification d'une action par une action antérieure.

Vous n'aimez pas Pierre. Répondez-lui comme dans l'exemple.

• Pourquoi tu n'as pas dîné avec moi ?

– Parce que j'avais déjà dîné.

• Pourquoi tu n'es pas venu(e) au cinéma voir *Astérix* ?

– Parce que je l'avais déjà vu.

• Pourquoi tu n'as pas pris un café avec moi ?
– Parce que j'en avais déjà pris un.
• Pourquoi tu ne m'as pas présenté Hélène ?
– Parce que je te l'avais déjà présentée.
• Pourquoi tu n'es pas allé à l'exposition Monet avec moi ?
– Parce que j'y étais déjà allé(e).
• Pourquoi tu n'as pas écouté mon histoire ?
– Parce que je l'avais déjà entendue.

2. ⊙ **2-37 Exercice 2. Emploi de « avant de ».** Changement de la chronologie des actions.
Interrogatoire
• Vous avez pris votre café. Puis vous vous êtes habillé(e) ?
– Non, je me suis habillé(e) avant de prendre mon café.
• Vous êtes sorti(e). Puis vous avez appelé Paul ?
– Non, j'ai appelé Paul avant de sortir.
• Vous êtes descendu(e) au parking. Puis vous avez parlé à la gardienne ?
– Non, j'ai parlé à la gardienne avant de descendre au parking.
• Vous avez fait le plein d'essence. Puis vous avez fait 10 km ?
– Non, j'ai fait 10 km avant de faire le plein d'essence.

Simulations, p. 106-107

▶ **Objectifs**

Savoir-faire
• Demander, donner des indications sur une chronologie.
• Rapporter les paroles de quelqu'un.
• Faire des hypothèses sur la cause d'un fait.

Vocabulaire
• *un espion, le fichier, la honte, le tiroir*
• *énervé*
• *faire le point, refaire, sauvegarder*

Grammaire
• Emploi du plus-que-parfait.
• Les constructions du discours rapporté.

Prononciation
• Différenciation [t] et [d].

L'histoire
En arrivant à son bureau à 9 h, Zoé Duquesne s'aperçoit que l'article qu'elle avait écrit sur le projet de la Commission européenne a disparu. Avec le rédacteur en chef, elle fait des hypothèses sur les motifs de cette

disparition : acte malveillant de la part du stagiaire, piratage de la part d'un concurrent... Quelle que soit la réponse, il est trop tard pour réécrire l'article. Zoé a en effet détruit la totalité de ses notes et elle n'ose pas recontacter ses informateurs. Elle décide donc de partir en week-end à la campagne et le rédacteur en chef cherche en catastrophe une solution de remplacement pour le dossier du lendemain.

▶ **Scène 1**

1. ⊙ **2-38 Observation du dessin et écoute du dialogue.**

2. Retrouver l'emploi du temps de Zoé depuis le vendredi 17 mai.
17 mai dans la journée, Zoé écrit son article.
À 20 h, elle a terminé son article, l'a sauvegardé, l'a mis sur une clé USB qu'elle a rangée dans un tiroir. Elle quitte le bureau.
Samedi 18 mai, à 9 h, elle revient au bureau. La clé USB a disparu. L'article n'est plus dans l'ordinateur.

3. Les étudiants font des suppositions sur la disparition de l'article.

4. Observer l'emploi des temps du passé.

▶ **Scène 2**

1. ⊙ **2-39 Transcrire la scène. Expliquer :**
– *énervé* : tendu. Zoé est énervée par la mystérieuse disparition de son article.
– *faire le coup* : en général, faire une mauvaise action.
– *tu n'y penses pas* : expliquer en contexte. « Tu ne dois pas avoir cette idée. C'est impossible. »
– *espion* : James Bond est un célèbre espion.

2. Cette scène apporte-t-elle de nouveaux arguments sur la disparition du fichier ?

▶ **Scène 3**

1. ⊙ **2-40 Écoute de la scène** avec pour projet de compléter les emplois du temps de Zoé et du stagiaire Grégory.
Zoé arrive au parking du journal à 8 h 30. Elle monte ensuite dans son bureau.
Grégory, la veille, a quitté le journal à 20 h, donc à la même heure que Zoé. Quand Zoé est arrivée au parking, elle n'a pas vu sa voiture. Il est arrivé au bureau à 9 h, donc après Zoé.
Grégory a-t-il pu faire disparaître le dossier ? – Non, sauf s'il est arrivé à pied, etc.

2. Observer les constructions qui permettent de rapporter des paroles. Retrouver et compléter ces constructions dans le tableau de la page 107.

▶ **Scène 4**

Les étudiants imaginent la scène. Les employés du journal *Le Matin* s'informent mutuellement et font des suppositions sur ce qui s'est passé. Utiliser les constructions du discours rapporté (*On m'a dit que … Je lui ai demandé si …*) ainsi que l'expression de la possibilité et du doute (page 96 : *Il est possible que … Ça ressemble à …*).

▶ **Scène 5**

1. Observer les dessins. Imaginer le dialogue entre Zoé et Dupuis.

2. ⊙ 2-41 **Écouter le dialogue par fragment.** Faire rapporter les idées échangées par les personnages.
M. Dupuis voudrait que Zoé refasse son article. Zoé pense que l'article est déjà sur Internet. Elle dit qu' elle n'a pas gardé ses notes...

3. Expliquer ce qui se passe après le départ de Zoé.

▶ ⊙ 2-42 **Prononciation**

Différencier la consonne sourde [t] de la sonore [d].

Écrits et Civilisation, p. 108-109

▶ **Objectifs**

Savoir-faire
• Comprendre un extrait de guide touristique décrivant une ville.
• Comprendre des résumés de films historiques dans un guide des loisirs.

Vocabulaire
• Vocabulaire de l'histoire p. 109.
• *un arc de triomphe, le bourg, le clocher, la colline, la domination, le druide, un écroulement, une édification, un édifice, un époux, un herboriste, une invasion, la légende, la libération, le mas, le mineur, le monastère, le mousquetaire, un orgue (au pluriel, devient féminin : les grandes orgues), un protestant, un récital, la Réforme, la Renaissance, un révolutionnaire, la ruine, le soldat, le troglodyte, la troupe, le vestige*
• *archéologique, catholique, gothique, issu (de), paisible, rural, spirituel*
• *arbitrer, délivrer, dominer, dresser (se), guillotiner, nourrir, provenir, rassembler, soigner*
• *durant*

Connaissances culturelles
• Quelques repères de l'histoire de la France.

▶ **Compréhension du guide**

1. Situer Saint-Rémy p. 187 : dans le sud de la France, entre Avignon et Marseille.

2. Lecture collective, en petits groupes ou individuelle.

Nom du lieu	Époque	Ce qu'on peut y voir
Musée des Arômes et des Parfums	Actuelle	Flore de la région Document sur la fabrication des parfums
Collégiale Saint-Martin	XIVᵉ et XIXᵉ	Clocher gothique, orgue exceptionnel, concerts d'orgue
Maison natale de Nostradamus	XVᵉ	
Hôtel Mistral de Mondragon	XVIᵉ	Musée des Alpilles (traditions locales)
Hôtel de Sade	Fin du XVᵉ	Vestiges archéologiques de Glanum
Hôtel Estrine	XVIIIᵉ	Le Centre Van Gogh : œuvres du peintre et exposition d'art contemporain
Maison de santé Saint-Paul	XIIᵉ	Ancien monastère, souvenirs du séjour de Van Gogh
Mas de la Pyramide		Habitation troglodyte, musée rural
Glanum	Antiquité gréco-latine	Mausolée Arc de triomphe Vestiges d'une ancienne cité

▶ **Rédigez**

1. Retrouver les lieux sur le plan. Rédiger un bref itinéraire à l'intention des touristes.

On pourra garer la voiture place de la République. À la sortie du parking, on verra la collégiale Saint-Martin que l'on visitera. Longer la collégiale du côté droit, puis tourner à droite pour voir la maison natale de Nostradamus. Continuer dans la rue Lafayette pour visiter l'hôtel Estrine. Continuer dans la rue Estrine jusqu'à la fontaine Nostradamus. Tourner à gauche vers la place Favier où se trouvent deux beaux hôtels, l'hôtel de Sade et l'hôtel de Mondragon.
Pour aller visiter la maison de santé Saint-Paul et Glanum, reprendre la voiture et suivre l'avenue Durand-Maillane en direction du plateau des Antiques.

2. ⊙ 2-43 **Écoute du document sonore et rédaction des informations pour compléter le guide.**

On écoutera un guide faisant visiter la ville de Saint-Rémy et donnant des précisions sur Nostradamus, Van Gogh et le site de Glanum. Les étudiants prendront des notes afin de compléter l'extrait du guide touristique donné dans le livre. Il s'agit seulement de rajouter une ou deux phrases aux endroits appropriés.
Procéder à une écoute fragmentée du document. Faire écouter plusieurs fois chacun des trois passages.

– *Nostradamus* était un médecin du XVIe siècle devenu célèbre pour ses prédictions astrologiques.

– *Le célèbre peintre Van Gogh* a passé deux ans dans la région. En 1888, il s'est installé à Arles puis il est tombé malade et il est venu se faire soigner dans la maison de santé Saint-Paul. Au cours de ce séjour en Provence, il a peint de nombreux tableaux.

– *Glanum* est un site archéologique où l'on peut voir les vestiges d'une ville romaine, riche dans l'Antiquité mais détruite au IIIe siècle par une invasion barbare. Il reste deux beaux monuments : un mausolée et un arc de triomphe datant du Ier siècle avant J.-C.

▶ Les films à l'affiche

1. Travail en petits groupes. Donner à chaque groupe les tâches suivantes :

Lire l'extrait du site allocine.com :

– associer chaque film à une époque (question 1) ;

– associer chaque film au lieu et aux personnes (question 2).

2. Mise au point en commun. Au cours de cette mise au point, on mettra à profit les éventuelles connaissances des étudiants sur certaines périodes de l'histoire de France. L'enseignant pourra compléter en donnant quelques précisions.

Époque	Film	Lieu	Personnes
Préhistoire			
Antiquité	*Vercingétorix*	Les arènes de Nîmes	Jules César
Moyen Âge	*Jeanne d'Arc*	Abbaye du Mont-Saint-Michel – cathédrale Notre-Dame de Paris	
Renaissance	*La Reine Margot*	Le château de Chenonceaux	
XVIIe	*L'Homme au masque de fer*	Le château de Versailles	Louis XIV et Molière
XVIIIe	*Marie-Antoinette* *Ridicule* *Napoléon* (fin XVIIIe)	Le château de Versailles	Louis XVI, Voltaire et Rousseau
XIXe	*Napoléon* (début XIXe) *Germinal*	L'Arc de Triomphe de Paris	Victor Hugo

▶ Projet de film historique

Présenter la consigne donnée dans le livre. Il s'agit de présenter brièvement quelques épisodes de l'histoire des pays des étudiants qui pourraient faire l'objet de films.

À savoir
Quelques compléments pour éclairer le contexte historique des films

- **Vercingétorix.** Les Gaulois ne réussiront pas à empêcher l'occupation romaine et la Gaule finira par s'enrichir de la culture romaine (civilisation gallo-romaine).

- **Jeanne d'Arc.** L'épisode très court de Jeanne d'Arc (1429-1431) se situe dans le contexte d'une longue guerre entre l'Angleterre et la France déclenchée, d'une part, par les prétentions du roi d'Angleterre au trône de France et, d'autre part, par l'absence d'unité dans les régions françaises. Cette guerre est appelée « guerre de Cent Ans ». L'épisode de Jeanne d'Arc marque le début de la reconquête du pouvoir par le roi de France.

- **La reine Margot.** Au XVIe siècle, la religion protestante se développe considérablement en France. Il s'ensuit une longue guerre entre catholiques et protestants dont l'épisode le plus dramatique est la nuit de la Saint-Barthélemy (24 août 1572). Un des chefs protestants, Henri, roi de Navarre, épouse la fille du roi de France Henri II, Marguerite, qui devient Marguerite de Navarre, dite la reine Margot. Henri se convertira au catholicisme et deviendra roi de France en 1589.

- **L'homme au masque de fer.** Le film a pour contexte un épisode non vérifié de l'histoire. Louis XIV aurait eu un frère jumeau qu'on aurait fait emprisonner pour éviter une guerre de succession fratricide. Ce frère aurait passé une partie de sa vie dans la forteresse de Pignerol puis à la Bastille, le visage couvert d'un masque de fer. Dans le roman d'Alexandre Dumas, *Le Vicomte de Bragelonne*, l'un des mousquetaires prétend le substituer à Louis XIV.

- **Marie-Antoinette.** Fille de l'empereur d'Autriche qui épousa le futur roi de France Louis XVI en 1770. On lui reprocha sa frivolité, ses dépenses et d'avoir empêché Louis XVI de faire des réformes.

• **Napoléon I**er (1769-1821). Il doit sa popularité à sa brillante carrière militaire pendant la Révolution. Dans une France désorganisée et démoralisée, il réussit à prendre tous les pouvoirs et à imposer une organisation administrative rigoureuse. Parallèlement, il prétend porter dans l'Europe entière les idées de la Révolution, d'où une succession de guerres et de conquêtes éphémères. Les armées napoléoniennes seront battues définitivement à Waterloo en 1815. Napoléon sera exilé sur une île de l'Atlantique Sud, au large de l'Afrique.

• *Germinal*. Le film est tiré d'un roman d'Émile Zola. Il a pour cadre le Second Empire. Napoléon III, le neveu de Napoléon I er, a pris le pouvoir en 1851. Il met fin à la République et instaure un régime autoritaire et centralisé. La France est devenue un pays industriel et les luttes ouvrières qui marqueront tout le siècle ont commencé.

Leçon 12 - Imaginez un peu...

Interactions, p. 110-111

► Objectifs

Savoir-faire
• Faire des hypothèses dans le passé (refaire le monde).
• Exprimer des regrets.

Grammaire
• Le conditionnel passé.

Vocabulaire
• *une autorité, le bouquin, le délire, la discipline, le gamin, le/la pianiste, la réalité, le regret, la sensation, le sort, le voyou*
• *fraternel, nostalgique rebelle, solidaire, trouble*
• *éprouver, haïr, procurer, virer* (fam.)
• *farouchement, lorsque, davantage*

► Lecture du document

1. Observation et présentation du document : la page accueil d'un site « Le forum délire » qui propose :
– des réponses à la question « Auriez-vous aimé avoir une autre vie ? » ;
– les statistiques provisoires des réponses du forum ;
– deux réponses de personnalités ;
– des citations de personnalités en relation avec la question du forum.

2. Lecture de l'extrait de l'interview d'Emmanuelle Devos
Que fait-elle aujourd'hui ? Qu'aurait-elle aimé faire ?
Qu'est-ce qui rapproche les deux métiers ? (Être transporté dans une autre réalité, vivre d'autres aventures)
Expliquer :
– *gamin(e)* : familier pour « enfant ».
– *bouquin* : familier pour « livre ».
– *sensation* : (de « sentir ») impression.
Observer les temps des verbes. Comparez : j'aimerais (maintenant) / j'aurais aimé (dans le passé).

3. Lecture de l'interview de Y. Arthus-Bertrand
a. *Qu'apprend-on sur sa jeunesse ?* (Il n'aimait pas l'école, il a été renvoyé de partout, il a vécu une période assez trouble, il est parti de chez lui sans donner de nouvelles)
Qu'aurait-il pu devenir ? (Un voyou)
b. Les étudiants font des hypothèses sur les raisons de ce comportement. (Parents trop autoritaires, séparation des parents, nombreux frères et sœurs)
Expliquer :
– *haïr* : détester.
– *le sort* : le hasard (tirer au sort).
– *virer* : ici dans un emploi familier qui signifie « renvoyer ». Pierre a été viré par son patron.
– *voyou* : mauvais garçon.
– *farouchement* : totalement, avec force.
– *rebelle* : en opposition avec.

4. Lecture des réponses des personnalités (« Quel est votre plus grand regret ? »)
À faire sous forme de tour de table. Chaque étudiant présente le regret formulé par la personnalité. Il lui donne ensuite un conseil.
Michel Blanc : en quatre ans on peut apprendre la musique et diriger un orchestre amateur.
Barbara Hendricks : elle peut utiliser sa notoriété pour influencer les politiques et préparer un monde meilleur pour ses petits-enfants.
Mazarine Pingeot : beaucoup de ceux qui ont eu des frères et des sœurs auraient voulu être enfants uniques.

► Répondez aux questions du forum

1. Faire une lecture collective des questions du forum.

2. Introduire le conditionnel passé. À cette étape, on peut faire la partie « Faire des hypothèses au passé » des pages Ressources.

3. Suivre la procédure indiquée dans le livre.

► Imaginez un questionnaire pour « Le forum délire » (projet)

À faire par petits groupes.
Chaque groupe choisit un sujet qui peut être général ou porté sur l'actualité.
À l'intérieur du groupe, chaque étudiant prépare quelques questions en relation avec ce sujet.

Ressources, p. 112-113

▶ Objectifs

Savoir-faire
• Faire des hypothèses au passé.
• Exprimer des sentiments.
• Donner des conseils.

Grammaire
• Le conditionnel passé (emplois pour l'expression d'hypothèses, des conseils, des regrets, des informations non vérifiées).
• Verbes introducteurs et constructions qui permettent d'exprimer des sentiments.

Vocabulaire
• *le secteur*
• *emmener*

▶ Faire des hypothèses au passé

1. Observation des phrases du dessin. Comparer les deux phrases :

« Si tu étais plus souvent à la maison, j'aurais envie de rester. » On imagine une situation présente.

« Si tu avais été plus souvent à la maison, j'aurais eu envie de rester. » On imagine une situation passée.

2. Présenter la formation du conditionnel passé.
Rechercher ce qu'exprime le conditionnel passé dans chaque phrase du dessin.
Si tu avais été ... → conséquence d'une supposition au passé
Tu aurais pu m'emmener → reproche
Je n'aurais pas dû prendre ce poste → regret
Si tu n'avais pas peur de l'avion → conséquence d'une supposition
Le directeur aurait décidé → information non vérifiée

3. Exercice 2

Tu aurais dû accepter ce poste. Tu aurais connu un nouveau pays. Je t'aurais donné des nouvelles... Tu aurais rencontré ... Les gens auraient été très gentils... Nous serions venus ... Tu aurais gagné ... Tes enfants auraient parlé ...

4. Exercice 3

a. ... nous aurions vu le carnaval de Rio. Tu te serais baigné ... J'aurais découvert ... J'aurais fait ...
b. ... nous aurions acheté une ferme. Nous aurions créé ... J'aurais reçu ... Les enfants auraient eu ... Ils auraient monté ... Tu aurais été au contact ...

▶ Exprimer des sentiments

1. Observation des phrases du dessin. Pour chaque phrase, repérer le sentiment exprimé et la construction.
Je souhaite que ... (souhait) → c'est le verbe qui exprime le sentiment
Je regrette que ... (regret) → même construction
Je suis heureux que ... (bonheur) → construction « *être* + adjectif + proposition subordonnée »
Je suis déçu que ... (déception) → même construction
Je suis content de ... (satisfaction) → construction « *être* + adjectif + verbe à l'infinitif »
Votre cadeau nous a fait plaisir (plaisir) → construction « *faire* + nom »
Ça me rend triste (tristesse) → construction « *rendre* + adjectif »
Tu ne serais pas un peu jaloux ? (jalousie) → construction « *être* + adjectif »
Tu n'as pas honte ? (honte) → construction « *avoir* + nom »

2. Lecture de l'encadré « L'expression des sentiments » p. 113 où l'on retrouvera ces constructions.

3. Exercice 2
a. Associer les contraires.

le bonheur / le malheur – la confiance / la jalousie – la fierté / la honte – l'insatisfaction / la satisfaction – la joie /la tristesse – le plaisir / la peine – l'enthousiasme / la déception.

b. Construire les phrases qui permettent d'exprimer ces sentiments.
Je suis heureux... J'ai confiance ... Je suis déçu ....

4. Exercice 3
b. « Je suis triste, jaloux. Je n'ai plus confiance en elle. »
c. « Je suis pleine d'enthousiasme. Ce travail me plaît beaucoup. Je suis heureuse de commencer demain. »
d. « Nous sommes contents que vous soyez là. Nous sommes heureux d'être encore ensemble. Vos cadeaux nous ont fait plaisir. »
e. « Cette mort me rend triste. »
f. « J'ai éprouvé un grand bonheur à écouter ce chanteur. »
g. « Je suis déçu. Je suis en colère. J'ai honte de mon fils. »

5. Exercice 4
a. Je suis content d'avoir reçu ...
b. J'ai honte de ne pas avoir répondu.
c. Je suis heureux que tu ailles bien.
d. Je suis triste que ton ami soit au chômage.
e. Je suis heureux d'avoir changé de service.
f. Je suis déçu de ne plus être avec ...
g. Je suis content que nous partions en vacances ...

► La grammaire sans réfléchir

1. 🌐 **2-44 Exercice 1.** Emploi du conditionnel passé pour donner des conseils.

Dites-lui qu'il a eu tort comme dans l'exemple.
Vacances pourries.

• Je suis allé(e) dans les Pyrénées. Il a plu tout le temps.

– À ta place, je ne serais pas allé(e) dans les Pyrénées.

• J'ai emmené Lucas. Il a été pénible.

– À ta place, je n'aurais pas emmené Lucas.

• Nous avons dormi sous la tente. C'était épouvantable.

– À ta place, je n'aurais pas dormi sous la tente.

• Nous nous sommes installés au camping du Vallon. Ce n'était pas bien.

– À ta place, je ne me serais pas installé(e) au camping du Vallon.

• Nous sommes montés au pic du Midi. C'était fatigant.

– À ta place, je ne serais pas monté(e) au pic du Midi.

2. 🌐 **2-45 Exercice 2.** Expression des sentiments.

Vous avez organisé une grande fête. Vos amis vous posent des questions.

• Il fait beau. Tu es contente ?

– Je suis contente qu'il fasse beau.

• Tes amis sont là. Tu es heureuse ?

– Je suis heureuse qu'ils soient là.

• Tout le monde s'amuse. Tu es satisfaite ?

– Je suis satisfaite que tout le monde s'amuse.

• Il y a une bonne ambiance. Ça te fait plaisir ?

– Ça me fait plaisir qu'il y ait une bonne ambiance.

• Le buffet est très bon. Tu es satisfaite ?

– Je suis satisfaite qu'il soit très bon.

Simulations, p. 114-115

► Objectifs

Savoir-faire

• Exprimer la surprise.

• Donner une explication.

• Exprimer un espoir ou une déception.

• Exprimer la satisfaction, le plaisir. Féliciter quelqu'un.

Vocabulaire

• *un accès, la signature, le standard*

• *injoignable, sensible*

• *décevoir, espionner, renvoyer, soupçonner*

Prononciation

• Distinction entre [ʒ] et [ʃ].

L'histoire

Zoé Duquesne est partie en week-end dans un village des Ardennes. Peut-être le village de sa mère puisque celle-ci est avec elle. Le dimanche matin, en faisant les courses, elle achète le journal *Le Matin*. Sa surprise est grande car son article y figure. Elle appelle aussitôt le journal mais n'obtient aucune information.

Ce n'est que le lundi matin que l'énigme se résout. Des tests de sécurité ont été faits mais les fichiers et les données de Zoé n'étaient pas sécurisés. La direction a voulu donner une leçon à la journaliste désordonnée et imprévoyante en lui dérobant ses documents. Toutefois, il n'était pas question de ne pas publier dans les temps l'article à sensation.

Zoé désapprouve les méthodes de la direction. Mais un mois plus tard, elle aura l'occasion de se réconcilier avec tout le monde. Elle reçoit en effet le prix Albert Londres, prix du meilleur journaliste francophone. Arnaud Bossard est présent à la réception. Zoé et lui promettent de se revoir.

► Scène 1

1. Observation du dessin. Rappeler l'épisode précédent. Faire des hypothèses sur la situation de la scène 1. *Où est Zoé ? Avec qui ? Que fait-elle ? Que dit-elle ?*

2. 🌐 **2-46 Écoute de la scène.** Faire le récit des nouvelles informations.

3. Zoé appelle le journal. Imaginer le dialogue avec son collègue.

Expliquer :

– *se passer de* : Zoé ne peut pas vivre sans penser à son journal. « Tu ne peux pas t'en passer. »

– *injoignable* : qu'on ne peut pas contacter.

► Scène 2

1. 🌐 **2-47 Observation du dessin et écoute du début de la scène (le directeur).** Quelle révélation fait le directeur ? Imaginer la suite du discours du directeur : *... Nous avons eu quelques surprises. Certains fichiers n'étaient pas sécurisés. La même chose pour les clés USB. Nous avons pu facilement les voler.*

2. Écoute fragmentée de la deuxième partie (Zoé et Dupuis). Au fur et à mesure de l'écoute, noter tout ce qu'on apprend sur l'emploi du temps de Dupuis et des services de sécurité. Regrouper les emplois du temps dans un tableau :

Date et heure	Emploi du temps de Zoé	M. Dupuis	Le directeur et les services de sécurité
Vendredi dans la journée	Elle écrit son article.	M. Dupuis parle de l'article au directeur.	
Vendredi, 20 h	Zoé quitte le bureau.		
Nuit de vendredi à samedi			Tests de sécurité : saisie des documents facilement accessibles.
Samedi, 9 h	Zoé découvre le vol des documents. Elle quitte le journal.		
Samedi, dans la journée		M. Dupuis va voir le directeur. Il apprend ce qui s'est passé.	Dupuis et le directeur décident de publier l'article pour le dimanche.
Dimanche matin	Zoé découvre son article dans le journal.		
Lundi matin	Elle apprend ce qui s'est passé.		

3. Noter les éléments expressifs du dialogue et rechercher l'intonation des phrases. *Je te jure* (affirmation) … *Ça devait rester entre nous* (reproche) … *Tu me déçois* (déception) … *Tu aurais pu me téléphoner* (reproche) …

Expliquer :

– *accès* : avoir accès à un lieu (pouvoir entrer dans ce lieu), à une information (pouvoir la connaître).

– *sensible* : un sujet sensible ; quand on parle de ce sujet, il faut faire très attention.

– *décevoir* : d'après « déception ».

▶ **Scène 3**

Il s'agit de quatre scènes, chacune apportant une information et des perspectives sur la suite de l'histoire.

a. ⊕ **2-48 Écoute du président du jury.** Faire formuler l'information.

b. Scène entre le directeur et Zoé. Transcrire la fin du dialogue. Commenter chaque phrase du directeur et la réaction de Zoé. Noter les critiques et les reparties de Zoé.

Le directeur : … le journal est fier de vous.

Zoé : J'espère que je pourrais être fière de mon journal.

c. Transcrire la fin de la scène. *D'après vous, Julie et Zoé sont-elles sincères ? Vont-elles s'entendre et travailler ensemble ?*

d. Dialogue entre Bossard et Zoé. Imaginer la suite des relations entre les deux personnages.

Expliquer :

– *soupçonner* : Zoé soupçonnait Julie d'avoir volé les documents. Elle pensait qu'elle était coupable.

– *renvoyer l'ascenseur* : rendre service à quelqu'un qui vous a rendu service.

▶ ⊕ **2-49 Prononciation**

Distinguer :

– [ʃ] est prononcé sur le devant de la bouche avec un soufflement d'air ;

– [ʒ], même position des lèvres mais prononcé sur le voile du palais.

> **À savoir**
>
> • **Les Ardennes** : région de forêts qui s'étend en France et en Belgique.
> • **Albert Londres** : journaliste français (1884-1932), un des pionniers des reportages internationaux. Il a donné son nom à un prix de journalisme fondé en 1933 et décerné annuellement.

Écrits, p. 116

▶ **Objectifs**

Savoir-faire

• Comprendre une lettre familière de reprise de contact et de demande d'informations.
• Rédiger une lettre de demande d'informations, amicale ou formelle.

Vocabulaire

• *la biotechnologie, le coût, la descente, un envoi, une formalité, un généraliste, la résidence*
• *approximatif, monotone, urgent*
• *accomplir, émigrer, enrichir (s')*

Connaissances culturelles

• Formalités pour immigrer au Canada et en particulier au Québec.

▶ Compréhension du message

1. Lecture du message

La lettre comporte peu de mots nouveaux. Beaucoup sont dérivés de mots connus : *coût* (coûter) – *descente* (descendre) – *envoi* (envoyer) – *généraliste* (général) – *résidence* (résident) – *urgent* (urgence) – *émigrer* (émigré) – *enrichir* (riche).

Les étudiants peuvent donc travailler en autonomie pour la première partie de l'activité. Au cours de la mise au point, **expliquer :**

– *formalité* : tous les actes administratifs qu'il faut faire pour …

– *accomplir* : accomplir des formalités, des tâches.

– *approximatif* : à peu près.

– *monotone* : ennuyeux.

a : F (voir 5ᵉ, 6ᵉ et dernière lignes) – **b** : V – **c** : V – **d** : F (depuis l'été précédent) – **e** : V – **f** : ils ont environ 40 ans car ils ont fait des études longues et ont dix ans de vie professionnelle – **g** : V – **h** : F (4ᵉ paragraphe) – **i** : F (ils en sont au stade des renseignements).

2. Recherche des formes qui expriment des sentiments

J'ai un peu honte … avec émotion … les sympathiques moments … Nous avons eu beaucoup de plaisir …. a rendu les nôtres bien tristes … Nous espérons que … Nathan regrette … l'idée nous enthousiasme …

3. Recherche des formes qui expriment des demandes d'informations. Noter les formules et faire un relevé des questions au tableau. Ce relevé servira pour l'exercice d'écoute (en **4**, ci-dessous).

Nous vous serions reconnaissants s'il vous était possible de répondre à quelques-unes de nos interrogations … Pourriez-vous nous dire … Pensez-vous que … Nous aimerions connaître le prix …

4. ⊙ **2-50 Écoute fragmentée. S'arrêter chaque fois qu'une information répond à une question posée dans le message.**

Comment va la jambe de Simon ? → *Elle va mieux. Il refait du jogging.*

Quelles sont les formalités à accomplir pour émigrer au Québec ? → *Demander un certificat de sélection (répondre à des questions, fournir des papiers, passer une visite médicale), s'adresser à l'ambassade du Canada ou à la délégation générale du Québec.*

Sont-elles longues ? → *Environ un an.*

Quel en est le coût ? → *Environ 5000 €.*

Nathan pourra-t-il travailler comme médecin généraliste ? → *Demande d'autorisation de travail à l'Ordre. Il faudra peut-être repasser des examens ou faire des stages.*

Moi, comme ingénieur ? → *Demande d'autorisation de travail à l'Ordre.*

Prix approximatif de la location d'une maison → *10 à 20 % de moins qu'en France (réponse évasive).*

Montant des dépenses courantes → *10 à 20 % de moins qu'en France.*

▶ Rédigez une lettre de demande d'informations

1. Présenter l'encadré « S'informer par écrit ».

2. Présenter la consigne.

Cher Julien,

Je prends contact avec toi car je vais faire un voyage en Égypte et je voudrais avoir quelques informations sur ce pays.

Je compte venir avec Clara en mai. Pourrais-tu me dire s'il fait très chaud en cette saison ?

Nous pensons rester un mois et nous aimerions louer une voiture. Je voudrais savoir s'il est préférable de louer la voiture depuis la France ou sur place ?

J'aimerais par ailleurs connaître le coût de la vie dans ce pays. Par exemple, le prix d'un repas au restaurant et le prix d'une chambre dans un hôtel simple …

Civilisation, p. 117

▶ Objectifs

Savoir-faire
• Comprendre un texte de chanson.

Vocabulaire
• *la biographie, le bouquiniste, le bracelet, le compositeur, la diversité, un étalage, une exclusion, la gorge, un héritier, le martyr, le métis (la métisse), la peine, le racisme, le régime, la résidence, le sexisme*
• *propre*
• *accomplir, enrichir (s'), éteindre, frôler, moral (avoir le –)*

Connaissances culturelles
• La chanson française à texte d'aujourd'hui (révolte, refus des conventions sociales, poésie amoureuse).

▶ La nouvelle génération de chanteurs

1. Rechercher ce qui caractérise la nouvelle génération de chanteurs francophones.

Le texte est très important. Il s'inspire des sujets traditionnels (l'amour) mais aussi il défend des causes (la paix, la tolérance, etc.) ou évoque la poésie du quotidien.

La musique s'inspire des musiques du monde et des cultures diverses des chanteurs (Canada, Afrique).

2. Comparer avec les chansons actuelles dans les pays des étudiants.

▶ Découverte des extraits de chansons

1. La classe se partage l'étude des deux premiers extraits. On pourra trouver leur version intégrale sur certains sites comme www.paroles.net .

Donner les tâches proposées dans le livre.

a. Ma philosophie. Ce qu'on apprend sur la chanteuse : elle est métisse (Amel Bent a une double culture), veut être acceptée comme telle, en révolte (le poing levé) tout en étant optimiste (J'avance le cœur léger).

b. Le dîner. Faire imaginer le dialogue entre le chanteur et sa compagne.

Bénabar : Tu veux que je te dise ? Je ne veux pas y aller à ce dîner.

Sa compagne : Mais pourquoi ?

B : Aujourd'hui je n'ai pas le moral. Je suis fatigué.

C. : Mais ils nous attendent. Ça fait deux mois qu'on a accepté cette invitation.

B. : Ça ne fait rien. Je suis sûr qu'ils ne nous en voudront pas. Et puis regarde ! Il faut que je fasse un régime.

C. : Tu feras attention à ne pas trop manger.

B. : Je ne peux pas sortir comme ça. J'ai l'air d'une chipolata.

C. : Tu racontes n'importe quoi. Dis franchement que tu n'as pas envie d'aller chez mes amis.

B. : Mais si, je les aime bien tes amis ...

2. Découverte collective de « Quatrième de couverture ».

On découvrira cette chanson poétique vers après vers en faisant participer les étudiants à la construction du sens.

a. Les étudiants racontent l'histoire. Ils peuvent aussi mimer la scène. C'est un soir d'été, à Paris. Vincent Delerm est sur les quais de la Seine et feuillette des livres devant l'étalage d'un bouquiniste. À côté de lui, une jeune femme inconnue fait pareil. Vincent Delerm s'intéresse alors aux livres choisis par la jeune femme. Des livres son regard glisse vers le poignet puis les mains de la jeune femme ...

b. Faire la liste des livres choisis par la jeune femme et des remarques faites par Vincent Delerm.

Une biographie de Signoret → le genre de chose qui vous plaît

Un storyboard de Fellini → il vous fait lever la nuit

Un Press Pocket → il imagine la jeune femme le lisant à Juan-les-Pins

Tristan Corbière → reposé avec élégance

L'auteur évitera de feuilleter « *Les années Platini* » car il craint le jugement négatif de la jeune femme.

À savoir

- **Amel Bent** : de père algérien et de mère marocaine. Elle a vécu dans la banlieue de Paris. Sa participation à l'émission de télévision « La nouvelle star » lui donne un début de célébrité qu'elle confirme avec un premier album dont la chanson phare, « Ma philosophie » (coécrite avec Diam's), connaît un immense succès.

- **Bénabar** : auteur-compositeur-interprète de chansons où il tourne en dérision les modes et les petits faits de la vie quotidienne.

- **Vincent Delerm** : auteur-compositeur-interprète. Ces textes décrivent avec humour et poésie l'amour et les relations amicales dans un milieu « intellectuel de gauche parisien ».

- **Le quai des Grands-Augustins** : quai de la Seine, près de la place Saint-Michel où se trouvent de nombreux bouquinistes.

- **Signoret** : il s'agit de Simone Signoret, actrice française et militante de gauche.

- **Fellini** : un des grands cinéastes italiens de la deuxième moitié du XXe siècle. Le storyboard est une suite de dessins représentant les différents plans d'un film.

- **Juan-les-Pins** : station balnéaire de la Côte d'Azur.

- **Tristan Corbière** : poète du XIXe siècle, peu connu sinon des amateurs de poésie.

- **Platini** : joueur de football célèbre dans les années 1980.

Unité 3 - Bilan et pages Évasion

Évaluez-vous, p. 118-121

► Test 1

Les étudiants lisent le test et répondent « oui » ou « non ». Si une phrase n'est pas comprise, ils peuvent interroger le professeur.

► Test 2

a. *La terre tremble* ... → La secousse ...
Meurtre à Châteauneuf → Un mari jaloux
Incendie en Corse → Plusieurs centaines d'hectares
La grève ... → Aujourd'hui encore les Parisiens ...
Agression dans le métro → Les deux délinquants ...
b. (1) Enlèvement à la sortie de l'école
(2) Empoisonnement à la cantine
(3) Cambriolage d'une bijouterie

► Test 3

• Tu sais pourquoi Audrey a démissionné ?
– J'ai l'impression qu'elle ne s'entendait pas avec le directeur.
• Il est possible qu'elle ait trouvé un meilleur poste ailleurs.
– C'est probable. Mais je ne crois pas qu'Audrey puisse démissionner sur un coup de tête...

► Test 4

a. Une toile du peintre mexicain Tamayo, *Trois personnages*, va être mise aux enchères chez Sotheby's.
b. – 1970 : l'artiste mexicain Tamayo peint le tableau *Trois personnages*.
– 1977 : un couple de Houston achète le tableau.
– 1987 : vol du tableau. L'enquête de police n'aboutit pas.
– August Uribe, un expert de Sotheby's, lance un appel à la télévision dans l'émission « Chefs-d'œuvre disparus ».
– 1991 : mort du peintre Tamayo.
– 2003 : Elizabeth Gibson trouve par hasard la toile entre des sacs d'ordures.
– Mme Gibson découvre la valeur de la toile.
– Mme Gibson prend contact avec M. Uribe.
– Le tableau est rendu aux propriétaires qui décident de le mettre en vente. Mme Gibson reçoit 15 000 dollars des propriétaires.
– 2007 : vente aux enchères du tableau.
c. *Rufino Tamayo* : peintre mexicain, meurt en 1991.

Elizabeth Gibson : New-Yorkaise qui découvre le tableau de Tamayo en 2003 parmi des sacs poubelles alors qu'elle allait prendre un café.
August Uribe : expert de Sotheby's qui a cherché le tableau de Tamayo pendant 20 ans.

► Test 5

L'orage avait commencé vers minuit. Toute la nuit il avait plu et nous n'avions pas pu dormir à cause des éclairs et du tonnerre. À 5 heures du matin, je me suis levé(e) pour prendre un café et j'ai vu que dans la rue il y avait déjà 20 cm d'eau. Vers 6 heures, au lever du jour, l'eau était montée au premier étage. Nous avons eu très peur. Heureusement la pluie s'est arrêtée et le niveau a commencé à baisser. Nous avons tout perdu, les meubles, la voiture, les livres et jusqu'aux photos.

► ⊕ 2-51 Test 6

Nom : Maurice Béjart
a. **Origine du nom** : Béjart, le nom de la femme de Molière, proche de son véritable nom, Jean Berger
b. **Nationalité** : suisse
c. **Profession** : danseur
d. **Lieu de naissance** : Marseille
e. **Lieux de résidence** : France, Belgique et Suisse
f. **Études** : danse et philosophie
g. **Origine de sa vocation de danseur** : un spectacle de Serge Lifar
h. **Début de sa carrière** : à la fin de l'adolescence, célèbre à 32 ans
i. **Œuvres les plus célèbres** : *Le Sacre du printemps* de Stravinsky et *Le Boléro* de Ravel

► ⊕ 2-52 Test 7

Lieux	Époques	Ce qu'il faut voir	Autres remarques
La place Henri IV	XVe et XVIe	façades	Pendant longtemps, marché aux oiseaux
La cathédrale Saint-Pierre	XIIe, reconstruite au XVe	La tour du XIIe, la statue de saint Vincent Ferrier	La légende de saint Vincent
La Cohue	Moyen Âge	Le musée et les expositions	Anciennes halles

Lieux	Époques	Ce qu'il faut voir	Autres remarques
La place des Lices	Moyen Âge		Là, avaient lieu les tournois
Les remparts	XVᵉ	Remparts et tours de garde	Jardin à la française au pied des remparts

▶ **Test 8**

Madame, Monsieur,

J'ai lu votre annonce d'offre d'emploi pour un travail dans un centre international d'appels téléphoniques. Je parle couramment le polonais, ma langue maternelle, et l'anglais, et je serais très intéressé par cet emploi.
Je souhaiterais cependant avoir quelques informations complémentaires. Pourriez-vous m'indiquer où se trouve ce centre, quels sont les jours de travail et les horaires ?
J'aimerais par ailleurs connaître le salaire que je peux espérer.
Je vous remercie par avance de votre réponse et vous prie d'agréer, Madame, Monsieur, mes sincères salutations.

▶ **Test 9**

a. Le Tour de France a été créé en 1903 par le directeur du journal *L'Auto*.
J'ai toujours été passionné par cette compétition.
Le parcours est choisi un an à l'avance par les organisateurs.
Les grandes étapes de montagne sont toujours conservées.
L'année prochaine, la ville de Brest sera choisie comme ville de départ.
Nous serons invités par le maire de Brest, dans la tribune officielle.
La compétition sera suivie à la télévision par des millions de téléspectateurs.
Le vainqueur sera félicité par le président de la République.
Le Tour de France a été gagné 7 fois par l'Américain Lance Armstrong.

b. *Ce soir-là* nous avons dîné à Montmartre.
Le matin nous avons signé les contrats.
Cela faisait 6 mois que nous négociions avec une entreprise chinoise.
Le mois précédent nous avions invité ses dirigeants.
L'avant-veille nous les avions accueillis à l'aéroport.
Et *la veille* nous les avions emmenés voir Versailles.
Le mois prochain nous irons en Chine.

c. Ils *avaient voyagé* toute la nuit... La veille j'*étais sorti* et je m'*étais couché* tard ... Ils *s'étaient rencontrés* chez moi. Nous *avions fait* un voyage ensemble en Grèce ... Elle *n'avait pas trouvé* de baby sitter.

d. • ... j'*aurais aidé* les jeunes ... On *aurait construit* ... Des entreprises *se seraient installées* ... Le quartier du port *aurait été rénové*. Vous *auriez payé* ...
• Si tu *avais accepté* l'invitation ... Vous vous *seriez mariés*. Tu *aurais fait* des tas de voyages. Vous *auriez eu* une fille que mon fils *aurait épousée*.

e. ... un livre *que* j'ai beaucoup aimé ... un roman *qui* se passe au Vietnam ... une jeune fille *qui* découvre l'amour ... un livre *dont* on a fait un film ... une romancière *dont* j'ai lu tous les livres.

Évasion dans les romans, p. 122-124 (projet)

▶ **Objectifs**

Savoir-faire
• Comprendre et faire la description physique et psychologique d'une personne.
• Faire un récit, décrire brièvement des lieux.

Connaissances culturelles
• Quelques types de romans français récents : *Globalia* de Jean-Christophe Ruffin (science-fiction), *L'Homme aux cercles bleus* de Fred Vargas (policier), *Dans le café de la jeunesse perdue* de Patrick Modiano (roman).

▶ **Déroulement du projet**

Seuls ou en petits groupes, les étudiants devront faire le projet d'un roman dont le personnage principal est une personne connue. Ils réaliseront le portrait du personnage principal, le scénario du roman et indiqueront les lieux où se passent les principaux épisodes de l'histoire.

1. Lancement du projet
On commencera par la lecture de l'article « Roman "sur mesure" ». Les propositions de la société Comédia devraient donner envie aux étudiants de réaliser le projet.
L'enseignant présentera alors les étapes du déroulement du projet.

2. Description du personnage principal qui peut se faire sous la forme du questionnaire de Proust après le travail sur l'article Jean-François Balmer.

3. Après avoir lu les trois extraits de roman (bas de la page 123 et page 124), **les étudiants choisiront un type de scénario** et en rédigeront le résumé.

4. Ils décriront brièvement les lieux où se passe l'histoire

▶ Lecture de l'article « Roman "sur mesure" »

1. Lecture silencieuse du document. Repérage de l'information principale. *Que fait la société Comédia ?* (Des romans à la carte et sur mesure selon les informations données par ceux qui les commandent.)

2. Repérage des principales étapes de la fabrication d'un livre chez Comédia

a. Le client remplit un formulaire (nombreuses questions destinées à personnaliser le roman). Il choisit aussi le type de scénario.

b. Les différents renseignements sont intégrés à une histoire de base grâce à un logiciel.

c. Le logiciel produit un roman de 200 pages en une minute.

d. Un rédacteur améliore le produit informatique.

e. Le livre est imprimé et expédié au client.

3. Lancement du projet. Voir ci-dessus.

▶ Lecture de l'article « Jean-François Balmer et le Questionnaire de Proust » Description du personnage principal

1. Faire une lecture collective du document. À chaque question :

– s'assurer de la compréhension de la question ;

– s'assurer de la compréhension de la réponse en donnant des exemples ;

– donner d'autres exemples de réponse. Autres traits de caractère l'enthousiasme, le goût du travail, générosité, etc.

Expliquer :

– *la lucidité* : qui est conscient des choses positives et négatives y compris sur soi–même.

– *délicat* : ici, poli.

– *un col* : ici, un passage pour la route dans la montagne.

– *la foudre* : lors d'un orage la foudre se manifeste par des éclairs et des coups de tonnerre.

– *ricocher* : rebondir.

2. Les étudiants choisissent le personnage principal de leur roman et le soumettent au questionnaire de Proust.

> **À savoir**
>
> **Noms propres qui ne sont pas expliqués en note :**
> • **Abraham Lincoln** (1809-1865) : président des États-Unis en 1860. Initiateur de l'abolition de l'esclavage.
> • **Jacques Weber** : acteur et metteur en scène français.

▶ Lecture des trois extraits de romans et rédaction du scénario

1. La découverte de ces trois extraits se prête à un travail en petit groupe. Chaque petit groupe prend en charge un extrait et le présente à la classe selon le schéma suivant :

– introduction à l'extrait (reformulation orale de l'introduction écrite de l'extrait) ;

– lecture de l'extrait à haute voix ;

– explication des mots difficiles ;

– bref commentaire.

Il faudra sans doute expliquer :

• **dans *Globalia***

– *une verrière* : partie du toit en verre.

– *non-zone* : l'expression est de l'auteur. Il s'agit des zones non contrôlées par le gouvernement de Globalia.

– *lacer ses chaussures* : expliquer par la gestuelle.

– *être dérouté* : être perdu.

– *une paroi* : un mur. Ici, il s'agit d'un mur de verre.

– *une voûte* : toiture de forme arrondie.

• **dans *L'Homme aux cercles bleus***

– *un trombone* : il s'agit ici de l'objet qui permet d'attacher des feuilles de papier.

– *bon sang* : juron familier mais pas vulgaire.

– *la brusquerie* : il relève la tête brutalement.

• **dans *Le Café de la jeunesse perdue***

– *surnommer* : nom familier donné à quelqu'un par des parents ou des amis.

– *fréquenter* : aller régulièrement quelque part ou voir régulièrement quelqu'un.

– *emprunter* : les étudiants connaissent le sens propre de ce mot. Il peut aussi être utilisé de manière figurée dans *emprunter une rue, une porte* (passer par).

– *imprégner* : communiquer un parfum, une odeur, une ambiance ; ici, Louki a laissé son parfum dans le café.

2. Les étudiants choisissent un type de scénario, imaginent le scénario de leur roman et le rédigent.

À savoir

Jean-Christophe Ruffin : médecin qui a travaillé pour des ONG et a effectué des missions ministérielles. Ses activités lui ont inspiré des romans. Il a obtenu le prix Goncourt pour *Rouge Brésil*, histoire de la conquête du Brésil par les Français au XVIe siècle.

Globalia est une fable politique sur la mondialisation de la société. Une société hyperdéveloppée possédant tous les pouvoirs et les savoirs s'est coupée du reste du monde pour vivre en sécurité.

Fred Vargas : historienne, archéologue et auteure de romans policiers. Plusieurs de ses romans mettent en scène le commissaire Adamsberg, un policier marginal, rêveur, désordonné qui travaille à l'intuition. Il est amoureux de Camille, passionnée de musique et de plomberie.

Dans *L'Homme aux cercles bleus*, on ne tardera pas à trouver une femme assassinée au centre d'un de ces cercles mystérieux.

Patrick Modiano est une figure importante de la littérature française depuis les années 1970. Ses romans mettent presque toujours en scène des personnages dont on sait peu de choses et dont le narrateur essaie de reconstituer l'histoire à l'aide de vagues souvenirs : objets, lieux, visages, phrases. Ils ont pour cadre l'époque des années troubles de l'Occupation allemande ou des années qui ont suivi. L'atmosphère est envoûtante, mystérieuse et nostalgique.

Patrick Modiano a écrit notamment : *Rue des boutiques obscures* (prix Goncourt 1978), *Voyage de noces*, *Dora Bruder*, *Un pedigree* (récit autobiographique).

▶ Description des lieux de l'action

Les étudiants font la liste des lieux où se déroule leur roman en les caractérisant brièvement.

▶ Présentation des projets

La présentation peut se faire oralement (avec le support éventuel d'une affiche préparée par les étudiants) ou par écrit.

▶ Objectifs généraux de l'unité

Dans cette unité, les étudiants vont acquérir des savoirs et des savoir-faire qui faciliteront leur intégration dans une société francophone.

• Connaître la vie publique et certaines institutions (système éducatif, économie française, principes et emblèmes de la République).

• Comprendre les pages politiques et sociales de la presse écrite.

• Comprendre, défendre et exposer des idées et des points de vue.

• Maîtriser certains écrits administratifs (demande d'information, de documentation, réclamations).

• Défendre des intérêts collectifs ou individuels. Faire valoir ses droits.

▶ L'histoire des pages Simulations

Vent de révolte

Le Crayeux est un village de la baie de Somme dans le nord de la France qui prend conscience de la nécessité de se développer. Loïc Bertrand, le patron de l'hôtel-restaurant, vient d'avoir sa première étoile au guide Michelin et Gaëlle Lejeune, la nouvelle directrice du parc naturel, est pleine de projets pour l'extension de ce parc.

Pour renforcer ce développement, le maire et son adjoint Duval sont sensibles à la proposition d'une entreprise qui souhaite installer des éoliennes sur le territoire de la commune. L'approbation du projet par le conseil municipal suscite de vives réactions et le village se partage en pro- et en anti-éoliennes, chaque camp ayant de bons arguments à faire valoir. Le groupe des anti-éoliennes compte Gérard Labrousse, l'instituteur, qui monte aussitôt un comité, et Gaëlle Lejeune, qui tente de convaincre Loïc de les rejoindre. Mais celui-ci semble plus sensible au charme de Yasmina Belkacem, la représentante de l'entreprise qui commercialise les éoliennes. Les esprits s'échauffent et des dégradations sont commises à la mairie. Le maire accuse Gérard Labrousse mais on apprendra que les coupables sont dans l'autre camp. Heureusement, la préfète calme le jeu en proposant que le projet d'éoliennes soit géré par une communauté de communes.

▶ Exploitation de la page 125

Commenter les objectifs et les photos.

À savoir

Commentaires des photos de haut en bas.

• **L'Assemblée nationale** : appelée aussi Palais Bourbon. C'est là que se réunissent les députés pour débattre et voter les lois. En 2004, la façade a été couverte de photos de jeunes femmes venant des cités, coiffées du bonnet de Marianne, un des symboles de la République.

• **L'association Les Enfants de la terre.** L'ancien champion de tennis Yannick Noah, devenu aujourd'hui chanteur, a créé cette association pour venir en aide aux enfants en difficulté.

• **Nicolas Hulot en couverture du *Nouvel Observateur*.** Journaliste rendu célèbre par son émission de télévision « Ushuaïa Nature », Nicolas Hulot se consacre à la sensibilisation du grand public à la protection de l'environnement.

• **Manifestation pour la régularisation des étrangers sans papiers**. Tous les étrangers qui entrent en France clandestinement ne voient pas leur situation régularisée par l'administration. Ils sont donc menacés d'expulsion et certaines associations prennent leur défense. La banderole présentée sur la photo fait référence à un groupe de sans-papiers africains qui avait occupé l'église Saint-Bernard à Paris en 1996.

Leçon 13 - Mais où va-t-on ?

Interactions, p. 126-127

▶ Objectifs

Savoir-faire
- Parler du futur dans les domaines qui ont déjà été étudiés.
- Décrire un changement.

Grammaire
- Emploi du futur et du futur antérieur.
- Exprimer des conditions.

Vocabulaire
- Le vocabulaire du changement p. 127.
- *une agriculture, un/une ancêtre, le centenaire, le chauffage, le chirurgien, un éclairage, un élevage, la justice, les matériaux, une mégapole, la mode, une prime, le progrès, un scénario, la température, une vague, une zone*
- *agressif, bon marché, désertique, distrait, glaciaire, imprudent, maladroit, obèse, puissant, vivable, virtuel*
- *angoisser, confier, consommer, conformer (se), dicter, exiger, fondre, fréquenter, gaspiller, geler, pénaliser, réchauffer, refroidir*

▶ Les scénarios du futur et leurs conséquences

1. Lecture collective des lignes d'introduction
Repérer le nouveau temps (futur antérieur). Expliquer son sens avec un schéma représentant l'axe du temps. Résumer le sens de cette introduction. *Le monde aura évolué. Mais les scientifiques ne sont pas d'accord sur cette évolution. Il faut faire des choix aujourd'hui entre plusieurs scénarios.*

2. Lecture de l'article. Deux procédures possibles :
a. Lecture collective rubrique par rubrique. Le professeur aide à la compréhension. La classe imagine les conséquences de chaque scénario (recherche collective d'idées). Chaque étudiant choisit ensuite le scénario qui lui paraît le plus vraisemblable.
b. La classe se partage les cinq rubriques. Chaque groupe travaille sur une seule rubrique et présente ensuite ses réflexions à la classe. Au cours de la mise en commun, vérifier la compréhension du vocabulaire.

• **Le climat. Expliquez :**
– *réchauffer / refroidir* : à partir de « chaud » et « froid ».
– *fondre* : par le contexte ; la glace des pôles fond.
– *geler* : au pôle Nord, l'eau est gelée.
– *Gulf Stream* : montrer le tracé sur une carte. Le Gulf Stream, venant des mers chaudes de l'Amérique centrale, réchauffe l'Europe occidentale. Si les glaces du pôle fondent, le courant risque d'être dévié.
– *ère glaciaire* : époque où les glaces du Pôle couvraient une partie de l'Europe du Nord.
Profiter du texte pour faire une révision du vocabulaire du climat.

• **Les déplacements et les voyages. Expliquer :**
– *virtuel* : qui n'est pas réel. Ici les nouvelles technologies permettent de voir des pays étrangers et de communiquer en restant chez soi.
– *bon marché* : qui n'est pas cher.
– *énergie renouvelable* : le vent, le soleil, les marées existeront toujours. Ce sont des énergies renouvelables.

• **L'habitation. Expliquer :**
– *matériaux* : le mot *matière* est connu. Le bois, le fer, le béton sont des matériaux quand ils sont utilisés pour la construction.
– *mégapole* : très grande ville.

• **La durée de vie. Expliquer :**
– *un/une centenaire* : qui a passé l'âge de cent ans.
– *la chirurgie* : quand on enlève un organe malade, on fait de la chirurgie.
– *un élevage* : en Normandie, on fait l'élevage des vaches.

• **Les États. Expliquer :**
– *tout-puissant* : qui a tous les pouvoirs.
– *confier* : donner en faisant confiance. Confier un enfant à un ami. Confier une tâche, etc.
– *la justice* : les juges, les avocats font partie des métiers de la justice.

3. Présentation du vocabulaire du tableau « Décrire un changement », p. 127.

▶ Les opinions de J. Attali et de Y. Chauvin

À cette étape, les étudiants auront peut-être envie de continuer le projet et de mettre au point leur scénario pour le futur. On pourra donc passer directement à la troisième activité.
Les deux textes pourront être traités ultérieurement ou en travail personnel.

1. **Extrait du livre de Jacques Attali**

Attali développe ici le scénario 2 de la rubrique « Les États ». Montrer comment les compagnies d'assurances auront alors tous les pouvoirs et prendront toutes les décisions. Faire relever :

– tout ce qui devra être assuré,

– pour chaque risque, les obligations qu'on devra remplir. Exemple : assurance contre la maladie → loi sur la nourriture → pénalisation des fumeurs, des buveurs et des obèses.

Expliquer :

– *prime d'assurance* : somme versée à son assureur pour être assuré.

– *norme* : règle qui fixe comment doit être un objet ou une action. Les compagnies d'assurances fixeront les normes de sécurité des bâtiments.

– *consommer* : acheter des biens de tous types. La société de consommation.

– *pénaliser* : punir quelqu'un qui a fait une faute.

– *obèse* : très gros.

– *agressif* : qui réagit avec violence.

– *maladroit* : qui n'a pas un comportement adapté.

– *distrait* : qui ne fait pas attention.

– *gaspilleur* : de gaspiller, dépenser sans compter.

2. **Interview d'Yves Chauvin**

Quelle est son opinion sur le réchauffement de la planète ? La Terre se réchauffe depuis des milliers d'années. Les gens vont s'y adapter comme ils se sont adaptés au niveau de la mer qui monte. Yves Chauvin n'est pas pessimiste.

Expliquer :

– *s'adapter* : s'habituer à quelque chose. Quand on va vivre dans un pays étranger on doit s'adapter à de nouveaux modes de vie.

– *angoisser* : avoir peur.

– *fréquenter* : ici, « fréquenter » signifie être en contact régulier avec une personne ou un lieu (*Pierre fréquente beaucoup d'artistes*). Dans la Préhistoire, les hommes venaient souvent dans la grotte Cosquer.

– *ancêtre* : les personnes de qui on descend (*Marie a des ancêtres en Roumanie*).

▶ Choisissez votre scénario pour le futur

Suivre les consignes du livre. Chaque étudiant rédige ses prévisions pour le futur et les conséquences qu'il en tire. Ce projet fait l'objet d'un petit exposé en classe.

À savoir

• **Jacques Attali** : économiste, auteur de nombreux ouvrages. Il a été le conseiller de François Mitterrand. Il reste un analyste très écouté de la société et de l'économie.

• **La grotte Cosquer** : grotte sous-marine, près de Marseille, découverte par le plongeur Henri Cosquer en 1991. On peut y voir de nombreuses peintures préhistoriques notamment des animaux marins.

Ressources, p. 128-129

▶ Objectifs

Savoir-faire

• Faire un récit d'événements futur.

• Parler d'un projet, de ses conditions et de ses restrictions.

Grammaire

• Le futur antérieur.

• L'expression de la durée dans le futur.

• L'expression des conditions et des restrictions.

Vocabulaire

• *une condition, la fonction, la navette, le spationaute*

• *excepté, spatial*

▶ Indiquer des étapes dans le futur

1. Observation des phrases du dessin. Faire présenter la situation : une agence organisant de futurs voyages dans l'espace reçoit un client.

Noter les étapes de la construction de la navette.

Décembre 2008 : fin des plans

2011 : le lanceur est construit

2013 : la navette est construite

etc.

a. Relever les actions futures qui se passent avant d'autres actions futures ou des dates dans le futur.

Nous aurons fait cette navette → *nous organiserons des voyages*

Nous aurons fini les plans → *fin décembre*

Nous aurons construit le lanceur → *avant trois ans*

Formuler le sens du futur antérieur. Faire découvrir sa formation.

b. Découverte du sens des expressions en gras. Pour chacune donner d'autres exemples

D'ici à : *D'ici à la fin de l'année, nous parlerons bien français.* « D'ici à » indique un espace de temps entre maintenant et une date future

En : indique une durée sans relation avec le moment présent. *Nous aurons atteint le niveau B1 en trois ans.*

Dans : indique une durée à partir de maintenant.

Jusqu'à ce que : *Nous étudierons jusqu'à ce que nous passions le niveau B2.*

2. Lecture du tableau de grammaire

3. Exercice 2

a. Dans un an, j'*aurai quitté* mon travail. Nous *aurons loué* un appartement. Nous *ferons* la fête.
Tu *seras venu(e)* vivre avec moi. Ma société t'*aura recruté(e)*. Tous les copains *viendront* à la fête.
b. Dans un mois, j'*aurai fait* les plans ... les maçons *auront fini* ... la décoration *aura été faite* ... vous vous *serez installés*. Votre ancien logement *sera vendu*. Vous *boirez* le champagne.

4. Exercice 3

a. jusqu'au 15 juin ... – **b.** du 16 au 18 juin ... – **c.** dans trois ans ... – **d.** ... en deux ans. – **e.** ... jusqu'à ce que je trouve du travail. – **f.** ... en deux mois.

5. Exercice 4

• *L'ambitieux* : Dans un an, j'aurai pris la place du directeur. J'aurai épousé un top model. En deux ans, j'aurai économisé assez d'argent pour acheter une belle maison. D'ici à 2012, j'aurai rencontré beaucoup de monde. Je commencerai une carrière politique jusqu'à ce que je sois élu maire.
• *Le maire* : Dans 15 jours, j'aurai nommé mes adjoints. En deux ans, nous aurons changé le visage de la ville. D'ici à la prochaine élection, nous aurons réalisé tous nos projets.

▶ Exprimer des conditions

1. Observation des phrases du dessin. Résumer la situation précédente (dessin de la p. 128) : le client revient à l'agence au bout de quelques années pour prendre le billet qu'il a réservé. Le vendeur dit que c'est possible mais il y met des conditions et des restrictions. Faites la liste de celles-ci :
– *si vous avez un billet* (condition)
– *à condition qu'il fasse beau* (condition)
– *à moins que le dernier essai ne soit pas réussi* (restriction)
– *sauf si les spationautes sont en grève* (restriction)

2. Lecture du tableau de grammaire. Remarquer :
– la différence de construction « *à condition de* + verbe à l'infinitif » et « *à condition que* + verbe au subjonctif » ;
– la présence non obligatoire du « *ne* » (dit « explétif ») sans valeur négative après « *à moins que* ». Comme après « *avant que* ».

3. Exercice 2

À faire collectivement sous forme de tour de table ou sous forme de recherche d'idées. Faire trouver plusieurs idées pour chaque phrase.

... à condition que j'aie des vacances, que notre fille réussisse au bac, que je sois en forme.
... si nous avons assez d'argent, si nous trouvons un billet pas cher.

... à moins que nous soyons fatigués, que nous ayons dépensé tout notre argent.
... sauf si nous restons quelques jours à Paris.
... excepté si elle échoue, si elle part en vacances avec ses copains
... selon le temps que nous aurons.

4. Exercice 3

Faire utiliser en priorité les expressions du tableau qui n'ont pas été utilisées dans l'exercice précédent.

a. Je suis d'accord mais seulement si tu es prudente... Je ne te la prêterai que si tu as le permis... Mais c'est fonction de mes besoins... Ça dépend de mon travail...
b. Je suis d'accord à condition qu'elle ne fume pas ... sauf si elle a un chien ...

5. Exercice 4

Expression libre. Dans chaque situation, les étudiants formulent des conditions et des restrictions.

▶ La grammaire sans réfléchir

1. ⊕ **3-1** **Exercice 1.** Emploi du futur antérieur
Vous êtes d'accord sur le programme. Confirmez comme dans l'exemple.
Programme du samedi
• On fait les courses puis on déjeune ?
– Oui, on déjeunera quand on aura fait les courses.
• On déjeune puis on va se balader.
– D'accord, on ira se balader quand on aura déjeuné.
• Après la balade, on va prendre un café puis on va au cinéma.
– Oui, on ira au cinéma quand on aura pris un café.
• On sort du cinéma puis on téléphone à Philippe.
– D'accord, on téléphonera à Philippe quand on sera sorti du cinéma.
• Ce soir on va manger un couscous puis on va en boîte.
– D'accord, on ira en boîte quand on aura mangé un couscous.

2. ⊕ **3-2** **Exercice 2.** Expression des conditions
Le fils de 16 ans demande la permission à ses parents. L'un des parents répond. Confirmez sa réponse.
• Je pourrais sortir ce soir ?
– Si tu fais ton travail cet après-midi.
– Oui, à condition que tu fasses ton travail cet après-midi.
• Je pourrais inviter des amis samedi soir ?
– S'ils ne sont pas très nombreux.
– Oui, à condition qu'ils ne soient pas très nombreux.
• On pourra mettre la musique un peu fort ?
– Si ça ne gêne pas les voisins.
– Oui, à condition que ça ne gêne pas les voisins.
• Je pourrais avoir une guitare comme cadeau de Noël ?

– Si tu as de bons résultats au lycée.
– Oui, à condition que tu aies de bons résultats.
• Je pourrais aller en Angleterre en juillet ?
– D'accord si tu prends des cours de langue.
– Oui, à condition que tu prennes des cours de langue.

Simulations, p. 130-131

▶ Objectifs

Savoir-faire
• Décrire un lieu.
• Porter un toast.
• Présenter quelqu'un. Se présenter.
• Interroger/répondre à propos d'un projet.
• Exprimer le but, l'intention, le renoncement.

Grammaire
• Emploi des formes introduites dans les pages Ressources.

Vocabulaire
• *la baie, le but, la propriété, le touriste, le tourisme, un urbanisme, la beauté, la prairie, un étang, un phoque, un chasseur, une extension, un prédécesseur, un promoteur, une superficie, un téléprojecteur*
• *sauvage, talentueux*
• *chasser, dépendre (de), épargner, interroger, remporter, renoncer*
• *tant mieux, tant pis*

Prononciation
• Différenciation [œ], [ø], [ɔ] et [o]

L'histoire
Dans le village du Crayeux, en baie de Somme, le patron de l'hôtel-restaurant de la Baie, Loïc Bertrand, reçoit sa première étoile au guide Michelin. Au cours du cocktail, le maire présente Loïc à Gaëlle Lejeune, la nouvelle directrice du parc naturel. Dans la scène suivante, un journaliste interroge Gaëlle sur ses projets. La troisième scène nous montre l'instituteur du village, Gérard Labrousse, qui demande des crédits au maire pour sa classe.

▶ Lecture de la publicité

Observer où se trouve la baie de Somme sur la carte p. 187. Noter ce qui caractérise :
– les paysages : terres et eau, prairies et étangs, petits ports, côtes, phoques, oiseaux, région encore sauvage ;
– l'histoire : séjours de Toulouse-Lautrec, Victor Hugo, Colette.

Expliquer :
– *la baie, la prairie, un étang* : voir la photo.
– *épargner* : conserver. On épargne de l'argent (économiser). La baie de Somme a été épargnée par le tourisme (Le tourisme n'a pas détruit le paysage).
– *sauvage* : qui est resté naturel, sans intervention de l'homme.
– *un phoque* : faire un dessin.

▶ Scène 1

1. Observer le dessin. Faire des hypothèses sur la situation.

2. ☉ 3-3 Écoute du discours du maire. Relever les expressions qui permettent de porter un toast.
Dans quelles situations peut-on porter un toast ? Que dirait-on ?

Expliquer :
– *talentueux* : d'après *talent*, compétent.

3. Écoute du début du dialogue jusqu'à « J'ai quelqu'un à saluer ».
Relever les expressions qui interviennent dans les présentations et dans la prise de congé (ce répertoire expressif se complète progressivement depuis la leçon 1 du niveau 1).

4. Écoute de la fin du dialogue. Quels sont les projets de Loïc ? *Développer son hôtel-restaurant avec des activités de loisirs et de découvertes – Déménager l'hôtel – Acheter une propriété – La transformer en belle résidence.*

Relever :
– les formes qui expriment le but et l'intention : *Mon but c'est ... J'ai l'intention ...*
– celles qui expriment les conditions et les restrictions : *Ça dépend ... À condition que ...*

▶ Scène 2

☉ 3-4 Écoute du document et transcription de la partie non transcrite.
Que veut faire Gaëlle ? *Étendre le parc, doubler sa superficie, sauver un environnement exceptionnel.*
Qui va s'opposer à ces projets ? *Les promoteurs immobiliers, les agences de tourisme, les chasseurs.*
Comment pense-t-elle réussir ? *Rencontrer ses opposants, leur expliquer. Leurs projets vont détruire l'environnement.*

Expliquer
– *prédécesseur* : la personne qui était directeur avant Gaëlle.
– *extension* : l'agrandissement.
– *renoncer* : abandonner un projet.
– *promoteur immobilier* : professionnel qui finance des projets immobiliers.

– *chasseur, chasser* : qui cherche des animaux sauvages pour les tuer et les consommer.

– *superficie* : surface (par le dessin).

▶ Scène 3

3-5 Écouter le dialogue en utilisant la procédure du dévoilement progressif. Les étudiants imaginent la réponse à la question du maire, écoutent la réponse, etc. Au fur et à mesure, dégager les éléments de la situation : *Où sont les personnages ? Qui est M. Labrousse ? Que demande-t-il ? Pourquoi ? Quelle est la réponse du maire ? Comment la justifie-t-il ?*

Expliquer :

– *un téléprojecteur* : appareil qui permet de projeter des images numériques.

– *une aide du département* : Labrousse est professeur à l'école primaire. En France, les écoles primaires sont financées par les mairies, les collèges par les départements et les lycées par les régions. Il peut arriver que les départements aident les petites communes.

▶ Jeu de rôle

1. Présenter les expressions du tableau « But, intention, renoncement ».

2. Par deux, les étudiants imaginent un dialogue d'après le scénario décrit dans le livre.

▶ **3-6** Prononciation

Ces quatre sons doivent être différenciés deux par deux. [œ] doit être distingué de [ɔ] et de [ø], [o] doit être distingué de [ɔ] et de [ø].

À savoir

- **La baie de Somme**. Les détails géographiques de cette histoire sont véridiques sauf le nom des villages. Le nom du parc naturel est le Marquenterre.
- **Toulouse-Lautrec** (1864-1901) : peintre qui a souvent pris pour sujet le monde du music-hall et des plaisirs parisiens. Ses affiches sont restées célèbres.
- **Colette** (1873-1954) : femme écrivain, auteur de nombreux romans en partie autobiographique (*Claudine*, *Le Blé en herbe*, *Sido*). Elle a su parfaitement décrire la nature et évoquer la sensualité féminine.
- **Le guide Michelin** : chaque année, le guide Michelin décerne des étoiles (maximum 3) aux meilleurs restaurants gastronomiques de France mais aussi du monde. Michelin publie aussi des guides touristiques.

Écrits et Civilisation, p. 132-133

▶ Objectifs

Savoir-faire
- Comprendre des textes et des informations orales portant sur l'économie d'un pays.

Vocabulaire
- *un armement, la capacité, une centrale nucléaire, la coopération, une exigence, une filiale, le gaz, le globe, la main-d'œuvre, une mutation, la nécessité, le nougat, les télécommunications, la vigne*
- *agroalimentaire, âpre, compétitif, énorme, ferroviaire, sain, solide*
- *aboutir, affronter, alimenter, colleter (se), concentrer, croître, maintenir (se), moderniser, robotiser, satisfaire, targuer (se – de)*
- *à travers, également*

Connaissances culturelles
- L'économie de la France.

▶ Lecture guidée du texte

Le texte porte sur l'économie. Il n'intéressera peut-être pas tous les étudiants au même degré.

Le livre propose une fiche de lecture grâce à laquelle les étudiants pourront travailler en autonomie. Le travail pourra être fait à la maison ou en classe.

Nous proposons ci-dessous à la fois un corrigé et des informations complémentaires que l'enseignant pourra donner.

1. Observation du titre, de la photo. Hypothèses sur le sujet de l'article.

Le titre comporte un jeu de mots. L'expression familière « ce n'est pas la mer à boire » signifie « ce n'est pas une tâche impossible ». Le titre de l'article « Veolia : la mer à boire » signifie que le dessalement de la mer est possible et que c'est une technique qui a de l'avenir.

2. Lecture du premier paragraphe

a. • *L'entreprise* : Veolia Environnement – *Son directeur* : Henri Proglio

• *Ses réussites* :
– création d'une usine de dessalement d'eau de mer à Ashkelon (Israël) (01/2006) ;
– projet d'une même usine à Bahreïn (05/2006).

• *Ses concurrents* : Degrémont (groupe Suez). Même type d'usines dans les Émirats arabes unis.

b. *dessalement* (technique qui consiste à produire de l'eau douce à partir de l'eau de mer) – *distillation* (technique qui permet d'extraire un composant d'un produit : on obtient de la vodka à partir de la distillation de céréale) – *détrôner* (Degrémont était le plus puissant. Veolia l'a remplacé) – *se targuer* (Veolia disait qu'il était le meilleur).

3. Lecture du deuxième paragraphe

a. Dans les années qui viennent, les usines de dessalement vont se développer. En effet, la population de la planète aura besoin de beaucoup d'eau douce. Elle trouvera cette eau dans les mers et les océans (95 % des réserves d'eau de la planète). D'ici à 2010, on pourra alimenter en « eau distillée » 350 millions de personnes.

b. *avoir un bel avenir* (avoir de beaux jours devant soi) – *dès maintenant* (d'ores et déjà) – *la Terre* (la planète) – *une très grande ville* (une mégalopole).

4. Lecture des troisième et quatrième paragraphes

a. (1) États-Unis, pays du golfe Arabique, Chine, Inde, pays de la Méditerranée.
(2) En plus de Veolia et Degrémont : l'américain General Electric, le coréen Doosan et des petites sociétés chinoises, israéliennes et espagnoles.

b. un marché (*un terrain de chasse*) – qui doit faire face à (*être confronté*) – en augmentation (*croissant*) – ce dont on a besoin (*l'approvisionnement*) – dure (*âpre*) – se battre avec (*se colleter avec*).

▶ La France qui produit

On peut commencer indifféremment par l'un ou l'autre document.

1. Les produits France

Mettre à profit les connaissances éventuelles des étudiants en matière d'entreprises et de marques françaises.
À faire comme une activité de vocabulaire qui permet de faire un inventaire de différents secteurs de l'économie. En petits groupes, les étudiants peuvent ensuite faire le même travail pour les entreprises et les marques de leurs pays.

2. Exploitation du document « La France qui produit ».

Plusieurs démarches possibles.

a. Lecture collective commentée. Au fur et à mesure de la lecture, les étudiants font des comparaisons avec les réalités de leurs pays. Certains peuvent compléter les informations données avec leurs connaissances de la France et de ses productions (*J'ai visité les vignobles d'Alsace...*).

b. La classe se partage les quatre rubriques de l'article. Travail en petits groupes suivi d'exposés à l'ensemble de la classe.

c. Le professeur prépare des questions sur des petits papiers que les étudiants tirent au sort. Ils doivent chercher dans le texte la réponse à la question tirée.
Pourquoi peut-on dire que l'économie française est mondialisée ?

La France a-t-elle connu des délocalisations d'entreprises ?
Où produit-on du vin ?
Où produit-on des céréales ? Etc.
La France est-elle autonome pour ses besoins en énergie ?
Dans quels secteurs la France est-elle très compétitive ?
Quels sont les secteurs de l'économie qui sont en déclin ?

▶ Interview d'un agriculteur

☉ 3-7 Faire une écoute fragmentée.
• Situation géographique de la propriété : *Générac, dans le sud de la France, entre Nîmes et Montpellier.*
• Importance de la propriété : *30 hectares.*
• Productions :
– aujourd'hui : *vignes (15 hectares), arbres fruitiers (cerisiers, abricotiers, amandiers, oliviers) (15 hectares)* ;
– il y a dix ans : *vignes (10 hectares), arbres fruitiers (8 hectares).*
• Difficultés : *la concurrence. Pour le vin, Afrique du Sud et Australie. Pour les fruits, Espagne. – Défaut dans la commercialisation.*
• Aides : *pour les productions bio.*
• Conditions de vie :
– avantages : *indépendance, plaisir de produire* ;
– inconvénients : *les risques (météo, chute des prix).*

À savoir

Entreprises citées
• Ariane (fusée européenne)
• Alcatel (téléphonie)
• Baccarat (cristallerie)
• Chanel (haute couture, parfum)
• Château Yquem (grand vin blanc de Bordeaux)
• Christian Lacroix (haute couture)
• Christofle (art de la table)
• Citroën (industrie automobile)
• Danone (agroalimentaire, produits laitiers)
• Dim (textile)
• Dom Pérignon (champagne)
• Hachette (édition, presse)
• Hermès (accessoires vestimentaires : foulards, cravates, sacs)
• La vache qui rit (fromage)
• Lacoste (vêtements)
• Lu (biscuits)
• Michelin (pneumatiques)
• Perrier (eau minérale)
• Peugeot (industrie automobile)
• Roche (industrie pharmaceutique)
• Roquefort (fromage)
• Seb (ustensiles ménagers)
• Spot (satellites)
• Thomson (équipement audiovisuel)
• Vuitton (sacs, valises)

Leçon 14 – Expliquez-moi

Interactions, p. 134-135

► Objectifs

Savoir-faire
• Donner l'explication d'un phénomène.

Vocabulaire
• *un bachelier, une bague, un brevet, le calcaire, une cartouche, la chaleur, une cocarde, la constitution, un coq, la discrimination, un emblème, une encre, une filière, un fonctionnement, une imprimante, un insecte, un insigne, un machin, un mâle, la raison, un robinet, la stabilité, le territoire, un triomphe, une unité*
• *dû (être – à), expérimenté, imprévu, mûr, noble, pur, privilégié, rentable*
• *briller, décrocher, élever, empêcher, énumérer, éternuer, maigrir, opter, relever*
• *à propos de, en permanence, à la traîne*

Grammaire
• Exprimer la cause et la conséquence.

Connaissances culturelles
• Le système scolaire en France.
• L'origine des emblèmes français (le drapeau, le coq).

► Entrez sur le site des pourquoi

1. Identification du document : un site Internet interactif qui permet de partager des connaissances.

2. Les étudiants se partagent ou tirent au sort les sept questions de la page 134 (les trois questions avec réponses écrites et les quatre questions avec réponses orales). Ils essaient de répondre à ces questions avec l'aide du groupe.

3. Lecture des réponses écrites
Au fur et à mesure, relever les mots qui expriment la relation de cause (*venir de, être dû à, grâce à, il y a plusieurs raisons ..., car, d'où ...*)
Expliquer :
• *Origine du mot « bug »*
– *imprévu* : qu'on n'a pas prévu.
– *un insecte* : la mouche, le moustique.

– *empêcher* : le mauvais temps nous a empêchés de faire une promenade.
– *le fonctionnement* : d'après « fonctionner », marcher. Je ne comprends pas le fonctionnement de cet appareil.
• *Pourquoi la barbe ...*
– *mûr* : qui a une certaine expérience de la vie. Se dit aussi d'un fruit, un fruit mûr s'oppose à un fruit vert.
– *expérimenté* : qui a de l'expérience.
• *Mais pourquoi donc les emballages ... ?*
– *emballage* : papier ou carton qui entoure et protège un produit.
– *cartouche d'encre* : dans l'imprimante, on met des cartouches d'encre.
– *l'imprimante* : d'après « imprimer ».
– *vente par correspondance* : vente par courrier.

4. Écoute des réponses orales
🎧 **3-8** Faire une écoute fragmentée. Faire reformuler le contenu de chaque réponse.
Expliquer :
• *Pourquoi les Britanniques ... ?*
– *la stabilité* : expliquer d'après « stable », qui ne bouge pas. Un meuble stable.
– *la constitution* : l'ensemble des principes généraux pour gouverner un pays.
• *Pourquoi l'emblème de la France ... ?*
– *un emblème* : symbole, représentation. Citer un emblème du pays de l'étudiant.
– *un coq* : voir photo p. 134.
– *à propos de* : au sujet de.
Rappeler l'histoire de la Gaule dans l'Antiquité et expliquer l'homonymie entre *galus* (Gaule) et *gallus* (coq).
• *Pourquoi les Français sont-ils les plus gros consommateurs d'eau minérale ?*
Faire la liste des causes proposées par Hugo : l'eau du robinet n'est pas bonne pour la santé. Elle a mauvais goût. L'eau minérale fait maigrir. Elle met en forme et elle remplace le vin.
– *le calcaire* : type de minéral.
– *pur* : l'eau qui n'est pas troublée.
– *le machin* : mot qui est utilisé à la place de n'importe quel mot, comme « chose » ou « truc ».
– *noble* : un produit noble : rare, recherché, d'excellente qualité.
• *Quelle est l'origine du drapeau français ?*
Rappeler les couleurs du drapeau français et l'épisode historique de la Révolution.
– *cocarde, insigne* : par le dessin et en prenant des exemples dans la réalité du pays des étudiants.

▶ Les filles meilleures que les garçons

1. **Lecture de la question et du premier paragraphe de la réponse.**

Faire trouver le sens de « à la traîne » (en arrière, en retard) et reformuler la réponse à la question.

Faire des hypothèses sur le contenu de la suite de l'article.

2. **Lecture du deuxième paragraphe.** Compléter le tableau du système éducatif à l'aide des informations données dans le livre et des connaissances acquises au niveau 1. Relever les chiffres des performances dans le tableau.

Niveau scolaire	Performances des filles	Performances des garçons
CP : 1re année de l'école élémentaire (5 années d'école élémentaire)	Plus élevée	
Collège (de la 6e à la 3e)	82 % de réussite au brevet (examen en fin de 3e)	79 %
Lycée (de la Seconde à la Terminale) Examen final : baccalauréat	84 % de réussite aux différents baccalauréats (général, technologique, professionnel)	79 %
Université (3 ans pour atteindre la licence) Autres filières d'études supérieures : les IUT (institut universitaire de technologie) – les grandes écoles – les écoles de formation professionnelle	69 % de réussite à la licence	59 %

3. **Les raisons des meilleurs résultats des filles à l'école. Recherche collective d'idées.**

– Elles sont plus attentives, plus concentrées et plus travailleuses.

– À âge égal, elles sont plus mûres que les garçons.

– Leur éducation familiale les amène à respecter davantage l'autorité.

4. **Lecture de la fin de l'article.** Réponses aux questions posées dans le livre.

a. Taux de chômage, femmes : 10,6 % – hommes : 8,8 % – Femmes moins bien payées.

b. Les filles choisissent l'université et des formations paramédicales ou d'enseignement.

Les garçons choisissent les grandes écoles ou les IUT qui mènent à des professions d'ingénieurs ou de cadres supérieurs mieux payées que ceux des filles.

▶ Posez vos questions

La séquence peut se poursuivre par cette activité. Suivre les consignes proposées dans le livre.

À savoir

Réponses aux questions de l'introduction

- Victor Hugo écrivait debout dans sa chambre, sur une écritoire.
- Marilyn Monroe (Norma Jean Baker) mesurait 1,64 m.
- L'expression « À vos souhaits » qu'on dit à quelqu'un qui vient d'éternuer remonte à la Grande Peste du xive siècle (un tiers de la population de l'Europe occidentale fut décimée). La maladie commençait par des éternuements. On souhaitait donc au malade que son vœu le plus cher (rester en vie) se réalise.
- **Clovis Cornillac** (photo p. 134) : acteur de la génération des années 2000.
- **Gérard Jugnot** : acteur et réalisateur de cinéma. Aussi bon dans les rôles comiques (*Les Bronzés*) que dramatiques (*Les Choristes*).

Ressources, p. 136-137

▶ Objectifs

Savoir-faire
- Donner une explication.

Grammaire
- Exprimer la cause.
- Exprimer la conséquence.

Vocabulaire
- *la conséquence, une graine*
- *provoquer*

▶ Présenter les causes

1. Observation des phrases du dessin. Classer les phrases dans le tableau.

Compléter avec les expressions relevées dans la double page Interactions.

Pour demander une cause	Pour exprimer une relation de cause
Pourquoi ... ? C'est dû à quoi ? Quelle est l'origine ?	... en raison des produits que tu y mets. ... grâce à de nouvelles graines. ... parce qu'il les arrose beaucoup. Comme son jardin est ensoleillé, ça pousse bien. Puisqu'il plante des OGM ... Ça vient de ... C'est dû à ... D'où ... Car ...

2. Lecture et commentaire du tableau

La relation de cause

Il est toujours délicat de répertorier dans un même tableau les expressions qui expriment des relations logiques comme la cause car, la plupart du temps, ces expressions ne sont pas interchangeables. On les distinguera :

• **par leur nature** : mot interrogatif (*pourquoi*), expression verbale (*être dû à*), conjonction (*puisque*), etc.

• **par leur construction** :
– avec *parce que* et *car*, la cause suit la conséquence (*Il ne sort pas car il est malade.*) ;
– avec *comme* et *puisque*, la cause précède la conséquence (*Comme il est malade, il ne sort pas.*) ;
– avec *grâce à*, l'ordre est indifférent (*Grâce à la pluie, il a eu une bonne récolte.*).

• **par leur position dans un dialogue**. À la question : « *Pourquoi es-tu en retard ?* », la réponse peut commencer par *parce que* mais pas par *car*.

• **par des nuances de sens** :
– *puisque* introduit une cause connue de l'interlocuteur (*Puisque tu ne veux pas aller au cinéma, j'irai tout seul.*) ;
– avec *comme*, la cause est posée comme une évidence ;
– *grâce à* introduit toujours une cause positive.

Ce n'est que progressivement que ces différentes expressions se mettent en place et s'automatisent. C'est pourquoi on n'a pas attendu cette leçon pour les introduire depuis la leçon 5 du niveau 1.

3. Exercice 2

... *car* je déménage. ... *parce que* c'est trop petit chez moi ... Alors, *comme* elle a deux enfants ... Oui, *grâce à* l'agence immobilière ... Mais au fait, *puisque* tu quittes ton appartement ... il m'intéresse *parce que* j'en cherche un.

4. Exercice 3

b. Son échec s'explique par un travail insuffisant. (est dû à ...)

c. Son travail insuffisant est causé par un manque d'intérêt.

d. Ce manque d'intérêt est dû au choix d'une mauvaise filière.

5. Exercice 4

... pour son travail ? ... parce qu'il adore ce pays... Puisqu'il va au Pakistan ... Non, parce que je déjeune avec Hélène ... puisque tu déjeunes avec Hélène, rappelle-lui la réunion.

▶ Présenter les conséquences

1. Observation des phrases du dessin.
a. Classer les phrases dans le tableau.

Conséquences positives	Conséquences négatives
Elles permettront une meilleure production. Par conséquent, les prix baisseront. De sorte qu'on pourra en exporter. Je vais donc en planter.	Ça peut avoir des conséquences. Ils peuvent causer des maladies. Ils peuvent provoquer des catastrophes.

b. Classer les expressions qui servent à exprimer la conséquence selon leur catégorie grammaticale.

2. Lecture et commentaire du tableau « La relation de conséquence »

3. Exercice 2

• ... il va donc augmenter les impôts ... par conséquent elle va supprimer...
• Duval est un ancien prof de sorte qu'il s'intéressera ... En conséquence elle devrait s'intéresser...
• La politique de Duval permettra des créations d'emploi. La politique de Bernier-Lissac rendra la ville plus belle.

4. Exercice 3

Les étudiants imaginent un dialogue sur le sujet donné.

▶ La grammaire sans réfléchir

1. 🎧 3-9 **Exercice 1.** Emploi de « grâce à ».
Vous avez trouvé une amie extraordinaire. Confirmez comme dans l'exemple.
• C'est avec elle que tu as trouvé ton appartement ?
– Oui, je l'ai trouvé grâce à elle.
• C'est avec elle que tu as découvert la Corse ?
– Oui, je l'ai découverte grâce à elle.
• C'est elle qui t'a appris à jouer de la guitare ?
– Oui, j'ai appris à jouer grâce à elle.
• C'est avec elle que tu as beaucoup voyagé ?
– Oui, j'ai beaucoup voyagé grâce à elle.
• C'est elle qui t'a fait rencontrer Loïc ?
– Oui, je l'ai rencontré grâce à elle.

2. 🌐 3-10 **Exercice 2.** Emploi de « puisque ».
Répondez aux propositions de votre ami.

• Je vais en ville. Tu veux venir ?
– Puisque tu y vas, je viens.
• Je ferai des courses. Tu veux en faire ?
– Puisque tu feras des courses, j'en ferai aussi.
• J'achèterai un pull. Il ne t'en faut pas un ?
– Puisque tu achèteras un pull, j'en achèterai un aussi.
• Je m'arrêterai au café de la Place. Tu peux rester avec moi.
– Puisque tu t'y arrêteras, je m'y arrêterai aussi.
• Je ferai un poker avec les copains. Ça t'intéresse ?
– Puisque tu feras un poker, je jouerai avec vous.

Simulations, p. 138-139

▶ Objectifs

Savoir-faire
• Convaincre. Expliquer. Argumenter.
• Avertir. Mettre en garde.

Vocabulaire
• *un comité, la démocratie, une éolienne, une pétition*
• *écologique, silencieux, sourd*
• *menacer, prévenir*
• *tout à fait*

Grammaire
• Expression de la cause et de la conséquence.

Prononciation
• Différenciation [ɑ̃], [na], [an].

L'histoire
À la mairie du Crayeux, Yasmina Belkacem, représentante de la SPEN, fait la promotion de ses éoliennes. En mai, le conseil municipal adopte le projet d'installation d'un parc d'éoliennes sur la commune, ce qui provoque la colère de Labrousse. Celui-ci crée aussitôt un comité d'opposition au projet auquel adhère Gaëlle. Le comité distribue des tracts sur le marché et Gaëlle essaie de convaincre Loïc d'y adhérer.

▶ Scène 1

1. Observation du dessin et de la photo. Faire des hypothèses sur la situation (Qui sont les personnages ? Que montre la jeune femme ?)

2. 🌐 3-11 **Écoute de la scène. Au fur et à mesure, compléter les informations sur :**
– les acteurs de la scène : le maire, la représentante de la SPEN, un conseiller municipal ;
– le type de projet : installation d'un parc d'éoliennes ;
– l'intérêt du projet : ce qu'il rapporte ? à qui ? Quels frais ? (Pour chaque éolienne 20 000 € par an à la mairie, 5000 € au propriétaire du terrain. Aucun frais).
– Y a-t-il des inconvénients ? (Bruit mais éoliennes à 3 km du village).

3. Relever les formes qui expriment la cause.
Expliquer :
– *tout à fait* : complètement. Mot utilisé à a place de « oui » comme « absolument », « effectivement ».
– *silencieux* : d'après silence, qui ne fait pas de bruit.

▶ Scène 2

1. Observer le dessin et lire le petit article de presse. Raconter ce qui s'est passé avant la scène. Le maire a organisé une séance du conseil municipal pour décider l'installation des éoliennes. Les conseillers municipaux ont discuté puis ils ont voté. Dix-huit ont voté pour, six ont voté contre.

2. 🌐 3-12 **Écoute du dialogue entre le maire et Labrousse.** Relever les arguments de chacun.

Les arguments du maire	Les arguments de Labrousse
– Le conseil municipal a voté pour. – Une partie des écologistes est pour le projet. – Le préfet sera d'accord. – Labrousse ne propose rien de concret pour le développement de la commune.	– Le projet provoquera une catastrophe écologique. – C'est la mort des oiseaux du parc naturel. – Le préfet n'a pas donné son accord. – Les éoliennes sont construites sur les terrains de quatre conseillers municipaux.

3. Relever les expressions qui expriment des mises en garde et des menaces.
Je vous préviens... On ne se laissera pas faire... Je les mettrai en garde...
Expliquer :
– *prévenir* : annoncer à l'avance. Le mot est utilisé pour menacer quelqu'un.
– *comité* : groupe de personnes qui défend une cause.
– *démocratie* : gouvernement par le peuple.
– *menacer* : Le jeune Lucas ne travaille pas à l'école. Ses parents l'ont menacé d'interdiction de jeux vidéo.

▶ Scène 3

1. Observer le dessin et lire la première réplique. Par deux, les étudiants imaginent le dialogue entre Gaëlle et la dame.
Présentation de quelques productions.

2. ⊕ 3-13 Écoute de l'enregistrement. Noter l'échange d'arguments et comment Gaëlle essaie de convaincre la dame. Faire jouer le dialogue par les étudiants qui n'ont pas présenté leur production.
Expliquer :
– *pétition* : déclaration ou réclamation qu'on fait signer par le plus grand nombre de personnes.
– *sourd* : qui n'entend pas.

▶ Scène 4

1. Lecture de la partie transcrite. Les étudiants imaginent la suite.

2. ⊕ 3-14 Écoute et transcription de la fin de la scène. Commenter l'attitude et les arguments de Loïc.

▶ Jeu de rôle

1. Lecture du tableau de vocabulaire « Mettre en garde – Menacer »

2. Présentation de la consigne du jeu. Les étudiants peuvent travailler sur une autre situation de même type qu'ils ont éventuellement vécue.
Vous avez déposé une demande de passeport à la mairie. Le passeport devait être prêt quinze jours après. Un mois après, vous ne l'avez toujours pas …
Vous avez acheté une caméra qui ne marche pas. Le vendeur refuse de la reprendre…

▶ ⊕ 3-15 Prononciation

Différencier le son nasalisé [ɑ̃] de [na] et de [an].

Écrits et Civilisation, p. 140-141

▶ Objectifs

Savoir-faire
- Comprendre un article de presse sur une information politique ou sociale.
- Relater oralement cette information.
- Donner une explication simple d'un fait politique ou social.

Vocabulaire
- *un allié, un amphi(théâtre), une aspiration, une attente, une autonomie, un bandana, une barrière, une devise, une distinction, un électeur, une fédération, la fraternité, un hymne, une indépendance, un juif, un musulman, une phase, la providence, une race, un rectorat, un referendum, une réorganisation, une résistance, une suppression, un taux, un traité*
- *aisé, capital, colonial, indivisible, ostensible, prioritaire, protecteur, scolarisé, stable, tricolore, visible*
- *adhérer, agir (s'), approuver, bloquer, décentraliser, découler, dénoncer, désigner, devancer, établir, exclure, financer, garantir, ôter, ratifier, revendiquer, trancher, voiler*
- *force (à – de), tandis que*

Connaissances culturelles
- Faits politiques et sociaux ayant marqué l'actualité française.
- Quelques principes de la nation française : la Constitution, la laïcité, le rôle de l'État, la fonction publique.
- Une figure historique : Charles de Gaulle.

Cette double page comporte deux parties :
– p. 140 : cinq articles de presse relatant des événements récents. Ces événements sont significatifs de la société française actuelle ;
– p. 141 : un texte didactique exposant quelques clés pour comprendre la France (principes généraux, organisation sociale, figure emblématique). Cette deuxième partie permet d'expliquer les articles de la première.
On peut donc procéder de deux manières :
(1) la classe se partage les cinq articles. Chaque groupe travaille sur un article et essaie de chercher p. 141 les informations qui permettent d'éclairer son article. Ce travail est suivi de mise en commun sous forme d'exposés ;
(2) on explore collectivement la partie « Clés pour comprendre la France » puis les étudiants se partagent les cinq articles de la page 140 et travaillent en autonomie. C'est cette procédure qui sera présentée ci-dessous.

▶ Les événements et leur explication

1. Lecture du paragraphe « La Constitution de 1958 », p. 141. Noter les principes de la Constitution et rechercher collectivement leurs conséquences.
- *République* → Gouvernement qui est exercé temporairement par des représentants élus.

- *Indivisible* → Une région ne peut pas avoir d'autonomie.
- *Laïque* → La religion n'entre pas dans le domaine public (administrations, écoles, etc.).
- *Démocratique* → Le peuple élit des représentants qui gouvernent le pays.
- *Sociale* → S'explique par la phrase suivante : « La République cherche à aider les plus faibles ».
- *Égalité* → Tous les citoyens ont les mêmes droits.
- *Respecte toutes les croyances* → Il n'y a pas de religion exclue ou dominante.
- *Décentralisée* → Une partie des décisions se prennent au niveau local (communes, régions).
- *La langue est le français* → C'est la seule langue officielle.

2. Lecture du paragraphe « Le principe de laïcité ».
a. Expliquer le principe français de laïcité par comparaison avec la situation dans le pays de l'étudiant. En France, toutes les religions sont acceptées mais leur pratique ainsi que les signes religieux doivent rester d'ordre privé. L'article de la page 140 « Des élèves voilées... » illustrera ce principe.
b. Relever les différentes religions pratiquées en France. En quoi la composition religieuse du pays a-t-elle changé ?

3. Lecture du paragraphe « L'État providence ».
a. Relever les professions de fonctionnaires. Chercher des professions du domaine privé.
Pourquoi les Français sont-ils attachés à la fonction publique ? (Sécurité de l'emploi, sécurité des salaires, fonction respectée : la fonction publique est considérée comme utile.)
Comparer avec la situation dans le pays de l'étudiant :
– le nombre de fonctionnaires (le quart des emplois en France) ;
– la situation des fonctionnaires ;
– le rôle qu'on donne aux employés de l'État.

4. Lecture du paragraphe « Une figure emblématique » pourrait se faire sous forme d'exposé préparé à l'avance par un ou plusieurs étudiants.
Rappeler le contexte historique et les moments où Charles de Gaulle intervient.

À savoir

De Gaulle dans l'histoire de la France

1939 : la France déclare la guerre à l'Allemagne nazie mais les armées restent sur leurs positions.
Mai 1940 : l'Allemagne envahit la partie nord de la France. L'armée française est en déroute. Le pouvoir est confié au maréchal Pétain, célèbre militaire de la guerre de 1914-1918, qui signe un armistice (arrêt des combats) avec l'armée allemande. Le général de Gaulle refuse cet armistice, part à Londres où il se déclare chef de la France Libre.

De 1940 à juin 1944 : la guerre devient un conflit mondial. La France est occupée par les Allemands. La lutte pour la libération s'organise à l'extérieur (armée française en Afrique, coalition alliée) et à l'intérieur (Résistance).
Juin et août 1944 : les alliés (Américains, Anglais, Australiens, Canadiens, Français, etc.) débarquent en Normandie et en Provence. L'armée allemande est repoussée. Paris est libéré. Le général de Gaulle prend la tête d'un gouvernement provisoire.
1946 : De Gaulle, en désaccord avec un type de gouvernement où dominent les partis politiques, démissionne.
1946-1958 : IVe République. Plusieurs gouvernements vont se succéder. Chacun doit trouver une majorité pour gouverner. Les pays de l'empire colonial revendiquent leur indépendance (guerres d'Indochine et d'Algérie).
1958 : pour faire face aux problèmes causés par la guerre d'Algérie et à l'instabilité gouvernementale, le président de la République fait appel à Charles de Gaulle. Celui-ci fait voter une nouvelle Constitution. C'est le début de la Ve République, régime à caractère présidentiel encore en vigueur aujourd'hui.
1969 : De Gaulle quitte le pouvoir. Il aura mis fin à la guerre d'Algérie, donné l'indépendance aux pays de l'empire, redonné une place à la France sur la scène internationale, restauré la défense nationale, développé l'indépendance économique (énergie nucléaire).

5. La classe se partage les cinq articles de la page 140.
Aborder chaque article avec le projet de lecture donné par les consignes du livre.

- **Grève le 20 novembre**
Les enseignants rejoignent les autres fonctionnaires pour revendiquer des augmentations de salaire et s'opposer à des suppressions de postes. Les fonctionnaires ont la sécurité de l'emploi, la revendication porte donc non seulement sur les conditions de vie des fonctionnaires mais aussi sur le maintien du service public auquel les Français sont très attachés.

Expliquer :
– *une fédération* : groupement (de syndicats, de pays, de régions, etc.).
– *dénoncer* : critiquer, s'opposer.
– *pouvoir d'achat* : autre façon de nommer le salaire. Ce que l'on peut acheter avec le salaire.
– *revendication, revendiquer* : demander avec force.

- **Le général de Gaulle ...**
Le classement montre bien l'importance du général de Gaulle dans la mémoire des Français. Faire trouver le rôle joué par les autres personnalités élues : Louis Pasteur (biologiste du XIXe siècle), l'abbé Pierre (religieux qui s'est occupé des personnes sans logement), Marie Curie (chimiste du XIXe siècle), Coluche (humoriste des années 1980 qui a créé des restaurants pour les pauvres),

Bourvil (acteur, voir p. 43), Cousteau (océanographe et cinéaste), Édith Piaf (chanteuse).

Expliquer :

– *désigner* : ici, nommer.

– *devancer* : se placer devant.

• **Des élèves voilées**

Faire reformuler l'incident. Pourquoi les jeunes filles étaient-elles voilées ? Pourquoi ont-elles été renvoyées ? Que vont-elles faire ?

Ce fait s'explique par l'application du principe de laïcité.

Expliquer :

– *voilé* : les cheveux et une partie du visage recouverts d'un voile.

– *trancher* : ici, décider.

– *la phase* : la période.

– *ôter* : enlever, quitter.

– *bandana* : petit foulard qu'on met sur les cheveux.

– *faire appel* : quand une personne n'est pas d'accord avec le jugement du tribunal, elle peut faire appel donc demander un nouveau procès.

– *rectorat* : administration régionale qui dirige les écoles, les collèges, les lycées.

– *découler* : être la conséquence de, venir de.

• **Un projet de loi prévoit l'autonomie...**

Identifier le document. Micro-trottoir retranscrit dans un journal.

Compréhension de la question. L'État prévoit de donner leur autonomie aux universités. Les étudiants s'y opposent. Le journal demande aux lecteurs leur opinion.

Les lecteurs sont d'accord avec les étudiants. L'enseignement doit répondre aux principes de l'Éducation nationale. Il doit être gratuit. Les diplômes doivent avoir la même valeur dans toutes les universités.

Expliquer :

– *financer* : donner de l'argent aux universités pour qu'elles puissent fonctionner.

– *à force de* : si on continue. À force de crier, il va se casser la voix.

– *barrière* : construction qui empêche de passer. Ici, l'autonomie des universités empêchera les étudiants pauvres d'y entrer.

– *aisé* : qui a assez d'argent.

– *bloquer* : empêcher d'entrer.

– *amphi (amphithéâtre)* : grande salle de cours dans une université.

• **La France dit non ...**

Quel événement rapporte cet article ? *Un référendum pour ou contre une Constitution européenne.*

Quel a été le résultat ? *54,68 % pour le non.*

Pourquoi les Français ont-ils voté « non » ? Ils étaient inquiets et ne pensaient pas que l'Europe serait une bonne chose pour leur avenir et celui de leurs enfants.

Expliquer :

– *le référendum* : vote où on doit répondre par oui ou non à une question posée.

– *ratifier* : signer, approuver.

– *une attente* : les souhaits, les demandes des Français.

Leçon 15 – À vous de juger

Interactions, p. 142-143

► Objectifs

Savoir-faire
- Comprendre un article de presse portant sur un sujet polémique.
- Porter un jugement sur une personne ou une action.

Vocabulaire
- *une anorexie, un centre aéré, la défaite, la dictature, la disposition, un faucheur, une gamme, la génétique, une insulte, une interdiction, le luxe, le maïs, le maître, un mannequin, un militant, un minibus, un pirate, une poursuite, la présence, une retouche, le sable, un terrain, un tribunal correctionnel*
- *canin, confortable, filiforme, illégal, maigre, modique, transgénique*
- *cultiver, désobéir, destiner, défier, déborder, juger, prouver, réagir, surfer*
- *tout de même*

Connaissances culturelles
- Quelques situations d'actualité relatives au droit.

Identifier le document : un forum Internet sur lequel les internautes mettent des informations et demandent aux autres internautes de réagir.
Sur la double page, on trouvera :
– p. 142, à gauche, un article sur la destruction d'un champ de maïs suivi de la réaction des internautes. On étudiera ce document dans la première partie du cours ;
– sur le reste du document, trois articles et un dessin humoristique n'ayant pour l'instant suscité aucune réaction.
Dans la deuxième partie du cours, les étudiants réagiront à ces articles.

► Lecture de l'article :
« Nouvelles destructions... »

Le livre propose une découverte guidée de ce document. Le travail pourra donc se faire en autonomie avec mise au point collective.
1. *informations* : 1er paragraphe de l'article – *opinions* : 2e paragraphe et encadré vert « Vos réactions ».
2. (a) OGM – (b) les militants – (c) un faucheur – (d) une parcelle – (e) maïs transgénique.
3. *Lieu* : Marsat (Puy-de-Dôme) (le même incident s'est produit dans le Loiret).

Acteurs : entre 300 et 500 militants, 90 gendarmes, 90 chercheurs et agriculteurs.
Événement : destruction d'un champ de 5 hectares.
Causes : les militants s'opposent à la culture d'OGM.
Conséquences : destruction du champ mais aussi conséquence morale (voir l'opinion d'Alain Topan).
4. Dans une démocratie, on ne doit pas aller contre la loi. Les lois de la République n'ont pas été respectées. Les chercheurs français vont être pénalisés et défavorisés par rapport aux Américains. Les fabricants américains de graines OGM seront seuls sur le marché.
5. *Pour le collectif* : Rolando (il faut expérimenter avant de cultiver. Il faut vérifier que ce ne soit pas dangereux) ; Feelou (C'est courageux. Ils sont sûrs d'avoir raison).
Contre : Kazan (Il n'est pas d'accord avec les méthodes du collectif. Les gendarmes auraient dû intervenir).
Opinion nuancée : Liza (contre les OGM mais aussi contre les méthodes des manifestants).
6. a. Avant que ces maïs OGM soient cultivés ... il faut qu'ils aient été expérimentés. Il faut qu'on ait prouvé... que les manifestants aient employé... que les gendarmes ne soient pas intervenus ...
b. *Malgré* la présence ... *Bien que* je sois ... Ils l'ont fait *quand même*... Il y a *tout de même*... *Au lieu de* détruire ...

► Lecture commentaire des autres documents

Suivre les consignes données dans le livre.
Au cours de la mise en commun, vérifier la compréhension du vocabulaire.

• Peut-on laisser faire la dictature de la mode ?
– *la dictature* : citer un dictateur et une dictature connus des étudiants.
– *le mannequin* : top model.
– *maigre, filiforme* : très mince, aussi mince qu'un fil.
– *une anorexie* : maladie psychiatrique qui se manifeste par un refus de la nourriture.
– *une retouche* : quand un vêtement ne va pas très bien, on doit le retoucher.

• Les chiens d'abord
– *minibus* : véhicule pour une douzaine de personnes.
– *terrain* : espace. La maison est construite sur un terrain de 1 000 m².
– *sable* : la plage de sable.
– *centre aéré* : centre qui accueille les enfants les jours de congé.
– *canin* : relatif au chien.
– *modique* : petite, modeste. S'emploie surtout dans l'expression « Une somme modique ».
– *déborder* : par le dessin. L'eau déborde du verre.

• Peut-on télécharger ?

– *illégal* : contraire à la loi.

– *poursuite* : de « poursuivre ». Faire une action en justice. L'auteur du délit est poursuivi par la justice.

– *pirate* : en informatique, individu qui vole des données.

– *mettre à disposition* : ici, laisser les autres internautes utiliser ses fichiers musique.

Ressources, p. 144-145

▶ Objectifs

Savoir-faire
• Anticiper des événements.
• Argumenter.

Grammaire
• Le subjonctif passé.
• L'enchaînement des idées (opposition et concession).

Vocabulaire
• *la collection, une originalité*
• *coloré*
• *raccourcir*

▶ Employer le subjonctif passé

1. Lecture des phrases du dessin. Au fur et à mesure qu'elles sont comprises, écrire ces phrases dans le tableau.

Faire remarquer que les actions dont on parle sont antérieures à l'heure du défilé.

Observer :

– la forme du subjonctif passé. Les étudiants remarqueront la construction « *avoir* ou *être* au subjonctif + participe passé » ;

– les verbes qui conditionnent le subjonctif.

Premier verbe de la phrase	Deuxième verbe
J'ai peur ...	que nous n'ayons pas fini
Il faut ...	que tu aies raccourci
J'aimerais ...	que tu aies trouvé un chapeau
Je regrette...	qu'on n'ait pas invité la journaliste
Je doute ...	qu'elle soit venue
Il faut...	que tu aies éteint les lumières ...
J'espère ...	que je l'aurai terminé (seul verbe à l'indicatif futur antérieur)

2. Lecture commentée du tableau de grammaire

On remarquera que le subjonctif passé s'emploie après les mêmes verbes et expressions que le subjonctif présent mais qu'il porte sur une action future se passant avant une autre action future ou une indication de temps.

3. Exercice 2

... il faut que nous *ayons trouvé* le slogan. Il faut que nos partenaires *aient signé* ... il faut que tu *sois rentré*... que les affiches *aient été préparées*... il faut que vous *ayez réservé* une salle. Je veux que les invités *aient reçu* leurs invitations

4. Exercice 3

a. À 20 ans, je voudrais que tu *sois entré* à l'université ; à 21 ans, il faudrait que tu *aies réussi* ta licence rapidement ; j'aimerais que tu *continues* tes études jusqu'à ce que tu *aies passé* ton doctorat.

b. J'ai apprécié que Marie *ait apporté* un cadeau ; j'ai peur que les Dupont *n'aient pas reçu* l'invitation ; il aurait fallu que nous *ayons commandé* plus de petits fours ; il aurait fallu que nous *ayons invité* plus de monde ... à condition que nous *ayons eu* plus de place.

▶ Enchaîner des idées

1. Observation des phrases du dessin. Dans chaque phrase, séparer les deux idées qui s'opposent.

Noter la construction qui permet de faire ces oppositions.

2. Lecture commentée du tableau de grammaire.

Nous ferons ici la même remarque que celle que nous avons faite à propos de l'expression de la cause.

Les expressions répertoriées dans ce tableau ne sont pas toujours interchangeables. Chacune relève d'un enchaînement spécifique d'idées. La traduction peut aider à la compréhension de ces enchaînements.

Au fur et à mesure de la découverte des rubriques du tableau, faire imaginer des suites à des débuts de phrases.

Pierre n'est pas sportif. Pourtant ... il a quand même ... il est tout de même...

Bien qu'il n'aime pas le Président de la République ...

3. Exercice 2

a. Bien qu'il ne joue pas souvent au Loto, il gagne de temps en temps.

b. Il a réussi à son examen alors qu'il n'avait pas travaillé.

c. Il y avait beaucoup de voitures en ville. Il a quand même trouvé une place.

d. Il n'est pas très sociable. Pourtant toutes les filles ...

e. Même s'il ne parle pas les gens le regardent.

4. Exercice 3

a. ... Or, hier, une amie... Donc je suis allée...
b. ... Or quelqu'un l'a vu... Donc il cache ...
c. ... Or elle part en vacances ... Donc elle n'a pas pris...
d. ... Or ce jour-là ...

▶ La grammaire sans réfléchir

1. Ⓧ **3-16 Exercice 1.** Construction du subjonctif passé
Vous préparez une randonnée avec des amis. Confirmez comme dans l'exemple.

• Pierre avant ce soir, tu dois acheter la nourriture.
– Oui, il faut que tu aies acheté la nourriture.
• Moi, je dois avoir trouvé la carte.
– Oui, il faut que tu aies trouvé la carte.
• Toi, tu dois avoir préparé la tente.
– Oui, il faut que j'aie préparé la tente.
• Céline doit avoir consulté la météo.
– Oui, il faut qu'elle ait consulté la météo.
• Antoine, tu dois avoir fait le plein d'essence.
– Oui, il faut que tu aies fait le plein d'essence.

2. Ⓧ **3-17 Exercice 2.** Construction « *bien que* + subjonctif »
Bavardages autour de la machine à café. Confirmez comme dans l'exemple.

• C'est bizarre. Paul a un petit salaire mais il a une grosse voiture.
– C'est vrai, bien qu'il ait un petit salaire, il a une grosse voiture.
• C'est bizarre. Il est simple employé mais il tutoie la directrice.
– C'est vrai, bien qu'il soit simple employé, il tutoie la directrice.
• C'est drôle. Hélène a 60 ans et elle se teint les cheveux en rouge.
– C'est vrai, bien qu'elle ait 60 ans, elle se teint les cheveux en rouge.
• C'est drôle. Cédric a 30 ans mais il sort avec Hélène.
– C'est vrai, bien qu'il ait 30 ans, il sort avec Hélène.
• C'est étonnant. Vincent est souvent en congé de maladie mais il est toujours bronzé.
– C'est vrai, bien qu'il soit souvent en congé de maladie, il est toujours bronzé.

Simulations, p. 146-147

▶ Objectifs

Savoir-faire
• Demander et donner une autorisation en nuançant son degré : permission, tolérance, etc.
• Formuler une interdiction en nuançant son degré : déconseiller, mettre en garde, etc.
• Donner des instructions dans le futur.

Vocabulaire
• *la centaine, un choc, la consigne, une coque, une dégradation, la marée, un tract, un vendeur, une vitre*
• *goûter, pêcher, taguer*

Prononciation
• Différenciation [y], [i], [u], [ø].

L'histoire

Les pro- et les anti-éoliennes s'activent. Gérard Labrousse organise une fête de l'environnement. Il demande à Gaëlle l'autorisation de la faire dans le parc naturel mais Gaëlle refuse. Dans l'autre camp, on prépare des tracts.
Pendant ce temps, Loïc Bertrand fait par hasard la connaissance de Yasmina qu'il invite aussitôt à dîner dans son restaurant.
Le lendemain matin, au café du village, on apprend que des dégradations ont été commises à la mairie. Le maire accuse Gérard Labrousse qui se défend d'être mêlé à cette affaire.

▶ Scène 1

Ⓧ **3-18** Observer l'image et faire écouter selon la technique du dévoilement progressif.
Relever les expressions qui expriment les idées et les nuances de l'autorisation : *autoriser, avoir le droit de, donner une autorisation, tolérer.*

▶ Jeu de rôle

1. Présenter le vocabulaire du tableau « Interdiction – Autorisation ». Faire trouver des gradations.

déconseiller → interdire

tolérer → permettre → autoriser (dispenser, accorder une dérogation) → conseiller

2. Présenter la situation du jeu de rôle. Les étudiants peuvent choisir une autre situation de demande d'autorisation orale.

Vous passez dans la campagne devant des arbres fruitiers. Vous demandez au propriétaire l'autorisation de cueillir quelques fruits.

Vous demandez à quelqu'un que vous ne connaissez pas l'autorisation de le photographier...

▶ Scène 2

1. ⊙ 3-19 Lecture ou écoute de la partie transcrite.
Qui sont les personnages ? Que préparent-ils ?
Faire imaginer des phrases choc pour le tract des pro-éoliennes.

2. Écoute et transcription de la fin de la scène.
Expliquer :
– *tract* : feuille de propagande politique.
– *phrase choc* : phrase qui frappe, qu'on mémorise facilement.

▶ Scène 3

1. ⊙ 3-20 Observation du dessin. Faire plusieurs écoutes de la scène.

2. Faire raconter la scène. Expliquer :
– *marée* : mouvement des océans. La marée monte et descend.
– *pêcher* : par la gestuelle.
– *coque* : fruit de mer (traduire).

3. Procéder à une reconstitution collective du dialogue.

4. Faire jouer le dialogue si possible avec une petite mise en scène.

▶ Scène 4

1. ⊙ 3-21 Observation du dessin. Faire une écoute fragmentée du dialogue :

a. *jusqu'à « On a peint en vert la statue ».* Expliquer :
– *dégradation* : d'après dégrader, endommager. Expliquer le mot par les actes commis.

– *taguer* : expliquer à partir de « tag », dessin réalisé par des jeunes sur les murs sans autorisation.
Faire raconter ce qui s'est passé.

b. *jusqu'à « Vous ayez tout nettoyé et tout réparé ».*
Que pense le maire ? Quelle est la réaction de Labrousse ?

c. *jusqu'à la fin.* Noter l'emploi du temps de Labrousse et de ses amis depuis la veille au soir. Peuvent-ils être responsables des dégradations ?

2. Présenter la tâche proposée dans le livre. Ce travail peut être fait à la maison.

▶ ⊙ 3-22 Prononciation

Révision de sons qui peuvent parfois être confondus. Avant de faire l'exercice les opposer deux à deux : [y] et [i], [y] et [u], [y] et [ø].

Écrits et Civilisation, p. 148-149

▶ Objectifs

Savoir-faire
• Rédiger une demande (informations, documentation, objet, entretien, rendez-vous, etc.).
• Rédiger une réclamation.

Vocabulaire
• *un abonné, un arrondissement, une assistance, le calcul, un conciliateur, une échéance, un hôtelier, une interruption, un médiateur, une naturalisation, un office de tourisme, une plainte, une réclamation, un remboursement, un report, la responsabilité, un syndicat d'initiative, un thème, un visage*
• *concerné, défectueux, fixe, inoubliable, juridique, mensuel, oriental, préférable, reconnaissant*
• *accéder, comporter, orienter, parvenir, solliciter*
• *actuellement, auprès de*

Connaissances culturelles
• Où et comment se renseigner selon les situations.

► Compréhension des lettres

Ce travail peut se faire individuellement, collectivement ou en petit groupe.

	Qui écrit ?	À qui ?	Objet de la demande	Type de lettre	Lettre complète ?
1	Élise Montiel	Université de Picardie	Demande de formulaire d'inscription	administrative	Non. Manque remerciements et formules finales
2	Abonné à Internet	Fournisseur d'accès	Réclamation	Message de demande à un service	Non. Manque demande d'indemnisation ou de remboursement
3	Elsa	Jérémy, un ami	Demande de renvoi d'un livre prêté	familière	Oui.
4	Guillaume	Lou, une amie	Demande de renseignements	familière	Oui
5	Client d'une banque	À la banque	Demande de réduction du montant des remboursements	administrative	Non. Manque les raisons pour lesquelles il fait cette demande
6	Client d'une banque	À la banque	Réclamation (erreur sur le relevé)	administrative	Non. Manque informations concernant le client, le compte et toutes les formules finales

► Écriture

Les étudiants doivent compléter les parties manquantes des lettres. Ils s'aideront des parties correspondantes qui figurent dans les autres lettres.

• Document 1 : (s'inspirer de la formule finale du document 5)

... Je vous remercie par avance de votre envoi et vous prie d'agréer, Madame, Monsieur, mes sincères salutations.

• Document 6 : (s'inspirer du document 1 pour faire l'en-tête de la lettre ; ajouter les coordonnées bancaires)
Madame, Monsieur,

... Le relevé de mon compte ... à mes propres calculs. Je trouve en effet un solde de ... . Dans votre relevé, il manque le montant du chèque n° ... que j'ai déposé le ... . Je vous prie d'effectuer les vérifications nécessaires. En vous remerciant par avance, je vous prie d'agréer...

• Document 2 :

... En conséquence je vous serais reconnaissant de déduire de ma facture les journées pendant lesquelles je n'ai pas pu utiliser mon téléphone fixe ni ma ligne ADSL.
Par ailleurs, je vous joins la facture des communications que j'ai passées vers des téléphones fixes avec mon portable pendant ces journées d'interruption de service. Il me paraîtrait normal que vous me les remboursiez. Je vous en remercie par avance...

• Document 5 :

... En effet, j'ai eu un deuxième enfant et pour élever mes deux enfants j'ai été obligée de demander à mon employeur de réduire mon temps de travail. Mon salaire ayant diminué, des remboursements de 400 € mensuels me posent de réels problèmes. C'est pourquoi je vous serais reconnaissante s'il vous était possible de réduire le montant de ces remboursements à 300 € ...

► Demandes orales

1. Travail à faire à la maison avant le cours et que les étudiants peuvent se partager :
– aller sur les sites Internet répertoriés et exposer le rôle de ces sites ;
– lire et commenter les différentes rubriques de « Où se renseigner ? ».

2. ⊙ 3-23 Écoute du document

Document	1	2	3
À quel organisme...	La préfecture	Office du tourisme de Villars-de-Lans	Axa Assurances
Demande	Obtention de carte grise	Liste des locations saisonnières	Conseils à l'assistance juridique
Réponse	Pièces à apporter : – carte grise du vendeur barrée, mention « vendue », datée et signée ; – certificat de cession ; – chéquier ; – certificat de contrôle technique ; – pièce d'identité ; – justificatif de domicile.	– Types de logement – Mode d'envoi	– Demande d'identification : nom, n° du contrat – Demande de précisions – Communication d'une lettre type à envoyer au propriétaire en recommandé avec accusé de réception

Leçon 16 – C'est l'idéal !

Interactions, p. 150-151

▶ Objectifs

Savoir-faire
• Parler d'une ville et de la vie urbaine.

Vocabulaire
• la circulation, la climatisation, un échange, le foyer, une intervention, le membre, la municipalité, une ordure, la panne, la prévention, la redevance, la solidarité, la solitude, le soutien, le stationnement, le tiers, un usager, le volume
• durable, épais, humanitaire, idéal
• charger (se), concevoir, élever (s'), engager (s'), encadrer, éviter, intégrer, enrayer, ménager, responsabiliser, taxer
• parfaitement

▶ Découverte du document

1. Découverte du début du document.
a. Identification. Site Internet ou bulletin d'une association de résidents de la ville de Châteauneuf. Cette association s'appelle « J'aime ma ville ». Elle met à disposition des résidents une boîte à idées où l'on peut déposer des suggestions ou des critiques, écrites ou orales (sur le répondeur), pour améliorer la ville.
b. Lecture de l'encadré. Faire la liste des problèmes évoqués. Préciser les buts et les moyens de l'association.

2. Travail en petits groupes. Voir consignes dans le livre.

Nom de la réalisation	Lieu	À quel besoin elle correspond ?	Description	Originalité
Système d'échange de services	Villeneuve-d'Ascq	Petits problèmes quotidiens	Un informaticien échange un service de réparation contre un service d'un autre type.	Les services sont gratuits
Redevance sur l'enlèvement des ordures	Besançon	Le coût croissant des déchets	Les usagers paient en fonction du volume de déchets qu'ils rejettent (volume de la poubelle).	C'est un moyen juste d'augmenter la taxe.
Permis contre travail	Suresnes	Les jeunes n'ont pas les moyens de payer les cours d'auto-école.	Les cours sont gratuits. En échange, les jeunes doivent 30 heures de travail d'intérêt public (encadrement d'activités sportives, soutien scolaire, etc.).	Les jeunes ne conduisent plus sans permis. Ils ne doivent pas emprunter d'argent.
« Le Quai »	Angers	Économie d'énergie. Matériaux non polluants.	Théâtre construit avec des systèmes d'ouverture, de ventilation, des matériaux isolant du bruit et des variations de température.	Économie
Point Vélocation	Strasbourg	Ville saturée de voitures	Pistes cyclables – location de vélos – parkings et points de stationnement pour les vélos.	Nouveau mode de déplacement en ville non polluant
Quartier Andromède	Toulouse	Manque de logements, centre-ville saturé	Quartier proche du centre, convivial, équipements et commerces.	Le quartier est à la fois proche du centre et autonome (écoles, commerces, sport).

► Écoute du répondeur

1. Présentation du vocabulaire du tableau de la page 151.

2. 🔊 **3-24** Écoute des messages du répondeur de la « boîte à idées ».

Message 1

Problème posé : les zones commerciales sont laides et sans unité.

Suggestion : pour la nouvelle zone commerciale en projet. Unité de style entre les bâtiments, arbres, allées couvertes pour aller d'un magasin à l'autre et pour rejoindre sa voiture, espace de jeux pour les enfants.

Message 2

Problème posé : les quatre musées de la ville sont petits, éloignés les uns des autres, coûteux à entretenir et peu fréquentés.

Suggestion : réunir les quatre musées en un musée unique avec grandes salles claires, présentation moderne, animation.

► Projet : une idée pour votre ville

Suivre les consignes du livre. La recherche d'idées peut se faire collectivement ou en petits groupes. Chaque étudiant rédige ensuite un projet personnel et le présente à la classe.

Ressources, p. 152-153

► Objectifs

Savoir-faire
• Caractériser une chose ou un lieu.

Grammaire
• Les pronoms relatifs composés.
• Les constructions avec deux pronoms antéposés.

► Caractériser, ajouter une information

1. Observation des phrases du dessin. S'assurer de la compréhension de la situation. (*Le chef de service accueille une nouvelle employée et lui présente son lieu de travail et son collègue.*)

Pour chaque phrase :

– observer les groupes en gras. Trouver le mot qu'ils caractérisent ;

– réécrire la phrase sans utiliser le pronom relatif. Cette réécriture nécessite en général deux phrases ;

– montrer à quel type de construction grammaticale correspond le pronom relatif.

Voici une armoire. Vous rangerez vos affaires dans cette armoire. (*« où » introduit un complément de lieu*)

Voici le règlement. Nous sommes très attachés à ce règlement. (*« auquel » introduit un complément indirect précédé de « à »*)

Voici un service, ici. Vous faites partie de ce service. (*« dont » introduit un complément indirect précédé de « de »*)

Voici un bureau. Vous serez dans ce bureau. (*« dans lequel » introduit un complément de lieu précédé de « dans »*)

Regardez cet ordinateur. Vous allez travailler sur cet ordinateur. (*« sur lequel » introduit un complément précédé de « sur »*)

Voici votre collègue. Vous allez faire équipe avec lui. (*« avec qui » introduit un complément précédé de « avec »*)

C'est Marc Jollis. Il a beaucoup d'expérience. (*« qui » introduit un sujet*). Vous l'apprécierez. (*« que » introduit un complément d'objet direct*)

2. Présentation du tableau de grammaire

Rappel du rôle des pronoms relatifs et des propositions relatives.

Introduction des pronoms relatifs composés.

On peut avoir une vue d'ensemble des constructions relatives p. 171

3. Exercice 2

a. • ... une petite fête *à laquelle* tu es invitée.
• ... Paul et Lucie *à qui* tu as parlé la dernière fois.
• ... des activités *auxquelles* tu t'intéresseras.
• ... un concours de danse *auquel* tu participeras.
b. • ... une maison de campagne *dans laquelle* elle peut loger dix personnes.
• ... deux amies brésiliennes *avec lesquelles* j'ai fait une expédition en Amazonie.

4. Exercice 3

a. ... le terrain *sur lequel* nous allons construire ... – **b.** ... le centre culturel *que* nous avons inauguré ... C'est un projet *auquel* l'État a participé. – **c.** La pollution est un problème *auquel* je suis très sensible. Ces bâtiments *pour lesquels* nous avons utilisé ... – **d.** Voici le jardin public *près duquel* se trouve le lycée.

5. Exercice 4

Imitation du texte de l'exercice 3.

Voici l'immeuble *dans lequel* je loue un appartement. C'est un appartement *pour lequel* j'ai fait un emprunt. Il est dans un quartier *que* j'aime beaucoup. J'habite à côté de la fille *dont* je t'ai parlé ...

► Utiliser les pronoms compléments

1. Observation des phrases du dessin

a. Trouver ce que représente chaque pronom en gras.

le → Est-ce qu'elle est célibataire ? – lui → la nouvelle employée – me → la personne qui parle – l' → elle est célibataire – en → du travail – en → un chocolat.

b. Repérer les trois types de construction.

c. Retrouver ces constructions dans le tableau.

2. Exercice 2

... il me les présente ... je lui en présente ... il m'en fait ... il ne me la prête pas ... je la lui prête ... il m'en demande souvent ... Je lui en donne / Je ne lui en donne pas.

3. Exercice 3

... je lui en avais apporté (*le participe passé s'accorde avec le complément direct mais quand ce complément direct est « en », il reste invariable*)... elle me l'a dédicacée... je le lui ai donné ... elle ne me l'a pas donné.

▶ La grammaire sans réfléchir

1. ⏺ **3-25 Exercice 1.** Pratique des constructions avec deux pronoms.

• Tu as dit à Marie de venir ?

– Je le lui ai dit.

• Elle t'a dit qu'elle viendrait ?

– Elle me l'a dit.

• Elle nous fera un gâteau ?

– Elle nous en fera un.

• Tu lui as demandé d'apporter sa guitare ?

– Je le lui ai demandé.

• Nous lui préparerons des coquilles Saint-jacques ?

– Nous lui en préparerons.

• Loïc nous apportera du champagne ?

– Il nous en apportera.

2. ⏺ **3-26 Exercice 2.** Pratique des constructions avec deux pronoms.

• Il te prêtera son appartement ?

– Il me le prêtera.

• Il te donnera les clés le 1er juillet ?

– Il me les donnera le 1er juillet.

• Tu lui rendras les clés le 31 juillet ?

– Je les lui rendrai le 31 juillet.

• Il nous laissera Internet ?

– Il nous le laissera.

• Nous lui ferons un cadeau ?

– Nous lui en ferons un.

Simulations, p. 154-155

▶ Objectifs

Savoir-faire

• Demander et donner des informations sur un fait divers.

• Présenter des personnes de manière officielle.

• Présenter un projet portant sur l'urbanisme et l'économie.

Vocabulaire

• *la collectivité, la communauté, un coquillage, la préfecture*

• *coupable, délicieux, précis*

• *mêler (se), régler, démissionner*

• *réciproquement*

Prononciation

• Enchaînement des constructions avec deux pronoms.

L'histoire

Nous sommes le dimanche matin, après l'annonce des dégradations commises à la mairie. Yasmina téléphone à Loïc de son hôtel. On apprend que Yasmina a dîné au restaurant de Loïc et que les deux jeunes gens se sont quittés à deux heures du matin. En rentrant à son hôtel, en voiture, Yasmina a vu les auteurs des dégradations en train de commettre leur délit. Parmi eux elle a reconnu Duval. Elle refuse de le dénoncer car c'est son meilleur allié mais serait ravie que Loïc s'en charge.

Quinze jours plus tard, à la préfecture d'Amiens, la préfète a réuni toutes les personnes concernées par l'affaire. Elle propose une conciliation par le biais d'une communauté de communes. Les éoliennes seraient construites sur la commune de Saint-Martin. Elles n'empêcheraient pas le développement touristique du Crayeux ni celui du parc naturel. Tous les revenus iraient à la communauté de communes.

La réunion est suivie d'un cocktail où l'on apprend que Duval a démissionné et que le maire n'a pas l'intention de rechercher les coupables des dégradations.

Quant à Loïc, il semble maintenant s'intéresser à Gaëlle.

▶ Scène 1

1. ⏺ **3-27** Transcription du début de la scène. Qu'apprend-on sur la soirée du samedi ?

2. Écouter la suite de la scène.

a. Reconstituer l'emploi du temps de Yasmina depuis la scène 3 de la p. 146 :

Samedi 10 h, Yasmina rencontre Loïc sur la plage. Loïc invite Yasmina à dîner dans son restaurant.

Samedi 20 h, Yasmina dîne au restaurant de Loïc. Les deux jeunes gens discutent jusqu'à deux heures du matin.

Dimanche, 2 h Yasmina repart vers son hôtel ...

b. Discuter. Pourquoi Yasmina apporte-t-elle cette information à Loïc ? Pourquoi ne veut-elle pas avertir le maire ? Pourquoi veut-elle que ce soit Loïc qui le fasse ?

Expliquer :

– *réciproquement* : ici, « Moi aussi, je te remercie ».

– *se mêler* : expliquer en contexte : « Tu ne me fais pas participer à cette affaire ». (*Ne te mêle pas de mes affaires : reste à l'écart.*)

▶ **Scène 2**

1. ⊕ **3-28 Écouter la partie non transcrite de la scène.**
Faites la liste des personnes présentes à la réunion.
Montrer celles qui sont sur le dessin.
*À partir de la préfète (veste rose), à droite, Mme Richer-
Lanson, députée d'Abbeville, ensuite, M. Van Loo,
conseiller général de Saint-Martin (on ne voit que ses
cheveux bruns), Mme Dubois, maire de Saint-Martin (on
voit ses cheveux. Elle porte des lunettes), puis, M. Moret,
maire du Crayeux (costume gris), Mme Lejeune, directrice
du parc naturel.*
Rappeler les fonctions : le maire s'occupe de la
commune, le conseiller général du département, le
député siège à l'Assemblée nationale. Ce sont tous les
trois des élus. Le préfet, lui, est un haut fonctionnaire
nommé par l'État dont il est le représentant au niveau
du département.

2. Écoute de la suite de la scène
**a. Noter la succession des idées du discours de la
préfète :**
– le but de la réunion ;
– ce qu'il n'est pas possible de faire ;
– la proposition de la préfète.
**b. Noter les mots qui sont utilisés pour introduire ces
idées :** *donc... sur cette question... d'un côté ... mais d'un
autre côté ... je propose donc... je donne un exemple...*
Expliquer :
– *préfecture* : administration dirigée par le préfet qui
s'occupe du département.
– *régler* : trouver une solution.
– *communauté* : groupement. Il y a des communautés
de personnes, des communautés de communes.
– *précis* : la loi donne tous les détails.

▶ **Scène 3**

⊕ **3-29** La scène est composée de trois petits dialogues
qu'on étudiera séparément. Rappeler le lieu et le
moment.
a. Dialogue Labrousse-le maire. Noter l'information.
Le maire veut-il dire la vérité ? Imaginer la suite du
dialogue.
b. Dialogue la préfète-le maire. Expliquer les réponses
du maire
c. Dialogue Gaëlle-Loïc. Imaginer la suite de l'histoire.
Expliquer :
– *démissionner* : quitter son emploi volontairement,
donner sa démission.
– *coupable* : auteur d'un délit.
– *laver son linge sale en famille* : régler ses problèmes
dans le groupe sans faire appel à des personnes
extérieures (police, etc.).
– *délicieux* : excellent.

▶ ⊕ **3-30 Prononciation**

Exercice fait pour travailler les enchaînements dans
les constructions avec deux pronoms antéposés.

Écrits et Civilisation, p. 156-157

▶ **Objectifs**

Savoir-faire
• Comprendre la description d'un lieu étranger
  ou d'une activité particulière.
• Parler d'un lieu ou d'une activité exotique.

Vocabulaire
• *une âme, un amuse-gueule, le calcium,
  la convivialité, une écorce, un embarquement,
  un feutre, un guerrier, une guitare, une herbe,
  le magnésium, un massage, une mosaïque,
  un prêtre, un radis, un rhumatisme, un son,
  un souper, une source, le sulfate, un temple,
  un villageois*
• *cardiaque, romantique, royal, vêtu*
• *accoster, bénir, dérouler (se), diriger (se), fasciner,
  flotter, improviser, louper (fam.), pénétrer, rajeunir,
  tatouer, unir*
• *bizarrement, réellement*

Connaissances culturelles
• Modes de vie dans le monde.

La double page se présente comme un dossier sur ce
qui se fait de mieux à l'étranger. Ce dossier servira de
tremplin à un projet qui permettra de l'enrichir selon
les expériences des étudiants.

▶ **Lecture des quatre premiers documents**

1. Lecture du titre et de l'introduction.
Chercher l'explication du titre dans l'introduction. Quel
est le sujet de ce dossier ? *Les Français sont de plus en
plus intéressés par l'étranger dans tous les domaines. Ce
qui se fait ailleurs est meilleur.*
Énumérer les exemples donnés dans cette introduction.

2. La classe se partage les quatre premiers articles
(l'article « Se marier... à Tahiti » est plus difficile et fera
l'objet d'un travail collectif)
Chaque groupe a pour tâche de préparer une
présentation de l'article à la classe. Au cours de la mise
en commun, régler les problèmes de vocabulaire.

a. Rythmes de vie, suivez l'Espagne.

Les étudiants présentent le déroulement de la journée typique en Espagne.

Expliquer :

– *sur le coup de 14 heures* : familier. Environ 14 heures.

– *amuse-gueule* : ce peut être une traduction de *tapas*. S'applique à tout ce qu'on donne à l'apéritif.

– *louper* : familier, pour « rater ».

b. Petit déjeuner, préférez la Pologne.

Montrer que c'est un vrai repas équilibré. Comparer avec le petit déjeuner en France et dans les pays des étudiants.

Expliquer :

– *radis* : par le dessin ou la traduction.

c. Prendre son bain... à Budapest.

Utiliser le texte pour faire un commentaire de la photo.

Expliquer :

– *source thermale* : citer une source thermale connue des étudiants.

– *calcium*, *magnésium*, *sulfate* : minéraux présents dans l'eau.

– *rhumatisme* : maladie des articulations.

– *un cardiaque* : malade du cœur.

– *ottoman* : nom de l'ancien empire turc dont Budapest faisait partie.

– *Art déco* : style du début du XXe siècle.

– *mosaïque* : voir photo p. 71, « Les archéologues ont découvert une mosaïque ».

d. Veiller... au Québec.

Raconter la veillée au Québec.

Expliquer :

– *la convivialité* : goût des rencontres et des relations amicales

– *improviser* : faire quelque chose sans préparation

▶ Lecture de « Se marier... à Tahiti »

1. Lecture collective du texte. Classement du vocabulaire dans le tableau.

Les actions des personnes	Les objets	Les personnages	Les lieux
Arrivée en pirogue Accueil des époux Apprêter – masser – habiller Tatouer Bénir	Une pirogue à balancier Les ukulélés Costume de fête La chaise royale – les couronnes et les colliers de fleurs Le certificat de mariage traditionnel	Les futurs époux Les villageois La mariée – les femmes Le fiancé Le grand prêtre Les quatre guerriers	La plage de Tiki Village Le faré bambou Le marae (temple tahitien) Le faré royal flottant

2. Faites la liste des étapes du mariage en simplifiant le vocabulaire.

• L'accueil des mariés sur la plage par les villageois en musique.

• La future mariée est massée et habillée en princesse tahitienne dans une maison traditionnelle.

• Le futur marié est amené sur une île. Il est tatoué et habillé en grand chef.

• Le grand prêtre et les villageois accueillent les futurs mariés.

• Les fiancés et le grand prêtre entrent dans un temple tahitien.

• Le grand prêtre unit les fiancés au cours d'une cérémonie en tahitien traduite par un interprète. Les mariés reçoivent leur nom tahitien et ceux de leurs enfants.

• Les mariés assis sur la chaise royale sont portés par quatre guerriers pour obtenir leur certificat de mariage.

• Les mariés boivent du champagne en regardant un spectacle de danse auquel ils se joignent.

• Ils font une promenade en pirogue au son des instruments traditionnels et des guitares.

• Ils rejoignent la maison traditionnelle royale flottante.

▶ Continuez le dossier

1. Les étudiants choisissent un mode de vie de leur pays qu'ils souhaiteraient importer en France et en rédigent un descriptif.

2. Ces descriptifs sont présentés oralement à la classe.

3. Les travaux peuvent être réunis dans un petit recueil éventuellement illustré.

Unité 4 - Bilan et pages Évasion

Évaluez-vous, p. 158-161

▶ Test 1

Le professeur présente chaque question. Les étudiants répondent « oui » s'ils pensent que cette compétence est acquise.

Pour les aider, il est possible d'expliciter certaines questions.

a. Qui administre la ville (la région) ? Comment sont-ils élus ?

c. Comment la France est-elle administrée et dirigée ? Quelles sont les divisions administratives ?

e. Quelles sont les couleurs du drapeau français ? Le titre de l'hymne national, ses premiers mots ? Quels sont les trois mots de la devise de la France ?

▶ Test 2

a : F (On vote au suffrage universel pour une personne) – **b** : F (Oui pour les 21 régions mais elles n'ont pas beaucoup d'autonomie) – **c** : V – **d** : F pour le 3e mot : fraternité – **e** : V – **f** : F – **g** : V – **h** : V – **i** : V – **j** : F (Ils sont catholiques mais peu sont pratiquants).

▶ 🌐 2-31 Test 3

P. Norois s'est installé au bord de la Méditerranée, il y a quelques années.

Il fabrique des voiles de bateau et des drapeaux.

Il a continué l'activité de ses parents en se spécialisant.

Il fait fabriquer à l'étranger, parce que le travail coûte moins cher.

Les avantages : à Port-Camargue il y a beaucoup de bateaux. Le climat est agréable. Ses clients sont contents de venir le voir.

▶ Test 4

a : V – **b** : V – **c** : V – **d** : V – **e** : V – **f** : V – **g** : V – **h** : non précisé dans le texte – **i** : F – **j** : V (dans la quasi-totalité des quartiers).

▶ Test 5

Vérifier la compréhension de la consigne. Montrer que les trois images racontent une petite histoire.

Image 1 : « Laissez-moi passer ! » – « Vous ne pouvez pas. C'est interdit ! » – « Pourquoi ? » – « La route est en mauvais état. »

Image 2 : « Ce n'est pas un problème. Je vais passer quand même. » – « À vos risques et périls ! »

Image 3 : « Il y a quelqu'un dans la caravane ? » – « Non. » – « Vous avez eu de la chance. » – « Vous croyez ? » – « Je vous avais bien dit que c'était dangereux ! »

▶ Test 6

Expression libre.

▶ 🌐 3-32 Test 7

	Événement	Date	Lieu	Causes	Conséquences
1	Signature du traité de Lisbonne	13/12/2007	Lisbonne	« non » français et néerlandais à l'ancien projet	Relance de la construction européenne
2	Grève des étudiants	Depuis une semaine	15 universités	Projet d'autonomie des universités	Arrêt des cours. Action en justice des antigrévistes.
3	Installation de tentes pour les sans-abri	Hiver	Devant la cathédrale Notre-Dame	Arrivée du froid et difficulté de logement pour les sans-abri	Action de l'association « Les enfants de Don Quichotte ». Intervention de la police.
4	Accident d'avion	Hier, 18h30	Neuvic (Corrèze)	Inconnues	Non précisées
5	Réouverture de l'Opéra-Comique	Ce mois-ci	Paris	Rénovation de la salle. Nouveau directeur	Programme consacré à l'opéra français

▶ Test 8

a. Ressemblances et différences

• *Ressemblances entre la situation des immigrés et celle des non immigrés :*

– accroissement du nombre de personnes seules et de familles monoparentales ;

– accroissement des ruptures et remise en couple plus fréquente ;

– début de vie en couple sans être marié.

Explication :

Les immigrés suivent les évolutions de la société française dues à la mobilité des travailleurs, au chômage et à l'évolution de la conception du couple.

• *Différences :*

– la plupart des immigrés originaires du Maghreb et de Turquie se marient avant de vivre en couple ;

– les immigrés s'intègrent un peu plus difficilement au monde du travail (75 % contre 78 %) ;

– les femmes immigrées s'intègrent moins facilement que les hommes ;

– ils occupent davantage les emplois à bas salaire.

b. Expression écrite sur la capacité d'expression

On évaluera la richesse de l'argumentation et l'expression de l'hypothèse (*Si je devais vivre en France ...*).

▶ Test 9

a. ... j'aurai préparé ... Une amie sera venue ... Nous aurons décoré ... nous aurons mis ... je me serai habillé, tous ses amis seront arrivés. Les cadeaux auront été placés ... Le champagne aura été mis ... Tout le monde se sera regroupé ...

b. ... à condition que tu me le rendes la semaine prochaine

... ça dépend du temps qu'il fera ...

... à moins que Marie (n')en ait besoin ...

... sauf si je dois partir en voyage professionnel.

c. Les étudiants sont en grève *à cause de* la loi sur les universités. – La circulation est interdite ... *car* c'est la fête du 14 juillet. – Marseille a gagné *grâce à* deux buts de Ribéry. – La mauvaise récolte de blé *a été causée par* la sécheresse. – La reprise de l'immigration *vient du* manque de main-d'œuvre.

d. La suppression du baccalauréat *permettrait* de faire des économies mais *provoquerait* une diminution de la motivation des étudiants.

L'ouverture des magasins le dimanche *créerait* de nouveaux emplois, *entraînerait* une relance de l'économie mais *causerait* des difficultés d'organisation ...

e. ... il faut que nous *ayons gagné*... que l'entreprise *ait doublé* ... que nous *soyons arrivés* en tête ... que le directeur général *ait démissionné* ... m'*ait élu* directeur général.

f. ... un tableau de Matisse *dont* les couleurs sont éclatantes.

... des objets avec *lesquels* il a fait une sculpture.

... une toile blanche au milieu de *laquelle* il a peint un point bleu.

... une copie de la Joconde à *laquelle* il a rajouté des moustaches.

... des œuvres étranges *auxquelles* j'ai du mal à m'habituer.

Évasion dans l'écriture, p. 162-164 (projet)

▶ Déroulement du projet

Dans un premier temps, le projet consistera à découvrir trois extraits d'œuvres littéraires actuelles, ces extraits ayant la particularité de raconter des situations proches de l'expérience vécue (situation embarrassante, situation tendue, situation étrange).

Cette rencontre avec les textes permettra aux étudiants de faire une liste de situations vécues qui pourraient devenir des scènes de roman.

À la fin, ils en choisiront une et la rédigeront.

La découverte des textes peut se faire de plusieurs manières :

– collectivement l'un après l'autre ;

– collectivement mais les textes peuvent être étudiés à n'importe quel moment de l'unité ;

– par petits groupes, la classe se partageant les trois textes puis chaque groupe présentant au reste de la classe le texte qu'il a étudié.

▶ *Malavita*

1. Lecture individuelle de l'introduction. Questions de compréhension : *Qui est Frédéric Blake ? Quelle est la particularité de sa vie ? Où vit-il ? Qu'apprend-on sur la scène qu'on va lire ?*

2. Lecture individuelle de l'extrait. Donner comme tâche la consigne 1 du livre.

a. Les mensonges de Blake : Blake fait croire qu'il est écrivain, qu'il voyage à cause de son métier, qu'il travaille sur l'histoire du débarquement.

b. Les situations embarrassantes : son voisin lui pose des questions précises sur le débarquement et semble connaître le sujet mieux que lui. Il lui apprend que les marines n'ont pas participé au débarquement. Il ne connaît pas le nom de l'opération et est incapable de donner des précisions.

c. Blake se sort d'affaire en disant qu'il va parler de tous les corps d'armée, dévie la conversation sur une invitation à un barbecue et prend congé rapidement de son interlocuteur.

Expliquer :
– *où Frédéric voulait en venir* : le but de la conversation (ce qu'il voulait dire).
– *anticiper* : prévoir.
– *marines et GI* : corps de l'armée américaine.
– *écourter* : arrêter la conversation.
– *flotte* : ensemble des bateaux de guerre.
– *vaisseau* : bateau.

3. Recherche collective de situations embarrassantes.

▶ Le *Gone du Chaâba*

1. Lecture de l'introduction. Relever l'époque, le lieu, le type de personnes (*année 1960, bidonville de Lyon, immigrés*).

2. Lecture individuelle ou en petit groupe du texte.
a. Faire reformuler les principales étapes du récit. Zidouma s'est levée tôt pour aller faire la lessive au seul point d'eau du bidonville. Une voisine arrive. Au lieu de se dépêcher, Zidouma prend son temps, sans un mot, sans un regard pour sa voisine. Celle-ci patiente puis perd patience et les deux femmes se battent.
b. Relever les détails qui montrent :
• qu'on est dans un quartier pauvre : *on est dans un bidonville – un seul point d'eau – les femmes ne font pas la lessive chez elles – les habitations sont des baraquements* ;
• qu'il s'agit d'une population d'immigrés : *le prénom Zidouma – la déformation du mot « pompe ».*
c. Expliquer le comportement des deux femmes : elles mènent une vie très dure, ce qui les rend très agressives ; elles se méfient des autres et se détestent probablement pour une raison non indiquée dans l'extrait.
Expliquer :
– *potable* : qui peut être bu.
– *torchon* : pièce de tissu utilisée pour essuyer.
– *un bouc* : mâle de la chèvre. L'auteur compare la voisine qui fonce sur Zidouma à un bouc agressif qui charge (se précipiter sur), tête baissée.
– *s'empoigner* : se prendre avec les mains lors d'une lutte.

3. Recherche collective de situations de conflits et de disputes.

▶ *Et si c'était vrai...*

1. Lecture de l'introduction. Faire reformuler la situation et faire des hypothèses sur l'origine du bruit.

2. Lecture du texte par fragments.
a. Premier paragraphe, lignes 1 à 11 : rechercher l'origine du bruit (*une femme cachée dans la penderie*). Reconstituer les mouvements et les déplacements d'Arthur. Faire mimer la scène
b. lignes 12 à 23 : relever ce qui est bizarre dans les remarques de la femme (*Elle demande à Arthur s'il est capable de la voir et de la sentir et paraît surprise. Elle refuse de dire qui elle est.*)
c. lignes 24 à la fin : faire expliquer ce qui s'est passé (*La femme s'est téléportée du placard au centre du salon. Il semble que cette capacité de se téléporter ne soit pas nouvelle pour elle bien qu'elle ne la maîtrise pas très bien.*)

3. Rechercher d'autres situations étranges.

À savoir

• **Tonino Benacquista** : né en 1961, auteur de romans et scénariste qui s'inspire souvent des petits boulots qu'il a faits dans sa jeunesse. Il est apprécié pour l'originalité de ses sujets, pour son humour et pour sa langue simple et directe.

• **Azouz Bagag** : né à Lyon en 1957, de parents originaires d'Algérie, immigrés en 1949. Il passe son enfance dans le bidonville du Chaâba à Lyon puis réussit à faire des études. Il devient chercheur au CNRS, professeur en économie et ministre de 2005 à 2007.
Ses romans sont des portraits vivants et optimistes d'une France multiethnique.

• **Marc Lévy :** né en France en 1961, il part aux États-Unis où il crée une société d'images de synthèse. Puis, il revient en France en 1993 et fonde à Paris un cabinet d'architectes.
Son premier roman *Et si c'était vrai...* rencontre un énorme succès. Il se consacre désormais à l'écriture. Chacun de ses romans est un événement et un succès éditorial.
Dans *Et si c'était vrai...*, on apprend que la jeune femme, Lauren, cachée dans le placard, est l'ancienne propriétaire de l'appartement. Elle a eu un accident de voiture et se trouve dans un coma profond à l'hôpital. Sa personne s'est dédoublée et son double possède le pouvoir de se téléporter (se déplacer à très grande vitesse).

▶ Rédaction

Les étudiants choisiront une situation originale et disposeront de quelques jours pour la rédiger.

Corrigés des tests du portfolio

Mon niveau à l'oral, p. 3

► 🎧 **3-33 Transcription**

Juliette : ... Et tu habites où ?

Bastien : Riom. Tu sais où c'est ?

Juliette : Non. Comment tu dis, « Rion » ?

Bastien : Oui, Riom, R, I, O, M. C'est une petite ville, à côté de Clermont-Ferrand.

Juliette : Ah, d'accord, je vois. Et c'est bien comme coin ?

Bastien : Oui, si tu aimes la nature. Il y a les montagnes, les forêts, les rivières...

Juliette : Et le temps ?

Bastien : Les étés sont magnifiques mais à partir du mois d'octobre et jusqu'au mois d'avril il pleut tout le temps. Mais bon, on est habitués.

Juliette : Tu habites en ville ?

Bastien : Oui dans le centre, près de la cathédrale. J'ai un studio, dans une maison ancienne. C'est un peu sombre mais j'aime bien le centre-ville. On est à côté de tout.

Juliette : Tu es étudiant ?

Bastien : Non, non. Je travaille pour une boîte d'informatique. Je fais de la maintenance. C'est pas très bien payé mais la boîte est à côté de chez moi et puis je rencontre beaucoup de gens. Je vais chez eux... C'est sympa.

Juliette : En dehors du travail, tu fais quoi comme activité ? Du ski ? Il y a des stations à côté de Clermont ?

Bastien : Oui, oui, du ski les week-ends d'hiver et le reste de l'année, un petit tennis le samedi après-midi. Mais ma passion, c'est la voile.

Juliette : Pas facile quand on habite Clermont-Ferrand !

Bastien : La voile, c'est pendant mes vacances.

Juliette : Tu en fais où ? En Bretagne ?

Bastien : Non, en Méditerranée. Comme ça, j'ai visité la Corse, la Grèce, la Turquie.

Juliette : C'est super ça !

Bastien : Et puis j'ai une autre passion, la musique. Je fais de la guitare. Presque tous les soirs je retrouve les copains. On a monté un petit orchestre. On s'amuse bien.

Juliette : Tu es né à Clermont ?

Bastien : Oui. Mes parents aussi. Ils travaillent tous les deux chez Michelin. Mon grand-père aussi, d'ailleurs, il travaillait chez Michelin.

• **Le lieu où habite Bastien**
La ville (ou le village) (nom, importance) : Riom, petite ville.
La région (nom, intérêt) : région de Clermont-Ferrand (montagne, forêts, rivières).
Le temps qu'il fait : été magnifique – pluie d'octobre à avril.

• **Le logement**
Type (maison, appartement) : studio dans une maison ancienne.
Intérêt : centre-ville, à côté de tout.

• **La profession de Bastien**
Nom de la profession : agent de maintenance en informatique.
Avantages : proche du logement – beaucoup de rencontres.
Inconvénients : pas très bien payé.

• **Les loisirs de Bastien**
À la maison : musique (guitare).
Le soir ou le week-end : ski – tennis – musique avec des copains.
En vacances : voile – voyages.

• **La famille de Bastien**
Informations sur la famille : parents nés à Clermont-Ferrand qui travaillent chez Michelin*. Même chose pour le grand-père.

• **Ses voyages** : Corse – Grèce – Turquie.

* Entreprise qui fabrique des pneus.

Mon niveau en compréhension des textes, p. 4

• Jennifer n'a pas écrit à Marion depuis
☐ longtemps ☒ quelques semaines

• Jennifer est
☐ célibataire ☒ a une famille

• Anthony et Jennifer
☐ ont déménagé parce qu'ils voulaient une maison plus grande
☒ ont changé de domicile à cause de leur travail

• Ils sont
☒ satisfaits ☐ peu satisfaits

• Ils se sont installés à Douai
☒ depuis quelques jours
☐ depuis longtemps

- Jennifer et Anthony
☒ aiment les contacts
☐ ne sont pas sociables

- Ils habitent
☐ dans la ville de Douai
☒ à la périphérie

Mon niveau en écriture, p. 5

Chers amis,

Nous venons de passer quatre jours en Camargue. C'est une très belle région. Nous avons eu du très beau temps jusqu'à aujourd'hui où, malheureusement, il pleut.

Nous avons trouvé un hôtel très sympathique au milieu des paysages sauvages.

Nous avons visité la région. Arles est une ville très intéressante avec des monuments romains et une magnifique église du XIIe siècle. Samedi soir, nous sommes allés voir un spectacle de Découflé* au théâtre antique.

Nous avons aussi fait du cheval et nous avons vu les élevages de taureaux.

À bientôt.

Amicalement.

*Philippe Découflé : danseur et chorégraphe contemporain.

Écouter, test 1, p. 17

▶ 🎧 3-34 **Transcription**

• **Scène 1**

H : Tiens, bonjour, Marie. Qu'est-ce que tu fais là ?

Marie : Je vais envoyer ce paquet à des amis. C'est un cadeau pour la naissance de leur fille.

H : Elle s'appelle comment ?

Marie : Faustine. C'est joli, non ?

• **Scène 2**

H : Tiens, bonjour, Nadia. T'achètes des livres pour les vacances ?

Nadia : Oui, mais ce n'est pas ce que vous croyez. J'ai raté ma licence. J'achète des livres pour travailler pendant l'été.

• **Scène 3**

F1 : Tiens, bonjour, Noémie, bonjour, Delphine ! Vous allez voir quel film ?

F2 : Astérix.

F1 : Florent n'est pas avec vous ?

F2 : Non, il est parti hier pour son boulot, au Mexique.

F1: Il y reste longtemps ?

F2 : Trois semaines.

• **Scène 4**

H : Tiens, bonjour, Karine.

Karine : Qu'est-ce que tu fais chez le médecin ? Rien de grave ?

H : Non, j'ai quelques problèmes d'estomac : le stress au boulot.

• **Scène 5**

Marie : Un peu de champagne ?

H : Du champagne ! Dis donc, Marie, on fête quelque chose ?

Marie : Ben oui ! Jérôme a eu son doctorat !

H : Ah, je ne le savais pas. Bravo, Jérôme ! Alors te voilà médecin !

• **Scène 6**

F : Bonjour, monsieur Durand. Je voulais vous demander. Vous avez des nouvelles de votre voisine ?

H : Eh bien, elle est décédée hier soir. Son état s'était aggravé.

F : Et l'enterrement ?

H : C'est mardi, à 14 heures.

• **Scène 7**

F1 : Bonjour, Camille.

F2 : Bonjour, Sophie.

F1 : Elle te va bien cette robe !

F2 : C'est pour le mariage de Liza.

F1 : Ah bon, Liza se marie ?

F2 : Ben oui, dans 15 jours.

• **Scène 8**

F : Louis, fais attention ! Tu vas trop vite. On est dans un village. La vitesse est limitée à 50.

Louis : On est encore loin de l'aéroport. On va être en retard.

F : Mais non, le vol d'Anne-Sophie n'arrive qu'à 15 h. On a tout notre temps.

• **Les lieux**

dans la rue : 6
à la poste : 1
chez Marie : 5
au cinéma : 3
dans la salle d'attente d'un médecin : 4
dans une boutique de vêtements : 7
dans une librairie : 2
en voiture : 8

• **L'information – Le complément d'information**

une naissance : 1 – envoi d'un cadeau pour la naissance de Faustine
un mariage : 7 – achat d'une robe ; mariage dans 15 jours
un décès : 6 – enterrement mardi 14 h
une maladie : 4 – problème d'estomac
un échec : 2 – échec à la licence ; révision pendant l'été
une réussite : 5 – doctorat de médecine
un départ : 3 – départ de Florent au Mexique pour 3 semaines
une arrivée : 8 – Anne-Sophie arrive à l'aéroport à 15 h

Écouter, test 2, p. 17

▶ **3-35 Transcription**

Julien : Tiens, au mois d'août, on est allés au Puy-du-Fou.

L'ami : C'était bien ?

Julien : Ah oui, si tu connais pas, je te conseille d'y aller !

L'ami : C'est où, du côté de Nantes ?

Julien : Oui. C'est à 50 km de Nantes. Mais de Paris, en voiture, c'est facile. Tu as l'autoroute jusqu'à Cholet. Puis c'est à 20 km.

L'ami : C'est ouvert toute l'année ?

Julien : Non, seulement du 15 avril au 15 septembre, je crois.

L'ami : C'est là qu'il y a un spectacle avec beaucoup d'acteurs ?

Julien : Oui. Cela s'appelle la Cinéscénie. Ça a lieu le soir. C'est un spectacle qui raconte l'histoire de la région, la Vendée. C'est vraiment extraordinaire. Je crois qu'il y a 1 200 acteurs, 800 feux d'artifice... Mais bon, il y a aussi des spectacles dans la journée.

L'ami : Comme quoi ?

Julien : C'est toujours sur des moments de l'histoire. Tu as des combats de gladiateurs, l'attaque des Vikings...

L'ami : Et tout ça dans le même endroit ?

Julien : Non, non. Le Puy-du-Fou, c'est un très grand parc et dans ce parc, tu as des lieux différents : tu as un amphithéâtre comme le Colisée de Rome, un château du Moyen Âge... et dans chaque lieu, tu as un spectacle. Il faut regarder le programme... Et même si tu ne vas pas à un spectacle, il est intéressant de se promener dans le parc. Tu peux découvrir un village du XVIIIe siècle avec les métiers traditionnels. Il y a une sorte de zoo avec des animaux ...

L'ami : Et tu fais ça en une journée ?

Julien : Ah non, si tu veux voir tous les spectacles et visiter tout le parc, il faut rester deux jours.

L'ami : Et ça coûte combien ?

Julien : 40 € pour les adultes et 25 pour les enfants.

Le parc d'attraction du Puy-du-Fou
- **Situation** : à 50 km de Nantes
- **Dates d'ouverture** : du 15 avril au 15 septembre
- **Types de manifestations**
Le jour : spectacles sur des moments de l'histoire
La nuit : Cinéscénie (spectacle sur l'histoire de la région)
- **Autres centres d'intérêt :**
1. Le parc de lieux historiques
2. Le zoo
- **Prix** : adulte : 40 € – enfant : 25 €

Écouter, test 3, p. 18

▶ **3-36 Transcription**

Le DRH : Bonjour, madame Girod. Je vous en prie, asseyez-vous... Alors vous avez 27 ans... Vous êtes française... Vous êtes mariée. Pas d'enfant ?

Marie-Sarah : Non.

Le DRH : Votre téléphone, c'est bien le 06 10 72 58 ?

M.-S. : C'est toujours ça.

Le DRH : Parlez-moi de vos études.

M.-S. : Eh bien, en 1995, j'ai obtenu un baccalauréat section S, avec mention Bien, et puis j'ai fait une école de communication à Lyon. J'ai obtenu mon diplôme en 1999. Puis j'ai travaillé pendant trois ans et ensuite j'ai repris mes études. C'était en 2003. J'ai fait une spécialité « Informatique et communication » en Angleterre.

Le DRH : Vous avez travaillé pendant trois ans, de 2000 à 2002.

M.-S. : C'est ça. En 2000, j'ai fait deux stages de trois mois chacun. Mon premier stage, c'était à Lille, de janvier à mars. J'ai travaillé pour la mairie. Je me suis occupée de la communication pour la rénovation des vieux quartiers.

Mon deuxième stage, je l'ai fait à Bruxelles, dans l'usine Fibrasport. C'est une usine qui fabrique des vêtements pour les sportifs. D'avril à juin, j'ai travaillé à la promotion de la marque.

Ensuite j'ai travaillé pour la SNCF.

Le DRH : Là, c'était un CDD.

M.-S. : Oui, j'ai été recrutée début août et j'ai travaillé jusqu'en octobre.

Le DRH : Vous faisiez quoi ?

M.-S. : J'étais au service Clientèle. Je m'occupais des réclamations. Je remplaçais une personne en congé de maladie. Ce n'était pas vraiment un poste pour moi. Alors, quand j'ai eu connaissance d'un poste à la mairie de Lyon, j'ai posé ma candidature... et j'ai été prise.

Le DRH : Et qu'est-ce que vous avez fait à la mairie de Lyon ?

M.-S. : Ah, c'était passionnant. J'ai travaillé à la mise en place du système de location de vélos. Et puis, aussi, au service des salons internationaux.

Le DRH : Vous parlez des langues étrangères ?

M.-S. : Oui, l'anglais, couramment. Je me suis perfectionnée pendant mon séjour en Grande-Bretagne, en 2003.

Le DRH : Vous étiez où ?

M.-S. : À Cambridge... Je suis aussi très à l'aise en allemand. C'était ma première langue au lycée. Je vais souvent en Allemagne parce que ma belle-mère est allemande. Et puis je me débrouille en italien. J'ai fait deux séjours linguistiques à Florence quand j'étais étudiante...

Nom : GIROD **Prénom :** Marie-Sarah
Adresse : rue Émile-Zola – 89000 AUXERRE
Âge : 27 ans
Situation de famille : mariée sans enfant
Téléphone : 06 10 72 58
Nationalité : française

• Études et formation
2003 : spécialité « Informatique
        et communication » en Angleterre
1999 : diplôme d'une école de communication
        à Lyon
1995 : baccalauréat S, mention Bien

• Expérience professionnelle
1. Stages
Dates et durée	*Lieux ou entreprises*
de janvier à mars 2000	Mairie de Lille
d'avril à juin 2000	Fibrasport à Bruxelles

2. CDI (contrats à durée indéterminée)
Dates et durée	*Entreprises*
De octobre 2000 à fin 2002	Mairie de Lyon

3. CDD (contrats à durée déterminée)
Dates et durée	*Entreprises*
d'août à octobre 2000	SNCF (service clientèle)

• Langues et séjours à l'étranger
1ᵉ langue étrangère : anglais
niveau : couramment Séjours : Cambridge
2ᵉ langue étrangère : allemand
niveau : très bien Séjours : plusieurs séjours
3ᵉ langue étrangère : italien
niveau : assez bien Séjours : deux séjours à Florence

Lire, test 4, p. 19

1. Classer
Bonnes affaires : 3, 4, 5, 7 – Animaux : 1 – Services : 6
– Demandes d'emploi : aucune – Offres d'emploi : 2 –
Vacances : 8 – Immobilier : 8 - Rencontres : 9.
2. Trouver l'annonce
a : 6 – b : 4 et 5 – c : 3 et 7 – d : 8 – e : 4.

Lire, test 5, p. 20

1 : bizarre – 2 : c'est déjà produit – 3 : un pique-nique et
un jeu – 4 : est connu au dernier moment – 5 : toléré –
6 : aucun de vêtement de couleur – 7 : de Paris et de ses
environs – 8 : non – 9 : des jeunes et des moins jeunes –
10 : n'a gêné personne.

Écrire, test 6, p. 21

Chère Julie,
J'ai été très heureuse de recevoir ton message.
Je suis contente que tu aies réussi.
Toutes mes félicitations.
Je te souhaite d'excellentes vacances.
Tu les as bien méritées.
Amitiés à Tristan.
Bises.

Écrire, test 7, p. 21

Juger la capacité à présenter une opinion. Se contenter
d'un ou de deux arguments.
« D'un côté la maîtrise de l'anglais par tout le monde
permettrait à tous de se comprendre. Cela simplifierait
la communication entre les peuples. Mais d'un
autre côté, les autres langues du monde ne seraient
parlées que par les habitants de leur pays. Petit à
petit, elles disparaîtraient. Les différentes cultures
disparaîtraient aussi. Je pense donc que ce projet doit
être abandonné. »

Écrire, test 8, p. 21

Je roulais sur la route nationale 25 au niveau du
croisement avec la départementale 11. Le véhicule A
qui venait en sens inverse a tout à coup tourné à gauche
pour prendre la départementale 11 et il m'a coupé la
route. J'ai freiné mais l'avant de mon véhicule a heurté
l'aile droite du véhicule A.
D'autre part, le véhicule B qui roulait derrière moi n'a
pas pu s'arrêter et a heurté l'arrière de mon véhicule.
L'avant et l'arrière de mon véhicule sont enfoncés.

100 %
PAPIER RECYCLÉ
3 256 811

Imprimé en France par SEPEC
N° éditeur : 10137364 - N° imprimeur : 080723101
Dépôt légal : Aout 2008